安徽大學『雙一流』建設項目
安徽省古籍整理出版辦公室
資助

安徽古籍叢書

黄山書社

合肥三怪集之三

朱景昭集

〔清〕朱景昭／撰　施立業／校點

圖書在版編目(CIP)數據

朱景昭集/(清)朱景昭撰;施立業校點
—合肥:黄山書社,2024.1
(安徽古籍叢書第二十九輯/安徽古籍叢書編審委員會編纂)
ISBN 978-7-5737-1053-6
Ⅰ.①朱…　Ⅱ.①朱…　②施…　Ⅲ.①朱景昭—文集　Ⅳ.①Z429.52

中國國家版本館 CIP 數據核字(2024)第 005306 號

安徽省社會科學院桐城派與區域文化研究中心資助項目

朱 景 昭 集

ZHUJINGZHAOJI

(清)朱景昭　撰

出品人　葛永波
選題策劃　胡中生
責任編輯　李　媛
裝幀設計　李　軍
責任印制　李　磊
出版發行　黄山書社
地　　址　安徽省合肥市蜀山區翡翠路 1118 號出版傳媒廣場 7 層　郵編:230071
印　　刷　合肥華苑印刷包裝有限公司
版　　次　2024 年 2 月第 1 版
印　　次　2024 年 7 月第 2 次印刷
開　　本　880mm×1230mm　1/32
字　　數　245 千字
印　　張　12.125
書　　號　ISBN 978-7-5737-1053-6
定　　價　69.00 圓

服務熱綫　0551-63533706
銷售熱綫　0551-63533761
官方直營書店(https://hsss.tmall.com)

安徽古籍叢書編印緣起

我國歷史悠久，典籍豐富。我省地處南北之交，學術尤擅其盛。數千年來，哲學、史學、文學、藝術、語言、科技，作者輩出，著述如林，或自名一家，或蔚然成派，多爲中華民族文化之菁華，有裨於社會主義文化之建設。允宜及時整理，以廣流傳。

粤自明清，以至近世，南北郡邑已有涇川叢書、龍眠叢書、貴池先哲遺書、南陵先哲遺書諸刻。一九三一年，復有安徽叢書之編刊，所收皆皖人著作，分期影印。出至第六期，以抗戰軍興而中止。盛業未竟，論者惜之。

今者，中央倡導整理古籍，我省領導對此尤爲關心。省古籍整理出版規劃委員會幾經商討，決定編纂安徽古籍叢書。編纂宗旨是在歷史唯物主義指導下，批判繼承，古爲今用，弘揚民族優秀傳統文化，爲建設中國特色社會主義服務。最其體例，約有數端：

一、所收皆爲歷代皖人著作，時間一般以辛亥革命之前爲限，内容以文、史、哲爲主，分類成輯。尤其注意稿本、稀見本之搜輯與傳布。

二、整理方式包括輯、校、標點和注釋、今譯。校勘，力求採用善本爲底本，校以他書，或加補輯、編次。標點，採用新式標點。注釋，務求精確，但不作煩瑣考證。整理中，儘量吸收國内外研究的新成果。

三、先秦、兩漢著作及語言、文字之類，皆用繁體字，其餘則酌用簡體字。版皆竪排，以期一律。

四、凡熱心於本叢書編印及捐貲助刊者，得於書内題名。

安徽古籍叢書編審委員會

朱景昭集目次

卷五下

卷六

卷七

卷八

五言古

七言古

五言律

七言律

五言排律

五言絶句

七言絶句

卷九

附録

整理説明

晚清時期，合肥武有『淮軍』之崛起，文有『合肥三怪』（又名『廬州三怪』或『廬陽三怪』）之奮袂，武功文華，相互烘托，實爲區域史上罕有的人文大觀。所謂三怪者，徐子苓、王尚辰、朱景昭是也。清史稿文苑傳朱景昭傳云：『朱景昭字默存，合肥人。與徐子苓齊聲，有「合肥三怪」之目，以其文與行不諧俗爲怪也。』（光緒）續修廬州府志卷四十五文苑下徐子苓亦云：『與同里王尚辰典簿、朱景昭州同刻意尚古，時人有「三怪」之目。』三人才華出衆，秉性脱俗，於詩歌、古文、經史各有所成。然而，人物揚名於道光至光緒之間，著述卻鮮見於後世，迄未整理出版。

上世紀九十年代中期，我先後在安徽省圖書館古籍部、安徽省教育學院圖書館等單位泛覽三人集，遂有整理之念。當時，對王尚辰謙齋詩集筆録兼複印，徐子苓敦艮吉齋詩存、文存以及朱景昭無夢軒遺書九種全文複印，各備存一份。迨至安徽省社會科學院成立『桐城派與區域文化研究中心』，方得以落實夙願。之所以動念集中出版，是因爲這樣更能凸顯其文獻價值：一是三人生平事迹交集，以『怪』出名，氣類相近，且鄉邦故事傳説又多，已成爲一方人文現象，合並出版更能彰顯其文獻價值；二是三人均以名幕、名士譽滿江淮，地緣、學緣等諸多社會因素交集，文集中有極其豐富的相關内容，可爲目前方興未艾的近代鄉紳和文人（知識分子）羣體研究提供珍貴資料；三是三人詩文集涉及大量中國近代重大史事、人物，如有關太平軍、捻軍、苗沛霖集團、淮軍、中西文化等史事，又如袁甲三、曾國藩、胡林翼、李鴻章、周天爵、劉銘傳、張樹聲、英翰、江忠源、李嘉端、陳源兖、江忠浚、唐定魁、唐殿魁、吴長慶、蒯光典、陳詩、袁世凱等人物，是有關中國近代史研究中未曾發掘的重要資料；四是三人都是經世派人物，詩文集中有大量反映社會現實的内容以及他們對現實問題思考的成果，整理出版，可以説是對晚清社會『夾層』即大多數純粹文人的思想資料的集采，彌足珍貴；第五，他們在晚清學術、桐城派古文、同光詩壇等領域成就豐碩，影響頗大，三人詩文集本身就是近代學術文化的重要文獻。總之，集中整理出版他們的著述，對於我們剖析晚清社會、認識文人羣體、探討中國傳統文化與中國近代化之關係等，是極有裨益的。決意啓動後，便邀約張秀玉、郝紅暖二同事合作，由我校點朱景昭集，張秀玉校點徐子苓集，郝紅暖校點王尚辰集，大家相互切磋，黽勉從事，而我略盡點聯絡統覽之力。

一

朱景昭（一八二三——一八七八），字默存，號樸菴，清代合肥縣東鄉磨店人。早慧，十歲左右，已『小有名於鄉黨』（本書卷六與七弟）。師事同縣王福永，與李鴻章諸弟同學，以工制藝、通經史、達實務而蜚聲士林。

朱景昭早年曾在壽州任塾師。咸豐二年（一八五二）與桐城馬三俊融齋，蕪湖周鎮裕鎔生，廬江吴廷香蘭軒、章自昭熙堂，同里田匯渠士升等，深得督學李鐵梅賞識，獲選爲壬子科優貢生，候選直隸州州同。咸豐三年（一八五三）正月十八日，太平軍攻入安慶，廬州（即合肥，府、縣同城）聞訊開始謀防守。不久，安徽巡撫李嘉端至臨淮，遣試用從九品潘治來廬州，請朱景昭赴其幕，在幕中負責文案，參咨軍政事務。朱景昭曾先後建議加强清流關守備以預防太平軍北上；撤近城民居、濬濠廣墉以爲廬州守備；以失禦喪師之罪殺一大帥，以警衆而振士氣；請立淮南忠勇營，沿江一帶悉置屯戍，防太平軍由長江、巢湖方向進攻廬州，屢請不許。咸豐五年（一八五五）秋，太平軍由裕溪破東關，玉山部與李鴻章所率團練與之對抗。這時，朱景昭判斷太平軍雖已佔據柘皋，但不敢深入，將仍從安慶下桐、舒，進攻廬州，因此建議官軍加强舒、桐一線的防務，然而又未引起當局重視。十一月十二日，太平軍果如其言，由舒城進至廬州城外，十七日攻佔廬州。

廬州失陷後，朱景昭以才能難展，並且得罪了部分地方勢力，不得不背井離鄉。除偶爾探親外，終其一生皆以游幕、教授謀食於外地。初任某營官文書，咸豐十一年（一八六一）春被聘入張汝梅幕，張與之『一見如故，遂訂交焉』（本書張汝梅無夢軒集序）。六月，張汝梅省母返鄉，於是將其推薦給袁甲三。袁甲三甚器重之，辟典箋奏，文件多出於其手。三年淮幕，對阻擊太平軍、鎮壓捻軍、平定地方等軍政有所建議，也因緣結識了袁保恒、李久華等，成爲莫逆之交。袁甲三病歸鄉里，又請其教授袁氏子弟。袁世凱無夢軒遺書序稱其叔父袁保齡自述學問文章之事，稱『凡所授，類得諸默存朱先生』。同治二年（一八六三），袁甲三逝世後，朱景昭曾應胡履平太守之邀，佐其閱卷襄校。其間，曾遇李久華、英翰等老友，英翰『有脩輯（安徽）通志之約』，後以各奔東西未果（卷五下與胡履平觀察書）。同治三年（一八六四）

冬，正欲赴浙江巡撫之招時，在白門（今南京）遇劉銘傳北上剿捻，受邀入其幕，任文案與軍事參謀。數年間，銘軍轉戰於蘇、魯、豫、鄂等地，劉氏倚之若左右手，『銘傳故傲睨，然景昭有言，未嘗不聽納』。（本書附録引清史稿文苑傳朱景昭傳）曾建議劉部設騎兵『以捻制捻』，即以師敵之長技以制敵的策略，對付捻軍飄忽不定的騎兵。他還利用自己的人脉，爲銘軍協調上下左右關係，如向李鴻章提供銘軍人才、軍事等信息與建議，調和與緩解銘軍内部的矛盾，疏通銘軍與河南等地方關係等。同治六年初（一八六七），東捻軍潰敗至湖北京山尹隆河等地，準備休整。正月十五日，尹隆河之戰爆發，因劉銘傳貪功冒進，銘軍陷入險境。正酣戰時，東捻軍一支奇兵繞到銘軍身後，衝亂其隊形，致銘軍數員將領傷亡，全軍戰死近千人。戰亂中，朱景昭正要渡河，忽被一捻騎矛刺肩下，僕倒在地，適有袁營舊差官及時搭救，纔得以倉皇過河，免於一死。雖有兩層皮衣隔擋而未傷及，但遭此驚嚇，遂決意辭幕，離開戰場。

適李久華任皖南道員，朱氏應招赴蕪湖。同治七年（一八六八）八月，袁保恒奉命赴陝甘督辦左宗棠西征糧臺時，曾一再邀其入幕輔佐，朱景昭猶豫再三，竟以就近養母爲由婉謝之。（參見卷五下與袁筱隖書）在張屺堂等謀劃下，他得到蕪湖中江書院講席，英翰又專門撥經費，使書院『藉得鼎新』（卷五下與英中丞書）。李久華告歸後，他也離開蕪湖，游歷於金陵、揚州一帶。曾在金陵與袁保慶等友人相往還，袁世凱正是在這時『竊嘗聞其緒論』（本書袁世凱無夢軒遺書序）。晚年，淮軍將領唐定奎、吴長慶争相延聘，均婉拒之，而與李久華、陳季平、于漢卿等友人時常聚會於張汝梅袁浦園，把談甚歡。生平與袁保恒以道義相切劘，交至深厚，光緒三年（一八七七），袁保恒奉命辦河南省賑務，『思先生甚，相約往晤』。朱氏方欲起行，袁保恒竟於光緒四年（一八七八）四月患病三日，溘然長逝。訃至，朱景昭『感慟，疾作，不數日卒』。（參見袁世凱無夢軒遺書序）朱氏臨終前，友人李久華恰至，遺囑『敢以身後一切累君』（張汝梅無夢軒集序），死後由劉銘傳厚賻歸葬。

二

『合肥三怪』都是博學多能、才華橫溢之士，而留給時人、後世的印象或有差異，約略言之，朱景昭勝於學，徐子苓擅於文，王尚辰長於詩。勤奮而深厚者，當屬朱氏。他生平好學，『杖策戎馬間，遇軍休止，雖坐薦蓐，手執一編，沈潛往復，心志淡定，不以干戈擾攘撼其天懷』（袁世凱無夢軒遺書序）。學詩則九歲即有小松傳世；習文則仰慕方苞，古文具體桐城，文辭古雅，雋永樸茂，真氣蘊蓄，不可磨滅；治學則博學多識，源流本末，纖悉賅備，沉思孤往，有以自得。且倡實學，談經論史多有創見，畢生汲汲則惟在尋常倫紀日用行習之間。袁甲三常語人曰：『默存有實學，尚節義，立品峻潔，非尋常讀書人專事章句者也。』（張汝梅無夢軒集序）

朱景昭一生著述雖富，而對其存亡起先並未介意，直到光緒元年（一八七五）纔寫信交代其弟朱静存『輯成卷軸，增損而正定之，藏之家塾，以示子孫』。自稱『吾詩文性情品地頗堪自信，從無賣筆媚世之意』。存世作品中，『批駁及劄記最勝，散體及時文次之，詩又次之，駢文本不足傳，律賦則更無足道』。對删存編輯也表達了想法：『章疏、書函代人作者當歸其本人，惟代撰碑版不妨留存。詩有獨到處，盡删少作，斷自丙辰（咸豐六年）以後可也。徐子苓功力深於我，而徑途不如我之正。至以古文自負，則更去我遠矣。古文最忌弄巧，彼（徐子苓）無借徑不能成文，尚何古文之有！吾時文則自成一家，然此體究不如著述及詩、古文之身分。至詞曲則本不屑爲。』（以上皆參見卷五下與七弟若干書信）其文稿生前曾做過自選，但未完成編訂工作，死後由朱静存編訂。然而，朱静存生前也未如願編成，遂轉交給朱景昭長孫朱家珂。又歷三十餘年，終於一九三三年仲夏編印出來。據朱家珂按語，是在原編基礎上，搜出餘帙，增刻劫餘小紀一種，統名無夢軒遺書九種。目前所知，朱氏著作僅此一種版本。本書的整理，即以無夢軒遺書九種爲整理本。因合肥三怪集的體例，統冠以三人實名作爲書名，故本書整理本名之爲朱景昭集。

朱景昭集中占比最大的是學術部分。作爲學者，朱景昭既不是開風氣者，亦非頑固不化者，比如，他接受淮軍的近代化趨勢，又能以傳統思維方式主張以捻制捻；既堅守孔、孟、程、朱的思想理念，又能以情理、常識、邏輯來檢視訂正修補其錯誤和不足等，屬於兼具開化與保守的新舊中和型人物。其治學風格，則崇尚真才實學，强調證據，不畏權威，善於質疑，求真務實，直陳結論，不做繁瑣考證。其治詩經，據史解詩，視詩爲史，時出新意；其治春秋，承微言大義之旨，而又能據常識（制度、禮儀、倫理）、事實與道理（邏輯），縱横比照，條貫梳理，當疑則疑，重新審訂解讀，頗有守正創新之功力。其治左傳杜注，指其傅會，揭其矛盾，駁其乖逆，訂其錯誤，言之有據，鑿實可取者很多；其治莊子，堅守儒者本色，以儒釋莊，駁其悖逆，又以爲莊子中情而達事，志在經世，張莊子『益於倫教』之旗，彌縫儒、莊，倡説儒、莊相補相通相容，尤以文風文法斷僞，以歷史事實斷僞，且疏解莊子內藴邏輯，别開生面，新見迭出，令人倍受啓發和教益。其治古文，提出了一系列觀點，如性情心術，文之所起也；文章必從理境入，貴樸、貴老、貴精、貴醇固也；文當稱於心而切於事，當於理而不悖於意；文古不須字古；時文極是正經製作，都被摩風氣者敗壞；古文左傳、國語二源説，無不是其寫作實踐和思想的結晶。論文蒭説更是難得一見的講授時文、古文寫作的珍貴教材。

朱景昭集收録的大量詩文作品，記録並展現了朱氏豐富的生平閲歷，可以説，它也是一部反映晚清知識社會夾層歷史風貌的資料遺存。就身份而言，朱氏是純粹的文人，但一生游幕，幾乎未曾離開官場，得到一衆高官名宦的尊重，自己的經世理想往往可借助别人而得以踐行。就影響而言，其生平、學問在當時頗有聲譽，後世卻沉潛下來，表現爲一時一地、過眼煙雲式的『故事』。朱景昭身上體現出了知識社會夾層或者説中間層的鮮明特點，可以稱得上是其中最典型的代表。而這種知識夾層卻是個活躍而不激進的羣體，恰恰是影響和決定我們歷史運動的主體。從這個意義上説，朱景昭集的價值，我們需要换一個視角去審視。

朱景昭集體現出濃烈的經世精神，記録了大量的史事。學術上，他是經世學問的主張者和實踐者，書中各種學術作品無不充滿着經世氣息。詩文方面，他筆下記録的都是時事、人物、自然與社會現象。劫餘小紀所記録的太平軍興起前夕，廬州怪異的人文氛圍，面對太平軍的安徽軍政洩遢亂象；詩作有征夫歎、離婦歎、孤兒歎、行旅歎、流民歎、貧儒歎、掩骼篇、監門哀所述江淮旱災；文集中的咸、同時期的官場、軍隊等内情，所歷地區的軍政面貌和社情民風，各種血緣、地緣、學緣關係以及各種『運作』等，可以説是一部難得的晚清珍稀資料。

施立業

二〇二三年十一月

無夢軒集序

予昔統軍於虎牢關防禦歸途次，接營官稟，文辭古雅，不類常作。及見之，詢何人所作，以先生對，曰：『合肥一老諸生也。默存，字；景昭，名。槖筆來遊，避匪氛耳。』予曰：『此人非汝所能用，予欲延之，可爲予先容。』翌日，往拜而聘之。一見如故，遂訂交焉。古貌古心，恨相見之晚。營中皆賀予，爲得賢佐也。袁文誠公、李久華觀察，尤所敬服。未久，予移軍徐州，因舉入袁端敏公幕中，甚器重之。蓋文誠公愛之甚，挽留切也。端敏公常語人曰：『默存有實學，尚節義，立品峻潔，非尋常讀書人專事章句者也。』文件多出諸其手。嗣端敏公因病旋里，偕之歸，教子弟讀。

端敏公薨後，受劉省三中丞聘，多匡救其失，省三亦倚之若左右手。忽慨然曰：『我本不求聞達，爲菽水謀奔馳鋒鏑間，何也？』辭而去之。適久華篆蕪湖道任，相依數年。久華告歸，彼時予請養奉母，僑寓袁浦，久華携眷就予，默存送之來，館予園中。唐俊侯、吴筱軒兩都督爭延之，皆不就。日與久華、陳季平、于漢卿併予相把談甚歡。一日，忽曰須赴邗一行，月餘當再來。其時，晉、豫薦饑，文誠公奉命辦豫省賑事，棘手甚。予亦奉檄在江北勸辦賑務。默存去未久，忽來書曰：『予病矣，夜夢筱塢來招甚迫，豫省之行恐不免也。』不數日而文誠公凶耗至矣。久華急往邗看之，其病已篤，執久華手語曰：『君來甚善！僕受端敏公父子知，恨無以爲報，今筱塢來招，不可不往，敢以身後一切累君，惜未能與漢仙一決也。』言畢而逝。

噫！今已二十餘年矣。久華、季平、漢卿相繼去世。回憶嚮日煮茗共話，論已往，譚時事，相切磋，宛如昨日。言念及此，良用今昔之慨！

余待罪於外，去歲養痾歸，日事藥爐，幾無以自遣。默存嗣孫家珂，攜其祖遺書來，屬予作序，將付諸梓。以故舊惟予存焉耳，予不獲辭。受而讀之，如見其人，如聞其語。默存之學養、經濟，原不僅以此見；然其發抒胸臆，非經歷於困苦艱難中，正未易有此筆力也。杜子美、韓昌黎、柳子厚，其學力皆於困苦艱難中得之，默存之無夢軒集亦近似之。質諸讀斯集者，當以予言爲不謬也。

光緒庚子嘉平月，中州張汝梅拜序。

無夢軒遺書序

予從父子久先生爲予言學問、文章之事，源流本末，纖悉賅備，且謂予云：『凡所授，類得諸默存朱先生。』予少侍先大夫於金陵，先生假館於久華李先生所，時與先大夫相過從，竊嘗聞其緒論。

先生少更患亂，杖策戎馬間。遇軍休止，雖坐薦蓐，手執一編，沈潛往復，心志淡定，不以干戈擾攘撼其天懷。生平寡交遊，敦氣誼，於所親厚，殷勤懇摯，終始不渝。其於榮利，泊如也。先生爲端敏公幕客，與文誠公以道義相切劘，交至深厚。端敏卒後，文誠常留京師，先生南歸經營家事，其間契闊者有年。文誠奉命歸河南辦賑事，而先生方居淮上，相距不遠，文誠思先生甚，相約往晤。先生方欲投赴敘平生歡，行有日矣，一夕，夢文誠抵書邀約，旦起徬徨，日中而訃至。先生感慟，疾作，不數日卒。嗟乎！生死交情，古稱獨行，先生庶幾近之。

端敏公之開府臨淮也，實居曾、胡諸公之前，其時賊勢猖狓，兵單餉絀，捍禦控制較曾、胡爲難，一時參從諸人，多當世豪俊。厥後，曾、胡諸公戡巨亂，成大功，幕府英賢以文章經濟膺薦擢、致通顯者藉甚一世。而先生周旋端敏、文誠間，時會遭逢，不爲不遇，使先生有志仕進，兩公必樂相提挈，若鴻毛遇順風，翩反翱翔，必大得志。先生獨介然自守，不以外緣之慕奪其自得之趣，其特操有大過人者。

辛丑春，先生之文孫家珂，奉先生遺集來謁予，乞爲序言。予受而讀之。其所爲詩文，雋永樸茂如其人。自先生病歿，於今且二十有餘年矣，何幸於學植荒蕪、焦勞國事、不遑旁午之日，得讀先生之文。其真氣蘊蓄，不可磨滅，與予夙昔所心儀於先生者，於展卷間若或遇之。而緬維先世交誼之厚與先生操行之篤，有足勵世而風俗者。予雖不文，又安能已於言！

光緒二十七年八月，項城袁世凱謹序。

無夢軒遺書序

天下之建大功、立大名者，惟無欲功名之心，始足以當之。運智慮、殫精力、剪暴植良、拯民水火之中，人不及爲而我爲之，抑我無自爲之機，得人而佐之以有爲，皆無須固必者，何者？君子之心，修己而已，而安人即在其中。若舍修己而思安人，則功名正嗜慾之尤。强者互争，弱者適承其難，罪且無極，功於奚有！且夫天下本自安也，自夫人有不修之己而始不安。戢亂者，戢不修之己，使之自修。人己並安，何待於有安之者？故安人云者，非君子所欲矜言之也。當咸、同時，天下騷然，一時人才蔚興，乘以發迹者不少。吾不謂乘時之非豪傑也，然而有時可乘，獨退然行其修己之事，不亦賢之尤賢者乎！

合肥朱公默存與同邑徐公子苓，俱以績學有盛名。徐公失職，買牛躬耕，余讀其敦良吉齋文集，未嘗不仰其高風。及至舊京，朱公文孫家珂以公遺書見示。受而讀之，説經論文皆不襲前人，古文具體桐城，家書全卷尤語語深摯，讀之使人涕下而不可收。嗚呼，至矣！

公居諸侯幕府，與同參軍謀者率躋高位以去，公則數立大功，承薦引不受，謂天下事非求富顯所能任也。其所畢生汲汲，則惟在尋常倫紀、日用行習之間。自謂爲學有真得，教人亦以内行爲先、讀書爲要，收效不小云云。當公之時，天下事莫大於用兵。公謀於軍有大效，乃所志轉不在是，豈其輕重故與人殊哉？兵者危事，世無終古用兵之理，而倫紀行習，乃民生日用之常。孟子輕人爵於公卿大夫，而尊孝弟忠信爲天爵。誠爵於天，雖不爵於人，何莫非貴？故人爵者，苟無天爵以重之，百年旦暮，不過草木同腐耳。君子立身自有其不可泯滅者，視人世所争，一若輕埃浮塵之悠颺於前，非有意賤之，足於天，無慕於人，有固然也。

吾讀公書，恍然於古之聖人有天下而不與，以至一介之士能輕萬乘而樂窮居，皆此修己之精神所結而不能自已，斯得斷言之曰：不修之己，不能安人；既修之己，不待言安人；人本自安，無必於安；惟修己，則安人自在其中。此朱公之心也，無欲功名故也。

壬申冬日，古閩後學何振岱謹序。

卷一　讀詩劄記

風、雅、頌似以聲韻節奏分之。今細心諷詠，惝怳猶若有悟。古人詩皆入樂，或不當以升降論也。王降爲風之説，私竊疑之。即以周衰時詩互較，家父、凡伯確爲雅調，若雜之王風，寧相入乎！賓筵、抑、戒既以入雅，淇奧之粹美，何以祇列於風？此可斷其無升降矣。豈惟雅與風異，即南之聲節亦異諸風。何彼襛矣明言平王，則亦東遷詩矣，列之王風，亦不類也。豳兼雅頌，先儒言之。愚臆測之，諸詩聲節各有近似，楚茨、南山何嘗不近載芟諸頌？要不得其確據，議論所以紛紛也。後世古樂全亡，無從正定。讀書至此，憫然久之。

摽梅、死麕、江漢、行露等詩，竊疑舊説非是。文王后妃化及女子其盛如此，而男子反有强暴，何也？豈后妃化行專及閨閫，文王德薄不及鬚眉乎？恐或寓興比物之辭。不然，或設言耳。

詩言『平王』『成王』，恐仍以稱謚之解爲確。

衛風碩人末章註，指莊姜從人，以爲賦體，竊疑未安。河水，衛之界，似不必專屬齊。鱣鮪，似龍非龍，似比嬖人之上偪夫人。葭菼叢生，似比州吁之非嫡子。庶姜，似指嬖妾。

竭，武貌，似指州吁之好兵。註以庶姜爲媵妾，似因姜字與夫人同姓。庶士指媵臣，似亦無謂。景極崇信朱子集傳，不敢立異。私意揣測，此章或係刺莊公惑於嬖妾，弗禁州吁，俟有識者證之。且州吁好兵，蓄養死士，宜亦有之，隱約其辭，詩人其有憂乎？

詩集傳引范氏之説，在伯兮篇下。曰：『居而相離則思，期而不至則憂：此人之情也。文王之遣戍役，周公之勞歸士，皆敘其室家之情、男女之思以閔之，故其民説而忘死。聖人能通天下之志，是以能成天下之務。兵者，毒民於死者也，孤人之子，寡人之妻，傷天地之和，召水旱之災，故聖王重之。如不得已而行，則告以歸期，念其勤勞，哀傷慘怛不啻在己。是以治世之詩則言其君上閔恤之情，亂世之詩則録其室家怨思之苦，以爲人情不出乎此也。』按此説，征戍之詩極好。後世用兵罕以其道，故詩人邊塞軍旅之作，皆男女傷離怨刺之語，而閔俗之詠無聞。其盛者則敘勇壯之節，慷慨激發，猶有小戎赴敵之意。餘皆哀苦而已。君子於是觀世變也。詆朱子者，每謂註詩多牽合，而鮮有能會於言外之旨。觀此條所引，後世説詩家有道得委備如此者乎？景愛誦而慮其忘，故備録而論之。

讀詩至王風，覺愁苦之色、怨歎之聲，如聞如見，無一篇非衰颯之氣。『詩亡，然後春秋作』，何待紛紛聚訟耶！株林之刺、澩斯之頌，雖在其後，然皆列國不貢天子之詩。孟子明云『王者之迹熄』，何與諸侯事也！且春秋原是天子之事，更無疑矣。

於揚水見父子之親絶，於中谷見夫婦之恩亡，於大車見上下之心離，於葛藟見彼此之情隔，王風至此可謂大亂之極，文、武、周公之澤不足以供幽、平之暴虐也。却讀二南和風、甘露、瑞日、祥雲，使人忽如身際休明，嬉遊樂利。一卷之中，寒温頓變；頃刻之際，哀樂懸殊。詩之感人至此，又不獨棠棣重兄弟之誼、蓼莪陳父母之恩，可以生人孝弟之心矣。即變風哀怨，亦使人隱然思倫紀之艱，興觀群怨之益豈有窮耶！

丘中之詩，疑有別義，俟博考之。

女子之詩，柏舟以下，亦何多禮義之節也。然三衛之詩不關婦人者，淇奥尚矣，次則考槃樂道、干旄見賢，僅有三篇歎美之辭。餘如擊鼓有征伐之悲，相鼠有無禮之刺，芄蘭疑亦此意。式微、旄丘傷心羈旅，簡兮、北門失意孤寒。至『北風其涼』，則晶日無光，長空塞霧，衛之爲衛，蓋可知也。康叔、武公，艱難成化，莊、宣、惠、懿，輕易喪邦，至使陳詩三十九篇無非婦人之情之事，雖貞淫互見，欲不亡，得乎？竊以爲衛之再造，蓋有天幸矣。

叔于田二篇，蓋皆刺莊公也。言叔美才如此，使御之以道，教之以禮，固賢公子。不能防閑，終必恃勇而生亂，非愛段之辭也。詩人忠厚委婉蓋如此。諷詠兩篇，宛見一鮮華公子馳騁原野之象，亦工於賦者矣。

鄭風諸篇，集傳皆以爲淫奔。今觀其詞，似有不盡然者。小序亦未盡可廢。然『狂且』

『狡童』，開輕薄所歡之稱；憶餐、憶息，開六憶、子夜之想，正使意别有託，其詞亦已淫矣，豈獨聲之淫哉！

褰裳，疑賢人不見用，將適異國之辭，或國人怨其君不用賢臣而警之之辭。鄭自武公而後，厲有匡惠之勳，文有相襄之舉，功在王室；莊有中肩之逆，文亦有執使之辜，罪亦在王室。鄭風略不一及，何也？竊以爲夫子實删之。蓋厲、文之功，必多頌美過當之辭。厲以簒始，文以虐終，惠之敗猶非厲罪，襄之奔實自文致，子以爲不足美也。莊之不臣不子，罪在天下萬世，詩人或不忍爲之辭；即有之，必難出以宛轉，子蓋曰：『吾不忍録也。』竊揆鄭風不言周室之故如此，然首篇極美桓、武，意在其中矣。

齊首鷄鳴，唐首蟋蟀，皆不荒於逸樂之旨。二國，春秋之霸國，而先之以此，思先王之遺澤也，亦以見强國者務戒荒淫，意深哉！魯無風，文姜之詩不可載於頌；互見於齊，亦不諱之諱矣，若曰蔽其罪於齊而已。雖然，魯爲秉禮之國，而夫婦、母子之間蕩然無復防檢，恥孰大焉！或魯亦别有詩而弗忍存也。

讀甫田之末章，慨然歎日月之逝也。

朱子説魯莊不能防閑其母，引趙氏之説『母不可制，當制其僕從侍御』，説極好。始以爲創，讀敝笱之詩，乃知從此悟出。

刺襄公、文姜，語意皆嚴厲；刺魯莊，語獨微婉：古人立言忠厚而詳慎如此。朱子集傳可謂傳不傳之秘矣。要其所以然，學者當自求之。

魏當爲晉詩，檜當爲鄭詩：蘇氏之説無疑。

二南之後繫以三衛，閔魯、衛之衰也。周公、康叔實相濟美，兄弟之國爲最親。魯無風，故先敘衛。王之後繫以鄭，周之衰，鄭爲之也。繻葛爲無王之始，故傷之。豳之前繫以曹，曹亡，而春秋遂終。變風終於曹檜，篇末皆思治之詩，無聊之極也。齊、秦、晉皆大國而稱霸，故存之。存陳風，惡楚也。陳、蔡近楚，最弱，故不繫楚風而獨繫陳。燕無風，遠也；宋無風而有頌，比於魯也。杞、許之屬，微也。終以豳，思周公也。十國之風無魯，而寓其慨者於魯尤甚，故夫子曰『不復夢見周公』也。

汾沮洳，註以爲『刺儉不中禮』，竊疑傷貴族之衰也。春秋之際，强臣相戕，八族之裔降在皁隸，民見其貧賤困苦而閔之也。公路、公行、公族，皆卿大夫之子爲之，曰殊異者，言亦卿大夫之子何以不爲此官：重傷之之意也。迨其後，范、中行，世卿也而滅；祁、羊舌，世大夫也而亦滅；存者四姓耳。智氏亡而三家分晉矣。此詩蓋閔世族，而隱然有公室之憂。

十畝之間不過數語，道隱居閑適之意耳，而世亂可想。覺五噫、四愁，其言太薄。

綢繆，征戍之詩也。夫婦離别久而得歸，故述其相慰之辭，傷不歸者之多也，須於言外想見之。舊註皆以爲婚姻失時，恐非新婚情景。

葛藟之兄弟離則相思；杕杜之兄弟安則相棄，棄而思之，傷哉！其言之矣。讀此兩篇，愍然增兄弟之重。爲自述，爲刺人，可無辨也。

無衣，舊以爲美晉，大謬。此詩人刺晉武公也。述其請命之語，倨傲無禮，目中豈有周天子耶？言外見晉之篡弑，王既不能討，其無禮如是，王且終命爲諸侯，天下之亂自此甚矣。王伯厚曰『閔周也』，得之矣。後世長安本危，語意絶似此詩。

唐終於聽讒，秦終於忘舊，君子仕衰亂之世，不亦難乎！

始於車鄰，寺人之漸也；終以『夏屋』，賢者之感也。寺人進用，舊臣播棄，其事相因，聖人垂戒之深無所不具，不得疑爲穿鑿附會，謂當時本無此意也。

小戎三章實爲鐃歌之先聲，蒹葭三章實爲離騷之鼻祖。秦氏初開，文字遂能精妙如斯，讀之覺唐人萬首，一一在其範圍。

晉以武公請命始，以三晉請命終，天道亦可畏哉！

鄭之詩，非棄賢則淫奔而已，冠以緇衣；齊之詩，非佚游則亂倫而已，冠以鷄鳴：於序詩之次第穆然。想見聖人撥亂反正之道，類而推之，無不皆然。

陳，小國也，而近乎楚，其時無一深憂遠慮之君大夫，而刺淫之作幾同鄭、衛，欲無亡，得乎？宛丘，刺蕩也；東門之枌、東門之池、東門之楊，疾亂也；衡門，賢臣去位也；墓門，不賢者在位也；防有鵲巢，憂讒也；月出，刺淫也；株林、澤陂，則靈公君臣恣穢之時矣：終陳之篇，無美辭焉，禮其亡矣！何以知存陳之爲惡楚也？終以陳靈，實啓楚禍。傷中國之無霸，不能正陳亂也。詩不繫陳靈以後，後遂寖微，風不貢於上也。前此猶貢乎？前此桓、文迭興，必猶有采而獻者。霸在楚，而詩不足存矣。春秋惡楚，故詩止於陳靈，傷之也。

讀素冠之篇，使人追恨漢文之壞禮。

有萇楚，斯有匪風，不至萇楚，亂不極也。周東矣，天下人心猶繫於西。然則周之衰也，王棄天下，天下未嘗忘周也。關雎、鵲巢之化遠矣哉！

止齋先生曰：『檜亡，東周之始也；曹亡，春秋之終也。』

下泉，刺晉文也，共公信有罪矣，虐之無乃太甚乎！衛之衰也，有木瓜之詩；曹之敗也，有下泉之詩。桓、文優劣相去遠矣，不言齊桓而言郇伯，意必西京之良伯猶匪風之懷好音也。讀詩至此，慘然不樂。

同一戍役也，汝墳見聖人之化，東山見體恤之恩，無衣見猛厲之風，擊鼓見怨痛之意。汝墳，周所以興；東山，殷所以定；無衣，秦所以强；擊鼓，衛所以亡。撫御之道，宜何從……若擊鼓之篇，殊使人不欲卒讀。秦卒并天下，二世而亡，兆先見矣。若擊焉？無衣之氣太鋭，雖强難繼，無德以柔之也。秦卒并天下，二世而亡，兆先見矣。

東山詩出自上則爲盛世，出自下則爲衰世，古人之論已然。推之黄鳥、鴻雁諸詩，亦可作是觀。聖王不能無儉歲，但使哀矜惻怛之意有以浹饑寒流徙之民，雖荒可不害也。萇楚、苕華，讀之者有以窺其政矣。

古制，畿内千里，意亦足以自强。諸侯之封，大者不過百里。後有英略之君，皆能兼併拓宇，霸有中原。繼世雖昏，憑藉不絶。周宣王不可謂非英略之君也，南征北伐，列國胥朝，不再傳而遂弱，終不能有爲者，何也？此非獨德衰，其勢削也。西京在岐，東都在洛，綿亘聯屬，制度既備，略亦雄矣。宣王之封鄭也，蓋亦比凡祭之屬畿内之國而已。鄭乘幽王之虐，侵併近畿小國，滅虢取檜，遂開新鄭，内引王都爲重，外據天下之中，於是王畿始削矣。春秋之始，齊、楚争鄭，及其繼也，晉、楚争鄭，不惟實當衝要，亦挾天子之意也。平王東遷，棄豐、岐以畀秦，遂盡形勢而失之，僅保河雒東南數百里之地，其强不但遠於晉、楚，殆并不如宋、魯矣。襄王又并南陽而棄之。夫雍州，天下之脊也，南陽，天下之喉也，周公並建兩京，規二千里之地以屬之王，豈獨宏制度、受貢獻、備巡狩哉？蓋亦兼扼險要，據殷富，爲臨侯國、攬威權之計，以尊王室、弭異志也。後王德薄，天下不至大亂，恃此耳。平、桓以後，亂始劇矣，雍州失也。惠、襄以後，王始不足爲天下重矣，南陽亦失也。夫幽、平之虐不過晉之靈、厲，而霸且十世，王遂不振者，何與？猶幸立國之初，親親而尊賢，流風所遺，列侯猶畏名義，時又未有王者作於其際，而景、敬之世猶爲修政，是以延其弱緒，以迄春秋。至於戰國，天子不得比於附庸矣，雖謂周已亡可也。

七月之詩，不過田里瑣屑之事，家人婦子告語之辭，而王業成焉。風之終繫以此，終而返始也。二南，文王之德也；七月，后稷、公劉之澤也。孔子删詩，蓋以周公爲經，故始終皆繫周公之詩焉。遍讀列國之詩，忽誦豳風，使人油然思盛世之樂。

君臣兄弟之變，至鴟鴞極矣，而聖人處之如此。乃知治亂聖狂，其所處之事之境本無甚異，祇是所以處之之心不同，遂相霄壤。

讀緇衣篇，愁然念象賢之不易；讀六月、雲漢諸篇，暢然知有賢父者之樂。乃知詩不可執一論也。聖人所謂可以興者，此其一乎！

楚茨、信南山諸篇，肅穆和易，如遊黄、農之世，而小序以爲刺幽王詩，乃知古人傷亂之言委婉深摯如此，以視噍殺、哀思、清商、變徵不有異耶！然『貝錦』刺讒，『家父作誦』亦以盡言爲哀語，各有當也。

野人歌謡，盎然見詩之意，以此知氣機鼓盪，妙有不可言傳者。但學詩人執此以概之，則大不可。夫男女贈答，偶然感觸，形之歌詠可也。本不必爾，而造作穢詞，雖纖想良佳，所謂思之邪耳。近代言詩者無非此等，令人慨歎！雖然，言，心之聲也，君子必有以擇之。每見卓犖自命、所賞不逾此等，竊以爲必非正人。

常欲以『德音孔昭』『示民不恌』爲『思無邪』註釋。近人專以詩存鄭衛爲口實。夫鄭衛，既聖人所取，而又標『思無邪』一言，則此二風亦必有無邪者存焉，何足爲口實！纖人動以朱子註詩以淫奔解鄭衛爲病，似以二國非皆男女之詞，似亦有見；及自作淫詞，又藉口夫子之存鄭衛，則是以二國爲淫奔矣：首尾剌謬可笑。要其持論本無定見，衹以自便其邪僻之私。朱子以禮法繩人，小人覺其拘束，以翻駁朱子爲快，及自作淫詞無可解說，又以鄭衛自藏。小人情狀本不足怪，因仍其說者何不自重也！

古人勞使臣，先念其父母。聖王孝治天下意，藹然可見。

皇華之使臣巡視風俗、宣布德意，以『每懷靡及』爲心，而汲汲乎諏、謀、詢、度，此所以能勝使臣之任。後世亦有使臣之設，賢否不一。竊以此斷之，自用必不肖，廣益必賢，可以定其品矣。

棠棣之篇，凡有人心，無不感動，以此合諸侯。後世猶有角弓諸作。大學：厚者薄，薄者厚，未之有也。景以爲，有之，必大亂之道。棠棣蓋防及此。朋友之不擇，有因以間兄弟者。再言『每有良朋』，其聲動心；重以『不如友生』，淚隨語下矣。鬩墻小憾，至不能禦外侮，反以召外侮也，不亦悲哉！禮曰『兄弟之讎，不反兵』，奈何有坐視者？奈何有親見受侮而以爲固然者乎？人倫之變，真不忍言。夫侮之爲言，非必其大也，而不廢懿親，蓋非獨兄弟之誼，亦以上安父母之心。安有知愛父母而兄弟忍於相戕者？痛切言之，自周召已爲此危苦矣！『儐籩』以下，極形其樂，勸戒並施，一何摯也！夫孺爲小兒，慕父母之訓，則『和樂且孺』，隱然動以一體之親，固謂父母見其不睦而無以安，即神靈式依而枝葉斧尋，亦冥冥其抱痛。『凡今之人，莫如兄弟』，至哉乎！至哉乎！

伐木，先諸父，後諸舅，親親之殺也。『弗顧』『有咎』，語皆斟酌。諸父之不來，弗顧也；諸舅則有咎矣，與舊解微異。故釃酒屬之家人，八簋以待異姓。親洽者不妨或簡，誼疏者必備儀物也。『兄弟無遠』，不獨言朋友故舊矣。

古人君臣燕享，歌詩贈答，情誼聯屬，未嘗忘相勉以德之義也。世道陵夷，樂章皆頌美而無規諷，於是上之人始驕。漢之樂府猶有古人之遺，魏晉而下無足觀者。世運如此，不勝三代之慕！采薇以下，何其懇也。用人如此，猶慮其怨。讀之，想見『視民如傷』四字形容之妙。詩中閒寫景物，開後人征戍之作。

杕杜爲征婦思夫之辭，而曰『憂我父母』，古人雖小小結搆，不肯爲無禮之言。尤深至者，『期逝不至』『卜筮偕止』二語，妙處直括盡漢以後望遠諸詩，覺後人反覆言之，不能如此真摯。

南山有臺，美詞中寓無限勸勉箴諷之意，想見古人作用。

湛露皆規詞。夜飲而曰『厭厭』，旨可知矣，不獨『令儀』『令德』爲曲終之奏也。

六月功業彪炳，頌美歷楮不盡，而終之曰『張仲孝友』，此有無限義理：張仲在内，而吉甫在外，一也；吉甫與孝友者厚，必有所資，所以美吉甫者至矣，二也；宣王之用武，承厲王之後，有不得已之心，此不可質言也，以張仲結，隱然見宣王之孝友，三也；吉甫歸而飲，至將士論功必有頒以爵賞者，皆不具詠，獨舉張仲，有武不可究、孝友可以興治之旨，所以豫戒宣王，四也；吉甫功高，君臣之遇方盛，而私燕之際，無僉人雜於其間，益見當時之治象，五也；仲在當時，必有嘉言懿行昭著一時，而吉甫燕之，尊敬宿德，爲朝廷表率，所以示大臣之體，必以進賢爲先，六也；既云飲御諸友，而又獨舉張仲，有勸令尊敬之意，七也；不張皇武功，而重言孝友，又有風俗之感，八也。古人立言深至如此，豈易言哉！

車攻、吉日不繫六月、采芑之前，蓋有武功既振、文德未足之慮。宣王晚節不終，本末已具於此，非但頌美已也。

鴻雁所謂『哲人』『愚人』，必有所指。當時諸使，蓋亦有不稱職者。甚矣，政之不易舉也！

庭燎，刺怠也。未央，未終夜也。已而未艾，未達曙也，猶不視朝而嚮晨矣。宣王至是，蓋有荒廢滿假之萌焉。諸侯及王臣敘其候朝之時，以爲警也。時之次第，秩然可見。夫天漸明則火漸無光，故始曰『庭燎之光』。繼曰『晣晣』，晣晣，訓小明也，已不爲不晚矣；曰『有煇』，煇，訓火氣煙相雜也，其晏起不已甚哉！王氏以爲姜后脱簪以諫，正在斯時，其信然矣。

斯干之卒章有隱憂焉，繫此於宣詩之末，旨哉！

無羊次章，昌黎畫記文法所本。

瑣瑣姻婭，周人已刺之，無怪曹詠之屬紛紛而進也。

『方茂爾惡』四語，寫小人反覆之態歷歷如畫，讀之使人慨然念入世之難。

『不懲其心，覆怨其正』是千古暴君污吏病根，真是金鑒高懸。

周之衰也，非無家父、凡、芮之屬長歌痛哭，而君臣荒淫若無聞者，何也？吾蓋深病宣王焉。宣王身際艱難，親見其父之暴虐，而立太子時，不聞早諭教之道，妙選名德，正之於始，使得近倖匪人，以至於亂；不豫養其德，乃至聲色淫畋，百惡並蓄：此豈其性乎哉？吉甫，賢將相也，亦不能教其子，而太師實喪西京。夫家父之屬，必皆老成碩德、久在朝廷者。若皇父諸臣，必亦宣王之世已與太子親近。假使嚴立防閑，漸相化導，則雖縱情破德，而聞正言必猶有悔焉。尹氏非能爲奸威以亂天下也，不過荒淫縱欲，委政姻婭，則亦吉甫教之無具，非皆天生之以亡周者也。史言宣王殺左、杜，吉甫殺伯奇，然則君臣之間皆無德業，再世不振，非不幸矣。

『婚姻孔云』，『瑣瑣姻婭』之意也。

十月之交枚舉朝士，覺盈廷雜沓，無非佞人，而於近王之官尤致意焉。膳夫以下，皆非大臣，而諄諄齒及，其此意乎！終以艷妻，禍由内作也。

師尹、皇父皆細人，與後世莽、操之屬不同，歷陳罪狀，無過好利之情。嗟乎！貪人敗類，遂覆邦家。讀此，始知尚廉之要。

一則曰『褒姒滅之』，再則曰『艷妻煽方處』，女禍之烈如此，非但王國，庶人亦爾。每論一家盛衰之故，未有不關婦人者。選色之人，及身必敗，内而妻妾，外而狎游，罔不皆然，内禍尤甚。嗚乎，可不戒哉！

『聽言則答，譖言則退』，寫庸臣依違畏葸如畫。

小宛，兄弟相戒之詩。而曰『人之齊聖，飲酒温克』，酒之爲害，不獨王公，處世不謹，端皆肇此。繼之曰『各敬爾儀』，『温克』之謂也。

讒搆之興，其來無端。巧言以下數篇，傷心銷骨，何但君臣僚友之際爲然！夫讒人以自遂其私，搆人而自收其燼，其險巇百出，猶曰有由；若彼此相懸，無所關切，而必欲搆釁陷之，不知究竟謀售於己何益？嗚乎，將使人不得所以爲我快意之資乎！竊嘗度其隱情，不過喜於反覆，人不傾側，己則不怡，其性習然，傷何如矣！『有靦面目』，憤哉其言；『投畀有昊』，激哉其志：君子於此有憂患焉。

谷風，亦朋友也。至於『無草不死，無木不萎』，何其痛哉！『將恐將懼』四語，景一讀一泣。身世之感，何必古人！大德則無，小怨則有，乃知三百篇中無不悉之情。

北山後三章連下十二『或』字，繁音促節，想見爾日朝章。

出車、小明同一『懷歸』，彼則畏『簡書』，此則一畏『罪罟』，再畏『譴怒』，三畏『反覆』。罪罟，猶法也；譴怒，上之私而已；反覆，又甚焉，蓋有讒人之憂矣。末二章之申戒，而再言『正直』，或亦行役憂讒之作也。與註異。

楚茨以下皆述治，以傷亂也。魏武『瞻彼洛城郭，賤子爲哀傷』，正用瞻彼洛矣之意，知古人字句皆有來歷。

『死喪無日，無幾相見。樂酒今夕，君子維宴』，其言之沈痛，無以復加。陳思別詩用其意曰：『今日同堂，出門異鄉。別易會難，各盡杯觴。』景極愛誦之，覺終不如頍弁之悲爲尤篤也。

真有感觸，則聲與淚俱，讀書之餘，每不自覺。景近讀谷風、青蠅，不勝歎惋，詩之感觸何其深耶！

賓之初筵三、四兩章形容醉狀，古今同笑，尤似者『舍其坐遷』八字，情態宛然。都人士，刺游佚也。安有思盛世而縷言女髮、形容曲盡如此者乎！苕之華、何草不黄不勝其憂，不勝其怨，與萇楚、匪風一也。彼以終風，此以終雅，閔之也。讀之覺幽陰迫促之色不復可耐。

大明頌文王，而備言歷世后妃之德，猶關雎、鵲巢之意。思齊亦然。皇矣，相如封禪所本，而源委不侔矣。

既醉八章，二章相銜，倍極相生之妙，純用思致，創格也，遂開聯章之法。文王七章已然，皆後人所祖。

自文王至卷阿，清明廣大，藹然和平，中正之音，雅之極盛。其象如此，疑皆周、召之詩，非聖人以下所及，不獨泂酌諸篇爲康公手製也。

老成深憂遠慮，言皆似迂，入後生之耳，鮮不非笑之矣。板之戒也，一則曰『勿以爲笑』，再則曰『爾用憂謔』，深切言之，而反相嗤點，奈之何哉！

後人好爲危言。蕩之卒章止於『殷鑒』『夏后』，而周之『宜鑒於殷』較然，不必切指，反爲刻露。乃知古人匪惟理勝，語妙亦復非常。文王篇曰『宜鑒於殷』，戒賢主也。此曰『殷鑒不遠』，戒暴主也。

先輩教人讀書，常令先解白文，有不解者，然後看註。然如雅頌篇中下字每多古奥，處處有不解者，以此知爾雅不可不讀。

權文公以爲仲山甫魯獻公之仲子，必有所據。然則凡伯、樊侯，皆周公之後也，其後祭伯亦爲卿士，周公之明德遠矣哉！

韓侯受命而盛言娶妻之儀，若不勝其富貴之象，規之也。以爲諸侯來朝，稟王命爲伯，而貴極富溢至此，究非盛節。文王之娶也，詩人以『造舟爲梁』一語盡之。今累幅以爲形容，殆非美之矣。『孔樂』以下，尤非婦人所好，或亦諷詞。末章重申王命，諷以脩職，意曉然矣。舊皆以爲美詞，竊疑韓侯之功業無聞，亦一證也。

瞻卬曰『孔填不寧』，填，註訓『久』，舊説以爲古『塵』字，愚皆疑之。比見古書『鎮』字皆作『填』字，此或亦是『鎮』字。言雖甚思鎮定之，而終不寧也。漢書『鎮』字皆作『填』字。

召旻之言促而苦，並瞻卬之篇敘幽王之政，千載炯戒。嘗謂左傳以前史文多不可信，取證於詩而得之矣。共和之説謬矣，安有如此大事而詩不及者乎？卒以召公思治也。

周、召並稱，周公治内，召公治外，故周末尤思召公焉，外亂將作也。申與犬戎，詩人其料之矣。周公制作，千古爲昭。召公亦必大聖，而世無傳，非詩人屢言之，後人何從知之？要變雅所詠，必因時以立言，其文多不可拘，而其義確然可考。後之人誦其詩不知其人，可乎？

正大雅美，周德也。而行葦、既醉備言父子兄弟之樂，渾渾穆穆，大哉，聖人之化！後世惟安世房中識能略及，而實無可述，故其言止於如彼，其餘蓋未有知者，亦由君德不足及此，此不可襲而有也。

周頌，先儒皆以爲周公作。然所稱『成王』『成康』不一而足，意頌之作，本自周公後人，並祀成、康之詩爲一編耳。必謂『成王』『成康』别有義，不指二王，恐未必然。朱子之説蓋因本文有不安者，未可駁也。

臣工數詩，疑皆頌后稷之作。所作之時，非一王之時耳。何氏皆以爲耕耤，未有確據。噫嘻言昭假，其非命臣下可知；序以爲祈穀，似較安也。

閔予小子以下四章，似是一篇。細玩文義，接比聯屬，章法分明，如始以『不造』『在疚』，終以『多難』『集蓼』，照應法也。詳考而一舉『皇祖』，始即位之辭也。『繼序』而『訪落』，重初政也。『保明其身』，道在敬天，受群臣之言而述之也，喜德行之示我而遂益求助，故自述懲患之旨也。似非穿鑿，然不敢自決。

周頌如元氣彌綸，自然結撰。魯頌純是文字。閟宫盛稱懲楚，而齊桓没後，魯僖身與楚通，臧孫乞師，子叢戍衛，始爲薄之會，終爲宋之會，頌之所美，掃地無餘。辭雖繁麗，實虚誇矣。王氏曰：『周頌約約，則嚴德有餘也；魯頌繁繁，則誇德不足也。』至哉言乎！

商頌言『烈祖』，當指成湯。序以次章爲祀中宗，蓋因首章祀湯，末章祀高宗，獨無祀中宗之作，故以此當之。但商頌本非全帙，何必世世有詩？傅會之言，似可不必。一章中亦並無可指爲太戊之處。

卷二　讀春秋劄記

『春正月』，史文之舊冠以『王』者，聖人尊周之心。先儒以爲夏正，其説未安。

『鄭伯克段』，程子曰：『不書奔，義不繫於奔也。』愚按：義不繫奔者，繫於『克』也，即穀梁『取諸其母之懷而殺之』之意。

『歸惠公、仲子之賵』，兼賵、僭嫡，二説皆是。兼賵而僭嫡，無以教天下矣。春秋之所謹也。

『紀子帛』，啖氏、程子皆以爲當從公穀作『伯』，闕文也。胡氏傳亦作『伯』。春秋首嚴君臣之義，禮無以大夫先諸侯者。左與杜之附會皆害道，宜特正之。

『君氏卒』，公、穀、程子、胡氏皆作『尹氏』。按：尹氏自太師亡周，入春秋，代無賢名。子朝、儋翩之變，再黨逆臣，以傾王室，春秋所惡也。發例於此，隱然有逸前賊、長後亂之意。

書『求賻』，哀王室也。諸侯弗共天子之喪，弗能討而又求之，以爲極弱而無制，故哀之也。

『天王崩』，不書葬，杜以爲不會也。『葬宋穆公』，杜以爲魯使大夫會葬，然則魯之罪可勝誅乎！

宋宣、穆之讓，皆知其子之不賢也。殤不賢而穆賢，故宣立穆。莊猶殤也，無甯立殤，皆行其心之所安，無愧聖人之禪繼者也。公羊以爲宋之禍，宣爲之，論則正矣，而未免傷賢者之心。雖然，讓不易爲也。讓而啓争，無甯從序。吴之諸樊、夷昧，實兆僚、光之争，後世變幻日多，至有李班、廷美之禍。君子以爲公羊之言可以垂教矣。

伐鄭首宋，胡傳以爲罪殤，今推其義，蓋不欲定衛也。州吁，弑君之賊，而使主兵，序諸侯之上，是定之矣。春秋於弑君自立者，書其爵，非得已也。苟有能討者，則從而不定之，以明亂賊之必不可縱也。

翬帥師而重序四國，著專將之始而首助弑逆也。翬終隱世不稱公子，公羊以爲爲其弑隱也。

弑君之賊不討者多矣。州吁幸而伏誅，則大書以示例。若謂未列於會，則伐鄭之役，亦既列於諸侯矣。賊之討不討，豈繫於會不會哉？劉原叔曰：如杜之説，則篡弑之人已會諸侯，即無咎矣。此豈王法哉？！

石門、瓦屋，齊霸之基也。然鄭勢尚强，觀忽之敗戎可見。

『君弑，賊不討，不書葬』，以爲死其先君也。桓特書『即位』，賊辭也，若曰『賊已即位矣』。

孔父稱字，竊以爲門人諱之，門人傳寫春秋而諱聖人之祖也。謂褒之而字，仇牧、荀息不字；謂命卿而字，高傒、國佐不字；謂孔子自諱之，亦無其例。意者尊孔子而因追其意乎？不可知矣。君弑而大夫與焉，死節之辭也。杜以爲罪，謬也。如罪也，則諱之矣。諱祖父之惡，亦義也。孔父實字，非名也。啖氏曰『春秋名嘉者多字孔』是也。又，古惟有以王父字爲氏者，不聞以名爲氏。仲尼爲孔氏，尤可證也。胡氏直以父爲名，因附辨之。

滕稱子，朱子主貶禮之説，胡氏曰『狄之』也。

會於稷，『以成宋亂』。杜云：『成，平也。』程子、胡氏皆以爲直著褒貶。夫曰平宋亂，平不平，未可知之，辭直曰成之，以爲此皆賊也。立馮相督，亂之大者，君臣之義由此廢，亂臣賊子接迹於天下矣，以爲此會實成之。聖人之特筆也，疑非舊史所有。雖間有他事不書，而書『取郜大鼎於宋』，章賂也；『納於太廟』，以賊之器辱其祖也。周公其恫矣！春秋書一事，未有若是之詳者。詳之者，重之也。

會於嬴，翬逆女，齊侯送姜氏，會于讙，夫人至，年來聘，凡一歲中六書之，正文姜之始也。『子同生』，正莊公之始也。章制辨義、别嫌明微，禮之大者，是故昏禮莫詳於桓。

桓自三年以後，春不書『王』，杜以爲不頒曆也，穀梁以爲桓無王也。十年復書『王』，豈是年獨頒曆、獨有王乎？劉氏謂闕文，稼書取之。

『狩於郎』，譏非地也。傳以爲時禮，何時禮之有？

『甲戌，己丑』，趙氏以爲『甲戌』下當紀五父作亂事，脱文也。

伐鄭，書『從王』，尊王也。諸侯不爵、王不天，紀敗也，自是諸侯不復從王矣，謹之也。

『實來』，闕文也。隱、桓之際尤多闕文，世差遠也。左以爲承『州公如曹』，恐是傅會。

『祭公來，遂逆王后於紀。』林云『專也』，『逆王后』似非可專者，然傳以爲禮，亦非禮辭也。

『來戰於郎』，内敗也。内敗書『戰』，公羊之説也，於説經之義爲長。

『盟於惡曹』，林以爲甚也。魯、紀方睦，齊病紀而與魯争也。

突不繫鄭，篡也；書『鄭忽』，世子也。公羊之説，亂之道也。杜云賤忽，亦悖也。穀梁氏得之矣。

『盟於折』，謀宋、鄭也。自是不期而會宋者六，卒背宋而伐之，罪魯也。平亂者不以亂易亂，『君子屢盟，亂是用長』，桓之謂矣。

『戰於宋』，皆罪之也。按：胡傳可知。

二月書『衛侯』，三月書『葬衛宣公』，朔之不喪，甚矣。

春秋時，祭不悉書。書『烝』書『嘗』，皆譏也。

宋以四國伐鄭，林云：『始用諸侯之師也，霸之始也。』

『求車』，治喪具也。閒無事，而書『王崩』，明此之爲庀材也。觀論語請車爲槨可見。

『朔』名，公羊以爲『得罪於天子』，是也。王人之救衛，其證矣。

突簒忽，朔搆伋，桓弑隱，齊亂，文姜以戕魯君，類皆滅倫之賊。宋馮與弑殤公，亦賊也。賊右賊，故諸侯之睦，莫此時若也。屢會屢伐，以謀納突，後又謀納朔，甚矣，其賊也！

書『遂如齊』，齊志也，奸在濼矣；薨，而國戕也。自是，書魯事多微辭。

夫人書『孫』，明與喪俱至也。二年書『會』，明孫而復反也。絶去『氏』，討賊之義也。復書『氏』，逸賊之辭也。屢書『會』，罪不能防閑也。

單伯，魯卿也。按：胡氏以爲命大夫，未明其爲魯世卿，緣左以爲周人也。周，單子不稱『單伯』。

齊、魯，讎也，『築王姬之館』，是亦不可以已乎？傳曰『禮』，禮不加於讎。錫命不稟也，書曰『王使來』，王不令也。

弑逆之賊必盜兵權。『翬帥師』，隱所以殆也。『慶父帥師』，般與閔所以戕也。謹而書之，所以戒也。三家爲魯禍，慶父先之。

伐衛則有師，次滑則有師，譏不在讎也。

夫人書『享』，罪魯也。誰實縱之至於斯極？莊之不孝安逃矣。下書『公及齊狩』，齊召之也，夫人之謀也。甚哉，莊之不能於齊也！

『紀侯大去』，紀亡也。紀亡而齊葬伯姬，曲媚魯也。桓之薨，齊歎之，朔之惡大矣。齊，又仇也，勞民從仇以助罪人，又將抗天子焉。甚公也！揭書『公』而『人』諸侯，尤惡之也。胡氏引穀梁氏之説，得春秋之意矣。

『王人子突』，美子突，尊王人也。救衛無功，則突敗矣。不書，諱之也。諸侯之惡極矣。

『於防』『於穀』，一年再書，齊惡稔矣。逾年而有無知之難。

劉原叔曰『大水，無麥、苗』，爲記災而書也，以爲不害嘉穀，何益於教乎！孫莘老曰『大無麥禾』，書『大』者，非常之辭。麥、苗之無，以水災書也。災所不及，猶有存焉，不得曰『大』也。故『無麥、苗』志於秋，見水災也；『大』『無麥禾』志於冬，見歲凶也：春秋之作一字必謹，無苟然者。

『次郎』，俟陳、蔡期伐郕也。伐郕，齊主之，何以不言俟齊人？諱也。『及齊師』，何以不諱？不能諱也。若曰俟陳、蔡爾，而齊至矣，微而顯，猶狩禚之志也。『師還』，言不能襲讎，又勞而無功也。書『俟』書『還』，皆特筆也。

『齊人殺無知』，討賊也。盟蔇、納糾、戰乾時，皆譏也。讎弗能報也，又爲憂其國焉。敗我師，何爲也？內敗不書，此何以特書？甚譏之也。殺吾民多矣，豈其報父之讎乎？無取之辭也。若謂能與仇戰，書以嘉之，則自元年至此，諸兒尚在，何不一致死，乃已弑而往報之乎？先儒謂乾時之戰雖敗猶榮，吾弗敢信矣。

『荆敗蔡師』，楚始見經，而執一國君，中夏無如何也。不稱君，削之也；並不稱人，以夷狄待之也。

傳謂萬已誅，經但書『奔』，若逸賊，何也？豈固未誅，傳傳疑耶？討賊無不書者，明大義也。

齊桓爲鄄之會，而荆入蔡；爲幽之盟，而荆伐鄭。甚矣，霸之難也！楚之馳驅恣睢於其間久矣，不爲召陵之師不已也。

結媵而盟諸侯，及冬而諸侯來討，比事觀之，罪在結也。

文姜薨葬，備書如常者何？魯人不絶之也，桓之仇如是已矣。

肆眚不書，書『肆大眚』。胡氏以爲譏失刑，是也。赦非良政也，又逸大罪，失刑平矣。

納幣書『公』，重哀姜之始也。由是書『逆』、書『入』、書『覿』，備書之，志再弒之端也，喪而吉並譏之也。

『荆人來聘』，始通也。不書君臣，夷狄之辭也。胡氏以爲嘉其慕義自通，似失春秋之旨矣。

『覿用幣』，志奢也，志昏禮之瀆也，『用』者，不宜用也。

羈繫曹，赤不繫曹，明赤簒也。召戎奪嫡，罪之尤也。

伐徐，治僭也，離楚黨也。徐蓋自是通於齊矣。

新作延廄，不時也，又黷武焉，重譏之也。

一歲而三築臺焉，譏游觀之盛也。終書『不雨』，災也。

牙書『卒』，不以罪討也。般書『卒』，諱弒也。聯書『慶父如齊』，蔽其罪於慶父也。

薨不地，弒也。聯書夫人、慶父之出，明弒之爲二人也。慶父不書『死』，逸賊也。

盟書『高子』，甚美之也。内書『季子』，外書『高子』，志魯難所以終平也。『鄭棄其師』與『成宋亂』『宋災』，故書法同，皆聖人之特筆也。

救邢書『次』，緩也。諸侯稱『師』，言非力不足也。書『遷』不書『諸侯』，不予以存邢之功也。城邢、衛皆書，不没其實也。於是，齊桓之霸方盛，而邢、衛之亡皆不能救，既乃從而封之，其制狄也亦不足矣。

『楚人伐鄭』，始不狄楚也，蓋楚愈盛矣。

『慶父帥師』，孟氏專將之始也；『友帥師』，季氏專將之始也；『兹帥師』，叔孫專將之始也： 三家之勢有自來矣。

三書『不雨』，危之也。『六月雨』，幸之也。

『鄭伯逃歸不盟』，胡氏以爲罪鄭，是也。鄭志不在世子矣。

『晉人執虞公』，交罪之也。虞信有罪，晉得而執之乎？ 且滅同姓，又天子之上公也，著晉罪矣。

伐鄭遂救許，曷爲以伐鄭？ 『至』明此行之專鄭，且明圍許之爲救也。

王人而與盟，傷周室之衰微也。世子之立危矣，乞盟，醜鄭也。

魯之禘，春秋所譏。『致夫人』，譏之譏也。林曰『夫人氏之喪』，不言姜，見絶於國之辭也。

『致夫人』不言姜氏，見絶於宗廟之辭也。胡氏、趙氏皆以夫人爲成風。

里克弑二君而不以討，書歉也，幸之而取國焉，以懼殺，不以義討，固不足以討矣。

『城緣陵』，鹹之〔一〕，諸侯不再敘，於是齊霸始衰矣。

及夫人會齊，幾於桓矣，僖罪也。季姬遇鄫子，幾於文姜矣，亦僖罪也。

黄恃齊不救於亡，徐即齊不救於敗，霸業埽地盡矣，志荒故也。

傳言秦穆之恤晉有王者氣象，非桓、文所能。其饋粟也，一則曰『其君是惡，其民何罪』，再則曰『吾怨其君而矜其民』：大哉言乎！雖聖人之用心不是過也。百里計福，已非純仁；子桑料敗，尤爲挾見：皆不及其君遠也。附論傳事亦隨書之。前後多此類，皆以『傳』字冠之，别於説經。

霸主方合諸侯，而宋已脩怨於曹矣。齊桓晚年，管仲已死，一無可觀。

伐英氏、滅項，公穀皆以爲一事。春秋内諱『滅』，但書『取』而已。傳言齊以此止公；聲，姜會而歸公，皆傳會也。

夫人再以會書，譏也。

桓公卒，而狄與楚益横矣。書『狄救齊』，爲宋惜也。書『狄伐衛』，爲邢罪也。自是，中國不振者十年，而後晉文有城濮之捷。

齊之盟，楚始與中國之會盟也，故春秋與霸，不得已也。

齊桓之霸，攘夷爲先。孝公親其子也，而一爲齊之盟，楚稱人以與；一爲邢之盟，狄稱人以與：君子以爲弗堪矣。

終齊桓之世，蔡未嘗服齊；終宋襄之世，魯未嘗與宋：棄華即戎，殆不可解。

『鹿上』，楚猶人也，『盂』則子矣。『執宋公以伐宋』，虐焰赫然；『使宜申來獻捷』，脅服之謀可見也。會薄，而魯亦服楚矣。略言諸侯不使楚獨張其威也。

齊孝，宋所立也。泓之敗，乘危而伐之，宜齊之遂衰也。

楚軍鋒及陳矣，敗宋城頓，横行無忌，使人不得不思齊桓君臣。傳言宋成公朝楚。楚，其父讎也，宋之弱甚矣。『於周爲客』一段典禮，左氏敘之，有隱痛焉。天子猶客之，而楚朝之，傷哉！

懲荆，乃齊桓之績，而魯頌恢張其辭，以爲僖功。曾不十年，東門乞師，子叢戍衛，導夷猾夏，僖實罪魁。比事以觀，滋用爲愧。

『衛侯燬滅邢』，朱子以爲緣下『衛侯燬卒』傳寫之訛。

楚帥諸侯圍宋。陳止齋曰：『楚子稱人，嫌予楚以伯也。「盟於宋」，微示公之與於圍宋也。楚之横於上國，魯有罪焉。』陳説最得春秋之旨。

傳所稱被廬之蒐，亦足以知霸之不易矣。狐、趙、先、欒許多雄才宿貴，而元帥乃在郤縠。其要在説禮樂、敦詩書，甚矣其識大體也！以後世論將之見，詐力爲先，則軫與偃其人矣。論者動譏雜霸，吾以爲王道尚矣，霸亦豈可數見哉？

『晉侯侵曹』『晉侯伐衛』閒無事，其再書『晉侯』何？甚之也，復怨已甚矣。桓之霸也，有木瓜之詩；文之霸也，有下泉之詩：君子以爲世變之日下也。

殺大夫不書故，殺買書故何？譏反覆也。黨楚而畏晉，欲戍衛而不終，以買爲罪云爾。其書『不卒戍』何？著實也。蓋自是召戍人返矣。

執諸侯，非京師不書所歸，書『畀宋』何？詐也。入人國虐其君焉，又不歸之王，無王甚矣！春秋於晉文多譏辭，猶予以霸，何也？録功也。微文，楚其霸矣。

齊、宋、秦皆稱『師』，獨書『晉侯』，予以霸也。聯書殺『得臣』，明楚帥之爲得臣也。書『大夫』，君不能令也。

盟踐土，書『衛子』，予權也。叔武不立，衛侯不反矣。春秋争讓之間，惟叔武可與權。

踐土書『朝王』，河陽書『朝王』，著霸功也，亦著其勢也。桓假王命而已，太子臨之而已，文再挾天子使諸侯見，王擁虚器，文居大功，甚矣其盛也！自是天子不復能令矣。林曰：踐土先書『盟』而後『朝』，不以天子與斯盟之辭也。河陽先書『會』而後『狩』，不以王與斯會之辭也。

衛侯歸而元咺出，爲叔武也。不書殺弟武何？避元咺之辭也。書殺武，是予咺以訟矣。以臣訟君，逆也。公出而咺歸，公復而咺死，微著咺之罪也。

『狩於河陽』，著王之不得已也。王之不狩久矣，以爲異其事云爾。『朝於王所』，見不朝京師之久也。王在外，公適有諸侯之事於王所耳。書「朝」，僅之也。朝王，不書諸侯何也？不予文之挾也。悉書諸侯，是予文以尊王矣。春秋之霸皆無王，不殊晉文，不使託於尊王者得其計也。

曹、衛之復，皆不書晉復之，不予其專也。專執之，罪也；專復之，將爲功乎？皆以自復爲文，示諸侯不得專相執也。

傳所載城濮戰事，諸人無識大義者，獨欒枝數言差强人意。

傳載「弗致」「瓊弁」，子玉之有識有守也。乃以爲「不勤民」，不亦寃乎！

翟泉之盟，其「人」諸侯何也？罪之也。與王人盟，是盟王也，王不可盟也。其並「人」王、臣何也？交罪之也。與諸侯盟，是代王受盟也。

傳曰「卿不會公、侯，會伯、子、男可也」，此説非也。臣不可以敵君，雖伯、子、男，君也，皆罪也。

元咺立瑕矣，先書殺元咺何？專罪其立瑕也。訟而逐君，輒置一君焉，無以爲人君矣。然則瑕無罪乎？及之者，罪之也，以爲不能權也。然則曷爲書「大夫」？歉辭也。殺叔武者，成也；奉叔武者，咺也。咺之訟君、別立君，成迫之也。君有歉不可以專罪臣，故以殺無罪書也。下書衛侯歸，明乎不殺咺與瑕則不得歸矣。備書之何也？殺咺可矣，殺瑕又甚焉。瑕可恕也，書及，又甚辭也。然則君在而爲人所奉者可以立乎？國無君也，瑕之罪止於無權而已。君出而國多難，固不得專罪瑕以擅立也，故曰可恕也。瑕逾年矣而不稱君，不予其立也；猶有情焉，故甚其殺之者。然則瑕當奈何？攝而謀返其君焉，逐元咺以請於諸侯，爲之達於天子而釋之，奉身以退焉，其可也。然而叔武先爲之矣，而死於忌，故曰成有歉也。然則咺當奈何？叔武既死矣，歛而哭之，請之於君，録其功焉；弗獲也，奉身而退，不立其朝焉，其亦可也。訟之，甚矣；立君，又甚焉，故曰專罪其立瑕也。然而，成之忌也，殺武矣，咺何恤焉？故曰皆有歉也。

『宰周公』，天子之上公也。上公奉命而聘焉，弗朝也。而亦使卿報聘焉，亢也。又遂事於霸國焉，是卑天子於霸國也，替也。亢且替，春秋所謹也。

秦、晉方睦，中夏可以少安。燭之武間之，而其争迄於春秋，辨士傾危可畏也。伐鄭之罪均也，秦則悖矣，然晉之蒙其德不可忘也，銜小怨而棄大惠，至世爲讎，豈平也哉！或又曰武之爲鄭也忠，人臣爲國而恃口舌焉，又不能明徵其辭，而竊行反間，亦下策也。然則子産爲命，孔子何以稱之？先治内也。治内既固矣，善爲辭以事大國，相弱之道也。且子産之爲鄭，其辭皆明禮守信，自完而已，何嘗鬭大國以幸紓吾難哉？況晉之霸，中夏之利也。秦自是助楚敝晉，寖以失霸，終有宋之盟焉，亦基之此矣。

敗秦稱晉人何？啓釁也。秦之爲德於晉多矣，襲鄭誠罪也，要而阻之，不使得逾我以及鄭可也。今既失利而還，縱之而使責焉，亦可也。歸而要之，無以辭焉而殲之，『匹馬隻輪無反者』，晉亦甚矣哉！不書子言，喪君未久而死其君焉，知爲子者不若是也。先軫曰『縱敵患生』，今不縱矣，而讎怨滋深，迄於春秋無寧宇，可謂無患乎？先軫詐而喜事，一舉而貽無窮之患，此不足爲功也。殽之役，論者多恕晉鄙，竊以爲謀國之不遠與鄰之不義，無過此者。書繫秦誓，閔穆公也；詩繫渭陽，閔康公也。晉世負秦德，令狐之役尤爲悖矣。晉於是一歲三用師焉，皆曰人，始不足以霸矣。至吕相絶秦，敘送雍事，乃曰：『帥我蝥賊，以來蕩摇我邊疆。』讀之令人髮指。春秋秦受欺於諸侯，戰國則諸侯受欺於秦，亦理勢相激使然。

國歸父來聘，公親朝齊以報之。『宰周公來聘』，不聞是也。是以知其亢且替也。

箕之役，先軫死不書，存中國也。狄人而獲霸國之元帥，恥之大者。然則軫之死非乎無禮於君，待罪可也；君赦之，脩敬竭忠以爲報稱亦可也；或辭禄而退，不以無禮立於朝亦可也。且城濮之役，王蓋知其功矣。天子之命卿，三軍之元帥，而輕死小寇，是辱國也，謂之再無禮。若軫者，吾無取焉。衛懿不滅，先軫不獲，皆諱也。獲白狄子亦不書，則略之而已矣。

諸侯在喪稱君，杜氏以爲既葬，劉氏以爲逾年，劉説爲長。然如十二月遭喪，首春即位，遽稱君以臨國，無乃未安乎！竊疑既葬而未逾年，當俟改元乃稱君。逾年而期太近，雖改元，仍降從未即位稱子，俟葬乃成君，於禮似合。杜但知既葬成君之義，而不知未逾年稱子之禮，是以誤也。某以意測之，未有所考證，不知是否。

錫命，不請也。不請而王使來，弗親朝而使卿往，重罪之也。

『晉侯伐衛』，『衛人伐晉』，相報之辭也。書『晉侯』，著親將也，以爲霸之力少絀矣，親將而小國報焉。

書『大事於太廟』，重辭也。大事而『躋僖公』，悉誣其先君也。吴氏曰：烝、嘗，時祭也；有事於太廟，四廟之主遷於太廟而合祭焉，祫也；大事於太廟，毁廟之主亦與祭，自伯禽至僖公皆合祭焉，大祫也。

四國伐秦，稱『人』。陳止齋曰：自士縠專盟書，處父專將書，前乎此大夫將恒稱『人』。然則，謂尊秦，非。

『公子遂如齊納幣』，公羊曰『譏喪娶也』，『三年之内不圖婚』，其説甚正。左氏以爲禮，直以喪娶爲禮耶？

王卿不悉書，關天下之大故而後書；書『王子虎卒』，録功也。虎相王室，帥諸侯以共天子，是故王室弱而不危。抑晉文以臣禮，虎之功也。書『劉卷卒』，録賢也。卷奉悼、敬以討朝，再定王室，是故王室危而復安。又欲合諸侯以攘楚，討其納朝而辱蔡，卷之賢也。自虎卒，而諸侯相雄長，無能約以歸王室者，始不復以王命爲重矣。自卷卒，而諸侯散亂，無復能爲王室討叛而攘夷者，始不復有侯伯之事矣。終春秋再書王卿之卒，深惜之也。按：卷於召陵合十九國之師，冀以攘楚尊周，規局遠大，曠世名相也。或不遽卒，召陵猶足有爲，春秋故深惜之。

自救江無功，而晉霸衰矣，不待靈之侈也。

成風以妾母而禮同於嫡，周之衰也。歸賵不悉書，書『仲子』，書『成風』，皆僭嫡者。

閏月不告朔，『猶朝于廟』。蘇潁濱曰：『春秋有同辭而異實者，猶三望可以已也。猶朝于廟，幸其不已也。』此説是也。胡氏從之。

晉襄之喪，諸臣以難故，謀立長君，未爲不忠，而夫人、太子不豫爲謀之，此何説也？趙盾專，目中無君，夫人而穆嬴，又桀然才婦人，當時中才如荀林父猶知其必有變，而諸臣不一慮及，不亦疏乎？！

陽處父，賢大夫也，其易帥也，忠之屬也。觀立君之議，狐不如趙遠矣。左氏好以成敗論人，乃有『侵官』之説。公羊以爲『君漏言』，是也。原叔曰：『爲國太傅，而以諫争進退群臣爲侵官，是教大臣拱默也。』胡氏傳與原叔説同。

『盟於扈』，不列諸侯，諱内也。何以書『晉大夫』？君臣之辭也。統舉諸侯，是無别也。

衡雍，大夫特相盟也。會戎，譏無節也。

『宋殺大夫司馬，司城來奔』，皆書官何？胡氏曰：『主兵者不能其官，至於見殺；守土者不能其官，至於出奔。君弑宜矣。』

『使椒來聘』，楚圖霸也，晉之不聘於是久矣。

『秦伐晉』，林氏曰：『狄秦也。楚之霸，夏之變於夷，秦爲之也。又三十年而狄鄭，又五十年而狄晉。狄鄭，可也；狄晉，甚矣！』林説是也。

『鄋瞞』篇，齊襄之二年，顧氏據史記以爲齊惠。今按：王子成父與管仲同時。然則此『襄』字不誤。

左氏以爲郕太子來奔，而經書以爲郕伯。經文必不如此。左氏之悖往往類是。

楚方强盛，晉霸且衰，『公如晉』，鄭、衛皆會公。林氏曰：『諸夏之懼甚矣。』

捷菑書『納』，不宜納者也。『弗克納』，言邾之不受命也。

『舍未逾年稱君』，正商人之罪也。穀梁子之説得之。

『宋子哀來奔』，公穀皆曰史失之。左氏、胡氏皆以爲褒辭，范氏從公穀失之之說。家氏論以爲非褒辭，其說近是。

單伯，魯世卿也。『齊人執單伯』，『單伯至自齊』，不言歸京師，則非周之單子明矣。

宋司馬華孫，著世卿也，或曰弒君者之子孫也。

再『盟於扈』，猶不列諸侯也。於是晉霸愈衰，齊叛，楚强，秦人伺之，小侯不以時服，間數年而失諸侯。

『弗及盟』，亢辭也。『魯難未已』，魯人懼矣。鄟丘之盟，輸平也，晉弗能與知也。

楚方多難，而蔿賈之止遷國之謀，實有大功於楚。楚一遷國，外患疊至，人心内摇，大事去矣。于忠肅之策明本此。

宋人弒君，罪在鮑也。鮑施奸惠以收人心，上淫祖母以干大紀，外結大臣以傾公徒，公之無道，鮑彰之也，孰與夫陰謀以篡國者之爲無道乎？左氏以爲罪在君，害義之說也。

伐宋不列諸侯，會扈但言諸侯，皆失霸之詞也。

孫莘老曰：『齊殺商人，自以其私，非討罪也。春秋之義，弒君大惡，殺之必正其罪。苟不討其罪，又以其私，則亦曰弒君，所以原情定罪而大爲之防也。』

『子卒』繫遂『如齊』之下，著遂之謀也。不殊『得臣』何？與賊共事，春秋以爲不足殊也。下書『行父如齊』，與有罪之詞也。宣之立也，篡。行父爲之定之，固不足以言忠矣。聯書之，志黨也。惠伯不書殺，諱内惡也。左氏敘出姜歸齊，慘然變色，讀之動人，而下紀行父之逐僕，甚矣行父之僞也！『遂以夫人至自齊』，不書『公子』，蒙上文也。

諸侯會晉師伐鄭，誌大夫初用諸侯之師也。『趙穿帥師』，履霜之漸也。『季文子如齊，納賂以請會』，馮氏曰：『復讀莒僕篇，其不爲之啞然笑乎！』嘗謂行父老奸，即此可見。

放胥甲父書『大夫』，以爲不足以服其心也。

楚師侵陳，遂侵宋。趙盾救陳，不書救宋，譏不及也。楚師已及宋矣，始救陳焉，以爲不及陳也。且宋有弑君之罪，晉爲霸主不能討，又從而定之，其患也又從而救之，以爲書救宋，是予其救也；晉救不足予也，削之，所以示懲也。楚不書伐，非能討宋者也；若伐陳，則伯，討矣。

諸侯伐鄭，皆稱人，無功也。

弑夷皋，趙盾之謀也，使穿親之爾。左氏以爲罪止不越竟、不討賊，不識董狐之意者也。董狐以爲亡不越竟，待穿之訊也；反不討賊，與之同謀：不足以服其心而討之也，又以爲顯庇穿也。左氏誤會之，又造爲孔子之言，以趙盾爲良大夫。孔子書盾以弑君，其必不以爲良可知。又曰『越竟乃免』尤悖。人臣弑君，越竟足以免乎？君臣之義，無所逃於天地之間，亂臣賊子，人人得而誅之，雖死不宥，何越竟之有？凡左氏引孔子之言多不可信，此爲尤悖，不可不辨。

郊、望，皆僭也。又有天子之喪，卜牛而告警，不可以已乎？『猶三望』焉，重譏之也。『乃不郊』言非以僭止也，亦非爲王喪也，牛死而已。

伐戎書『楚子』，侵鄭書『楚人』，華夷之辭也。

平莒而莒不肯，無亦有不慊者乎？『公伐莒』甚之也，不肯平，不能終平而伐之，怨滋甚矣。失平，怨之本，書『取向』以著其罪。胡氏之說爲當。

弑夷書『歸生』，以爲歸生力能制宋，而撓而從之，是首惡也。傳以爲『權不足』，又曰『仁而不武』。歸生，懼而從宋，是共弑也，何止權不足乎？比君於畜，終以首戎，可謂仁乎？夫子公不得子家不敢弑也，謀以告之而歸生不發，譖以脅之而歸生不辨，則子公猶忌歸生，而歸生自安於首弑也。迨其弑夷，必子家實主之，故子公終相鄭伯，而歸罪於子家，反置身於局外。然則，子家之力能制而甘爲首惡，其可逭乎！

凡弑君書賊名，卿大夫書某國人，微者也。不書人，不得賊之辭也，以爲不知其人云爾。君弑矣，春秋無罪其君，絶其君之義。左氏杜氏之説非也。弑君矣，春秋無恕其情、赦其罪之理。公羊何氏之説亦非也。春秋書某人弑君，必實弑君也。弑逆大惡，無以復加，不能移獄及人也。春秋書某君卒，必實非弑也。弑逆大惡，若據赴文書『卒』，是佚賊也。内不書『弑』，爲内諱也。雖然，必微著之。子般閔公之卒，間有事不書，書『慶父』；書夫人子惡之卒，間有事不書，而繫公子遂『如齊』之下：皆罪之有歸者也。隱公不書其人，而繼書桓公『即位』，則蔽罪於即其位者矣。論春秋書法，於弑君尤多曲説，皆亂賊之尤也。『閽弑吴子』，『盗殺蔡侯』，則譏在君，謂閽與盗之不得近乎君也，且羈人也。舍是，無罪累君者矣。

或謂春秋著君之罪爲後世無道者戒，此愈不足以服其心，而徒長亂賊之漸，聖人不爲也。且以爲戒君，而見弑必有故焉，懼可知也，戒後世亦足矣。

『叔孫得臣卒』，不日不月。胡氏以爲削之也。惡之弑，得臣與謀焉。反馬之禮，一見於高固而已。甚矣，婚禮之亡也！

晉師、白狄不殊之，何也？不足殊也。不勤中國，而以敵伐鄰，以爲不足殊也。胡氏之論，得經之旨矣。

葬敬嬴，雨，不克葬，越日日中而葬。孫明復曰：『譏無備也。葬爲雨，備禮也。』

『公如齊』聯書『仲孫蔑如京師』，罪慢也。身朝其鄰使卿聘，王知爲臣者不若是矣。『取根牟』，滅之也。內不書『滅』，以是知滅項之爲齊也。『會於扈』，『晉侯卒於扈』，不書卒於會，諸侯已罷也。於是，荀林父方伐陳，而諸侯不與，霸衰也。

洩冶，古之遺直也。左氏、杜氏以爲罪，悖也。直諫於淫亂之朝以取死，乃爲罪乎？淫亂而不諫，將何諫乎？人臣與國休戚，奈何緘默以取容？謂洩冶罪，則比干罪矣，淫亂孰有如紂者乎？然則，無自立辟孔子之言非乎？此必非孔子之言也。孔子仁比干矣，其書『洩冶』，哀之也。未幾而君弑國亡矣。公、穀、胡氏皆以爲殺無罪，是也。

『齊崔氏出奔衛』，著世卿也。杼之弑有自來矣。周書『尹氏』，齊書『崔氏』，族强也。公期年三書『如齊』。自元年以來，朝聘不絕，書會盟征伐不與焉，著齊之黨公也。公之篡，齊爲之。

『會狄於攢函』，譏晉也。林氏曰：『楚方倡義於天下，而晉孜孜於群狄，至往會焉，晉卑甚矣。』胡氏曰：『直書其事，不待貶絕而義自見。』是也。

夏徵舒之『殺』，討賊也。公孫寧、儀行父書『納』，庇賊也。徵舒，弑君者也；寧、行父，致君於弑者也：皆賊也。討徵舒，是矣；而納二人，楚失刑矣。凡討賊在外者，罪在內，書

『楚人』，罪陳人也；在夷者，罪在華，書『楚子』，罪中國也。

邲之戰，以大夫主兵，華夷之辭也。不諱敗矣，又抑晉焉，是霸楚也。春秋不霸楚。

邲之戰，左氏寫晉軍中無復紀律，議論紛然，軍士惟辦一走，讀之令人不歡。

殺先穀，討邲之敗也。穀有罪矣，何以稱『大夫』？不足以服其心也。

邲之敗，林父爲帥，帥之不誅而歸罪於穀，刑不平矣。然則左氏所載之言不足憑乎？

如左氏言，則死有餘辜。雖然，左氏好徇成敗，見穀終夷滅，遂誣之亦未可知也。春秋書以『大夫』，與無罪同辭，則有以斷斯獄矣。

左氏載晏弱之言曰：『懷必貪，貪必謀人。謀人，人亦謀己。一國謀之，何以不亡？』名言哉！商鞅之死，豈獨峻法之報哉！

書『歸父會楚』，見諸侯之皆服於楚也。左氏載孟獻子之言似是傅會，獻子賢臣，不應勸其君背晉事楚。然此後卒不書晉討，蓋晉力不及中原矣。

『王札子殺召伯、毛伯』，京師亂也。召伯、毛伯，天子之公卿也，尸於王都莫能討，哀之也。

蝝，杜以爲螽子遇寒死，不成螽。孫莘老駁之，以爲秋螽冬蝝，一歲而再爲災，故謹志之。且謂周之冬乃夏之秋，五穀大成之時，不可謂無害。胡傳亦云其説勝諸家，得春秋書災不書祥之旨。

左氏甚重士會，士會爲政，獨書『請於王』。終春秋時，無此特筆。

『邾人戕鄫子』，書暴也。『于鄫』，譏不備也。

杜氏曰：『吴、楚之葬，僭而不典，故絶而不書，同之蠻夷，以懲求名之僞。』此條最好，深合春秋之旨。杜氏説經，罕有如此精當者。

『公薨於路寢』，言得其所也。歸父『奔齊』，惜之也。魯始患三桓矣。謀之不成，深惜之也。

臧孫既爲子家辨冤，而復逐之，似反爲季氏者。此不可解。大抵三桓之於魯，屢謀而不能去，殆有天意。

作丘甲不言初，何也？不始是也。自是遂行之矣。

王師敗不書，敗于茅戎何以書？懲戎禍也。王師之不征久矣，徼戎而敗焉，亦譏也。

鞌書四卿，卿强也，莫肯相下，遂無帥矣。林氏曰『三家之勢成矣』是也。公子首，特書，蓋禍始也。

『國佐如師』，不言盟於師何？據屈完書來盟於師，不敢必之詞也。

侵衛不書救齊何？不及救也。侵衛，而公會之並及也。鞌之戰，魯、衛患齊矣，又加之以楚。晉不聞，急之也，故盟，皆『人』之。『人』之者，不予楚以霸也，且君臣之詞也。窜之役，卿悉書；蜀之役，卿皆不書：華夷之詞也。窜戰憤矣，而於楚則避之，於是列國悉從於楚矣，亦危晉霸也。

『新宫災，三日哭』，譏不能救也，猶有哀懼之心焉。

衛從於晉，晉、衛與魯相盟，著蜀之不得已也。

鄭伐許，林氏曰：『狄鄭也。』諸夏之即於夷，鄭爲亂階也。蔡與鄭常服於楚，蔡爲自免耳；鄭助之擾諸夏焉，鄭罪大矣。

『天王崩』，不書葬，明不臣也。繫於山崩大水之後，亦當天變矣。

『梁山崩』，高者，危也；失其高，上不有其下之徵也。不繫於晉，天下當之。

『立武宫』，胡氏曰：『立者，不宜立者也，於是武祧矣。』以爲媢而蔑禮，故特書之。

『取鄟』，滅鄟也。胡傳曰：『爲君隱也。』

『伐鄭』，書將伐喪也。欒書亦書予救也。美惡不嫌同辭。

善乎，韓厥之論遷也。曰：『國饒，則民驕佚。近寶，公室乃貧。』夫富厚之家，其子孫易失業而難守禮，傾其世蓄，謀生不如貧人矣。若夫山林川澤之間，苟有珍産，則田疇必荒，且長淫俗。是二者，皆世俗以爲利，而古人以爲大害焉。至哉言乎！

馬陵，爲救鄭也，何以不書『至自救鄭』？　蓋不及救而及於盟也。

吳始見而再陵國焉，著强也。　蓋聞之通吳以弊楚，晉之謀；通越以弊吳，楚之謀。　然而吳之强也陵及晉，越之强也侵及楚，是故君子之謀國也，先自治。

歸汶陽，書晉使來，言不願歸也。

元來聘，壽納幣，行父致女，三國來媵，嫁女於諸侯無詳於此者。　公羊傳曰：『録伯姬也。』家氏曰：『自始至成禮，七見經，貴之也。』

趙同、趙括書『大夫』，譖也。　杜以爲罪，是長姤忌也。　雖然，貴寵太盛，鮮有能終者。方是時，武爲趙之嫡子，未爲卿也，而同、括與旃皆爲卿後，則郤氏亦三卿，皆以亡族。　是故持盈之道難矣。

燮聘而伐郯，聯書之，自魯往也。　蓋郯近魯，諸侯於魯成師焉。

『執鄭伯』，罪晉人也。　杜以爲罪鄭。　胡傳曰：『既不以王命，又不歸京師，則非霸討是也。』

公孫申之謀，善策也。　前此，子魚、叔武爲之矣。　後世于忠肅亦本此意，屢爲而輒效。申之死，不幸也。　左氏以爲忠，而非其人，然則忠猶擇人而能乎？

立州蒲以伐鄭，左氏說也。　啖助曰：『若然，失禮之甚，經當有貶。　既無貶文，蓋傳妄也。』

朝王所書『朝』，則其書『如京師』何？ 非特朝也，伐秦而過京師耳。 然則先書『如京師』何？ 存天子也。 自京師會諸侯，不備書諸侯之朝，猶河陽之志也。

僑如逆女，一事而再見，省文也。 以爲尊夫人，臆説也。

執曹伯，胡傳以爲霸討也。 然則子臧何以不立負芻？ 於是再逾年矣，而乘之以立，是争也。

華元出而歸，而山誅石出，則非元之罪也。 聯書之，誌石之黨山也。 黨者，罪矣。

『會吴于鍾離』，著晉之通吴也。

魚石書而四大夫不書，汪氏曰：『誅首惡也。』舉重而書之，餘不足紀是也。 杜以爲獨魚石告，此逸賊之説也。

『雨、木冰』，記異也。 雨矣而木冰，故曰異也。 朱子曰：『上温，故雨而不雪；下冷，故著木而冰。』愚以爲陰陽乖絶，争象也。 是歲首有三家之争，穆姜主之；子偃死焉，其應也。

朔晦必書，謹時也，不獨日食矣。 或曰：戰而晦，譏詐也。

『敗績』書『楚子』，胡氏曰：『君親集矢於目，以身傷爲重也。』下書殺側，汪氏曰：『楚審躬戰致敗乃歸，咎於側。』嬰齊以令尹將左軍，與側相惡，使敵國謀臣知其莫有鬭心，而委罪於側，何耶？春秋稱國以殺不去其官，著楚君、大臣之失也。

沙隨之會，程子曰：『晉怒公之後期，故不見公。君子正己而無恤乎人。魯之後期，國難故也，晉不見爲非矣。彼曲我直，故不足恥也。』愚按：是時，三家相搆，僑如與晉臣比，而譖公不見，公非獨以後也，書之，著僑如之惡。

『曹伯歸自京師』，逸賊之辭也。

曹人請晉，而曰亡社稷之鎮公子。然則曹之視負芻於子臧何如也？負芻之篡，子臧弗能討也，又以有國爲非節而逃之，卒反以定負芻之位，其處事變或不能無遺憾焉。若季札之事，則似有天數，實非札之咎也。諸兄次立，必欲傳國，乃逃，以啓僚、光之争，上傷父兄之心，下貽數世之禍，必非札之所爲也。蓋當夷眜之死，札實奉使在外，僚遂不待而即之。季子至，則君之而已。公羊曰『使而亡焉』，非也。光之弑，則自與僚争，不關季子，弑而以國奉札，札其能受乎？如季子者，謂之不幸可也，非必於讓者也。父初死而兄讓，則不得不俱讓，兄讓而遂立，賢者不爲也。兄皆死而其子不讓，則不得復争，讓而反争，賢者尤不忍也。孔子稱爲君子，豈虚乎哉！後世刻呰季札，非唯傷厚，亦讀書之未精也。

子叔聲伯，有古大臣風，在季文子上遠甚，後有子家子，蓋同志矣。

再以王卿主伐，而鄭猶不服。晉雖勝楚，而霸衰矣。於是，楚救鄭，皆不書，削之也。

列書三郤，宗强也亦甚，晉也。於是，郤犨有罪，郤錡欲攻，公殺之足矣。郤至賢而並僇之，酷也。凡左國言郤至之取禍，皆以成敗論也。柳氏蓋嘗辨之。

國佐見殺，枉也，而左氏以爲叛。若其叛也，當以良霄、欒盈之例書之矣。

讀郤至濱死之言，使人惻然哀之。雖晉文之不校，何以過也！韓厥有賢名，而以君擬老牛，悖哉，其言矣！

胥童，書，偃殺之也，繫之國殺，不使臣得專相討也。於是並弑君，則不足以討矣。

弑州蒲，不書主名，不得賊也。以爲君無道，無道遂可弑乎？貴戚之卿易位而全其故君，其可也。

『魚石復入』，不書自楚，係『伐宋』之下也，於是楚獎叛甚矣！

『築鹿囿』，譏禽荒也。

於是公薨，而晉乞師焉，非禮也。國有大喪，令不及焉，可也。

晉之卿可謂强矣。以十四歲小兒控制之，如制犬羊，而賢臣輩出，則君道可知矣。

於是欒書卒，荀偃當代爲政，而超用韓厥，又超用荀罃。其後又欲用士匄，匄讓而後使偃。蓋厲之弑，偃與之，悼未之顯誅也。故終不任用，然晚年卒使秉政，此霸主所以爲霸歟！君臣之義不明久矣。

彭城書『宋』，討賊也。其不書『獲魚石』何？不終討也。負罪而召寇，據邑以叛君，其罪大矣。討而誅之，懲惡之大義也。得而不誅，是逸賊也。予而不盡予之矣。『次於鄫』。林云：『從晉而未決也。』於是楚救鄭不書，但書『侵宋』，削之也。

（以下闕）

校記

〔一〕鹹　據文意，當作『嫌』。

卷三 左傳杜註摘謬

隱公元年傳『弔生不及哀』。

杜云：『諸侯已上，既葬則縗麻除，無哭位，諒闇終喪。』杜氏傅會經傳，逢迎短喪，虧禮傷教，其説殆不足辨。顧氏嘗駁之矣。

三年經『春王二月，日有食之』。

杜云：『唯正陽之月，君子忌之。』非也。日月告凶，無時不當，知警奈何而弗忌乎？二月日食，三月而天王崩，亦以爲非君子所忌耶？是啓後世人君玩視天變之心。

四年經『衛人殺州吁于濮』。

杜云：『州吁弒君而立，未列於會，故不稱君。』按春秋，弒君篡國賊，討者鮮其列於諸侯。春秋據事實，不得已而書之。有能討者，雖逾年，不成其爲君。『蔡殺陳佗』『衛殺子瑕』，皆是也。謂列會即不得討，然則篡弒之後，急謀一會，足以肆無忌憚矣，豈春秋之義乎？且州吁再會，伐鄭，雖兵車異於好，會固嘗列於諸侯，不以討賊爲幸。而曲說以傳例〔一〕，此杜氏習於魏晉篡弒以爲細故耳。傳稱『求寵於諸侯』，杜云『既與之會，則不復討』，此或事勢有然，非義例也。蓋諸侯黨惡，樹之聲援，以脅國人而定其位，非謂不當討也。

七年經『戎伐凡伯於楚丘以歸』。

杜云：『但言「以歸」，非「執」也。』夫既以歸矣，非執而何？書『伐』不書『執』，不以戎加王使也。伐而以歸，犯上之辭也，有分義焉。杜氏不言分義者多矣。

十一年傳『息侯伐鄭』下云『度德』。

杜云：『鄭莊賢。』推尋傳意，謂息侯不度己之不德，不量己之無力云云，皆言息之將亡，未嘗以鄭莊相絜也。註稱鄭莊賢，於傳意爲雜出。以莊之殺弟、囚母、射王種種，窮凶極惡，乃以爲賢，雖語各有當，亦不應顛倒至此。

桓公二年經書『孔父』。

杜云：『孔父稱名者，内不能治其閨門，外取怨於民，身死而禍及其君。』按：孔父，孔子所由得姓也，名嘉，『孔父』字也，非名也。聖人固不私其親，然特筆以彰祖惡而示公義，亦必不然。且殺君，書及大夫，皆死節者也。仇牧、荀息，其事甚明，孔父正色立朝，公羊之説甚著。杜氏專以書名爲罪，凡殺書名者，概曲摘以圓其例，遂使死義之名臣與甯喜、里克同科。遷就傅會，其罪小；誣賢佑賊，其罪大。

經『成宋亂』。

杜云：『成，平也。』程子以爲直著黨賊之罪，謂宋之亂，此會成之也。杜以行成、求成諸訓通之耳。

五年經『從王伐鄭』。

杜云：『王師敗不書，不以告。』夫赴告策書，理固宜然。然使聖人盡依舊文，無因革損益之異，何以謂之『修春秋』？且君臣之義，春秋之綱領也。是役也，天下大變，非獨鄭一國之叛迹也。不書敗，傷之也，諱之也，以爲不忍書也。章天子之辱，啓叛人之侮，又不敢書也。茅戎之役，王人告敗，此安見其不告乎？

傳『鄭伯使祭足勞，王且問左右』。

言鄭詐也。杜云：『鄭志在苟免，王討之。』非。夫親敗王師，矢集王躬，猶以爲苟免，是崇賊也。是役也，王之免，幸矣。杜氏猶未慊乎？吾弗忍言矣。傳次戰事，終以王亦能軍，若曰微王能軍，殆不可問也。悖乎哉，杜氏之論也。高貴鄉公之死，死於討賊，與桓王之伐鄭類也。杜氏殆以此傅會充、濟之獄焉。

六年經『蔡人殺陳佗』。

杜云：『佗立，踰年不稱爵者，篡立，未會諸侯。』凡篡賊書爵，不得已也。有討者雖在鄰國，亦以討賊之義歸之。因而正其賊名，奪所篡之爵，不繫於會諸侯與否也。

十一年經『突歸于鄭，鄭忽出奔衛』。

杜云：『突不稱公子，從告也。』『莊公既葬，忽不稱爵者，鄭人賤之，以名赴。』信斯言也，是右突而左忽也。忽爲正嫡明矣，突恃鄰援以争立，顧謂宜稱公子，且賤忽以奬突簒乎？古者人君繼世，皆於歲首即位，既葬未逾年，固未即位也，安得書爵？春秋據事實以示褒貶，非止從告而已。

十五年經『鄭伯突出奔蔡，鄭世子忽復歸於鄭』。

杜云：『突既簒立，權不足以自固，又不能倚任祭仲』云云。按：突簒，仲實成之。其奔也，仲實逐之。世無能討簒立者，君子所哀也。杜氏語抑揚皆失。如其意，權足自固，即爲聖人所予乎？祭仲，賊之賊也，又可倚任乎？凡杜氏之言，皆習見司馬氏屢世無君以爲常事而已。忽書『世子』，書『復歸』，予以正也。杜云：『守介節以失大國之助，不從祭仲之言，忘社稷之大計，出則降名以赴，入則逆以太子之禮，尤非也。』杜意以辭齊昏爲忽罪耳。魯桓昏齊，其效可睹矣，降名以赴，既乖事實，逆以太子，尤力揣之辭。兩責突、忽以不從祭仲，直以仲爲社稷臣乎？以勢利之見矯誣聖經，皆宜辨而出之，以正人心而維倫教。

莊公元年經『單伯送王姬』。

杜云：『單伯，天子卿。』本左氏文公時子叔姬事也。推尋事迹，周單子不稱『單伯』，且春秋屢書『單伯』，皆如書魯卿之例，恐此單伯或魯之世卿。三家既盛，舊卿遂微耳。比事以觀，未嘗與王子虎、劉子諸公同也。臆説不敢自決，當博考之。○按：張氏洽已有此説。

傳『不稱即位，文姜出故也』。

杜云：『父弑母出，不敢行即位之禮。姜於是感公意而還。』此説非也。莊公父死而不能讎齊，徇母私而瀆大防，貽羞千古。魯，秉禮之國也，君不忍行誅於母，臣民獨不當讎文姜乎？弑君，夫天下之大惡也，殺無赦，雖其子不能庇也。謂莊公當讎齊，不當不母其母，無以正天下之大惡矣！斯獄也，關三綱之全，不可簡略論也。愚謂桓、莊之間，猶知有天子，天子不能討齊而以王姬下嫁南山之禽，魯之臣民無所告矣。相與明三綱之大義，自討文姜，莊公不得問焉，其可也。其後書奸不絶，論者罪其不能防閑。防閑已末矣，況縱之乎？杜氏以母出與父殺並言，既失輕重，姜感公意而還，尤悖，且臆説也。今有民間之婦以奸弒夫，爲之子者援母母之説而不讎，將若之何！ 明乎此，則莊公之事可漸推矣。

四年經『公及齊人狩于禚』。

杜云：『公越竟與齊微者俱狩，失禮可知。』按：公、穀、胡傳皆以齊人爲齊侯。夫齊，不共天之讎也。越竟與狩，莊罪大矣！ 書『齊人』，諱之也，不忍使莊與齊侯畋云爾。杜氏舍讎而論禮，又以書『人』爲微者，皆迂謬之説也。

六年經『衛侯朔入於衛』。

杜云：『朔爲諸侯所納，不稱歸而以國逆爲文，朔懼失衆心，而以國逆告也。』按：諸侯伐衛納朔，公親在行，不須告也。杜氏執歸爲外納、入爲國逆之例，多不可通。則曲爲之辭，託於惝怳不可考之赴告，實不然也。涵會經文，入，辭逆；歸，辭順，朔得罪名教以失國，又結齊、宋、蔡、魯諸國以求入。當是時，齊襄、蔡哀皆淫人；宋之莊、閔，魯之桓、莊，皆不知君父之義者，故諸侯同惡相濟，一納鄭突，再納衛朔，雖以王師救衛，亦公然抗以行私，故曰『入，逆辭也』，謂以國逆告，突入於櫟，亦以國逆告乎？

九年經『齊人殺無知』。

杜云：『無知弑君而立，未列於會，故不書爵。』按：無知書弑君矣，不正其爲討賊而專以未會爲例？甚哉，杜氏之不知義也。

十二年經書『仇牧』。

杜云：『仇牧稱名，不警而遇賊，無善事可褒。』仇牧之死節無可議者，較孔父之亟戰、荀息之徇君猶可苛求者尤爲無憾。杜氏於無過之中曲加以罪，不過傅其書名爲罪之例，而不恤誣賢，立説一偏，支離至此。

傳『遇太宰督於東宫之西，又殺之』。

杜云：『殺督不書，不以告。』夫仇牧位在督下，豈有不以告者？春秋雖據赴告，自有筆削弑君、書及死節之辭也。督嘗弑君矣，弑君之賊而予以死節，不可訓也。殊之，是予萬以討賊也。弑君之賊，不足以討弑君之賊，春秋以爲賊殺賊而已，不足書也。

十四年經『單伯會齊侯、宋公、衛侯、鄭伯于鄄』。

杜云：『齊侯修霸業，欲歸功天子，故赴。』以單伯會諸侯爲文。通繹全經，無以外諸侯殊會者，無以王卿會諸侯爲文者。洮之會，王人會也，猶微也。翟泉，則王子虎也，不以王人主之也。召陵，則劉子也，不以劉子主之也。單伯會諸侯，似魯卿之辭。春秋辨上下，必不使天子之卿與魯卿同體，是以疑單伯之非王卿也。

二十四年經『曹羈出奔陳。赤歸於曹』。

杜云：『羈，蓋曹世子也。先君既葬而不稱爵者，微弱不能自定，曹人以名赴。』按：此與鄭忽書法同，著赤篡也。杜不辨分義，但言勢力，故以微弱爲世子罪。

三十一年經『冬不雨』。

杜云：『不書旱，不爲災。』不爲災，何以書乎？一歲三築臺，有以召之也。

閔公二年經『鄭棄其師』。

杜云：『克狀其事以告魯。』此臆説也。以策書之恒推之，舊文當云鄭高克出奔陳。今曰『鄭棄其師』，聖人之特筆也，書法與他事不類。若云高克告諸侯，亡臣告鄰，恐未有此比，且可據以書之策乎？王子朝之告諸侯，蓋自居以天子，非凡出奔者比也。

傳『共仲縊』。

杜云：『慶父之罪雖重，季子推親親之恩，欲同之叔牙，存孟氏之族，故略其罪不書殺，又不書卒。』按：春秋諱内惡，翬不卒，慶父不刺，諱弒也。立孟叔，則季友過也，不可謂親親。且略其罪，尤非義也。弒君，罪之極也，不可略。春秋不書，亦非本季友之略之也。

僖公元年經『夫人氏之喪至自齊』。

杜云：『不稱姜，闕文。』按：莊公之初，文姜出，不稱姜氏。傳云：絶不爲親是也。僖公之初，哀姜喪還，亦不稱姜，猶絶文姜之義也。哀姜與弒二君，齊人討之，是也。僖又從而母之，以固齊耳，非義也。杜氏傳會傳義猶之可也，今又不本傳義以推之，則並悖左氏矣。大抵杜氏寬簒弑之罪非止一事也。傳亦止書『夫人氏』，其非闕文可知。文姜書『薨』、哀姜書『薨』如恒辭，言魯之不讎之也。

四年經『齊人執陳轅塗。及江人、黄人伐陳』。

孰及之？齊及之也。杜云魯受齊命，非。

五年經『晉人執虞公』。

杜云：『晉人修虞祀，且歸其職貢於王，故不以滅同姓爲譏。』此傳會傳説也。傳曰：『罪虞且言易也。』其論虞公是也。晉以詐謀愚人，比再滅國，謂不爲譏，此何義也？經不書滅虢，蔽罪於虞也，書『晉人執虞公』，不待貶絶，而義自見也。左氏釋虞見滅之易，杜氏因並解晉罪，異哉，其言！

八年經『禘于太廟』。

杜不言禘僭，失輕重矣。

九年經『晉里克殺其君之子奚齊』。

杜云：『獻公未葬，奚齊未成君，故稱君之子。』按：古者人君皆以歲首即位，凡在喪稱『子』者，宜嗣而未逾年者也。杜氏以爲葬後即成君，非也。雖葬而未逾年，則固未即位。春秋據事實，故子般、子惡、子野内皆書『子』，宋襄、衛成之屬外，亦皆書『子』。不據逾年歲首即位之禮，而專以既葬除喪傅會經傳，杜氏之罪也。

十年經書『荀息』。

杜不以荀息爲死節，而責其『從君於昏』，與論孔父、仇牧皆非，下書殺里克，討賊之辭也。杜皆以稱名爲訓，蓋屈義以伸例。○夷吾雖非討賊之人，而弑君之賊人人得而誅之。春秋幸賊之受誅，故特書之也。

十九年經『宋人執滕子嬰齊』。

杜云：『稱人以執，宋以罪及民告。』此亦泥於例也。『執滕子』『執鄫子』，比事疊書之，著暴也。『執鄫子』以『邾』爲主名，杜氏以爲『不得託之他命』是也。亦云『以罪及民告』，則非也。罪實不及民以暴者之告辭，從而罪之，非春秋之義矣。鄫子，書『會盟於邾』，微著宋之罪也。

二十一年經『執宋公以伐宋』。

杜云：『宋無德而争盟，爲諸侯所疾，故總見衆國共執之文。』按：杜氏説書法皆非。是經書『執宋公』不專乎楚，存中國也。此書『伐宋』，下書楚來獻捷，著楚之主是役也。獻捷，脅魯也。下書『公會諸侯』，著魯之從楚也。繫『釋宋公』於『會』下，著魯之爲名也。宋襄不量力，其義自見。經所以詳書之者，示楚之横與諸侯之受脅於楚也。專責宋襄，杜氏成敗之見也。

二十三年傳『杞夷也』。

杜云：『杞，實稱伯，仲尼以文貶稱子。』按：滕、薛、杞皆降本爵，經無確證。或曰時王黜之。春秋之世，天子之不能黜陟久矣。或云用夷，則邾、莒又何降焉！且孔子修春秋，明君臣之義也，若專黜諸侯之爵，是匹夫廢置諸侯也。惟以『魯賦八百乘』及『子産，鄭伯男也』諸説推之，疑小國貶從子男之禮以減貢藝，或近事實。○春秋會盟之序，但論强弱，不論王爵。許爵最卑，而常在侯伯之上。此例甚多，故曰霸者尚力。

二十四年經『天王出居於鄭』。

杜云：『書「出」，言其自絕於周。』按：出，言出王都也，無自絕於周意。〇襄王之出也，其言曰『先後其謂我何，寧使諸侯圖之』，實有孝友之誼，謬計在用狄伐鄭耳。叔帶之惡，豈可勝誅？杜氏乃以蔽於匹夫之孝，辟母弟之難爲王罪，於義顛矣。

二十五年經『公會衛子、莒慶盟于洮』。

杜云：『不稱爵者，述父之志，降名從，未成君，故書子以善之。』按：衛文公卒於四月，秋而葬。成公於十二月會諸侯，猶稱衛子，愈見逾年即位之制矣。杜氏悍然謂葬畢喪除，遂於此等顯確可據之文，必曲説以伸其例，不過必持短喪之説耳。

傳『大有去睽而復』。

杜云：『去睽卦，還論大有，亦有天子降心之象。』如其言，則上下皆論大有九三之變，『去睽而復』語爲虛設矣。觀文勢，乃言『大有九三變而之睽』，就睽六三，還論大有，則位不當，而遇剛，亦天子降心之象。上論大有九三，此則就變而之睽論也，故曰亦其所。且大有九三，上互九四，六五亦爲兑，皆有離日曜澤之象也。

二十六年經『楚人滅夔』。

杜云：『不譏楚滅同姓。』非也。春秋滅國書法，惟衛滅邢爲異，朱子謂因下有『衛侯燬卒』，傳寫之訛，當是也。春秋據事實，實滅則書『滅』，無異文也。以爲示譏，凡滅皆譏也。

二十七年經『公會諸侯於宋』

上圍宋，書『楚人』，杜云：『恥不得志，以微者告。』此書『公會諸侯』，杜云：『與楚有好。』皆非也。楚序諸侯，上而書人，不成楚之霸也。此書諸侯，微著圍宋者之爲楚子也。公會諸侯于宋，著公之與於圍宋也。前年乞師以伐齊，傳曰道之以伐齊、宋，則公固與謀矣。不書『會圍宋』，諱之也。後書刺公子買，懼晉也。然則公導夷以猾夏，大惡也。內諱大惡，辭可微則微之，伐齊不可諱也，圍宋可諱也，可諱則諱之而已。微晉文，楚禍不待莊、靈之世矣。

三十年經『衛殺其大夫元咺及公子瑕』。

杜云：『瑕立經年，未會諸侯，故不稱君。』按：衛成公之殺叔武，非也，經不書，避咺也。若書殺弟武，是與咺以訟矣。君執而咺歸，君歸而咺死，著咺之與君爲難也。殺瑕，書『及』，不成瑕之爲君也，君在而别立君焉。春秋幾習之，不謂罪矣。書『及』，言罪由咺也，不繫於會不會也。

文公元年經『公即位』。

杜云：『先君未葬而公即位，不可曠年無君。』杜氏既以葬後除喪即位爲諒闇之解，又以歲首即位爲不可曠年無君，是進退無據之説也。即位必於歲首，古之人皆然。後世雖異，而逾年改元，則猶此意也。與喪禮本不相妨。杜氏乃必欲臆斷古禮，以傅會短喪耳。

傳『晉襄公既祥』。

杜云：『諸侯雖諒闇，亦因祥祭，爲位而哭。』杜直以諒闇爲除喪，並祥祭而輕之，其辭曰『亦』，蓋若不得已者。甚矣，其忍於無父母也。

五年經『王使榮叔歸含，且賵』。

杜云：『明母以子貴。』按：春秋再書賵喪，仲子、成風皆妾也，備書之，明分也。妾干嫡，王爲之。

六年經『閏月不告月，猶朝于廟』。

杜云：『猶者，可止之辭。』按：告朔之廢昉於此，書謹之也。猶朝于廟，幸之也。若曰『猶』，未盡廢云耳。蘇潁濱曰：猶三望、猶繹，可以已也，猶朝于廟，幸其不已也。杜說非。

十年傳『次于厥貉』。

杜云：『陳、鄭及宋麇不書者，三君失位，不列於諸侯。宋、鄭猶然，則陳侯必同也。』按：宋、鄭失位，麇子逃歸，猶本傳文。陳侯必同，則臆決之辭也。陳、蔡匹也，陳侯同於宋、鄭，豈蔡獨不失位乎？經獨書蔡侯，何也？杜氏不求經義，專傳左氏，以立例不可通，則曲爲之辭，皆此類也。今推其事實，則諸侯從楚，蔡獨見討於晉。蓋是役也，蔡實爲之，獨書蔡而略諸國，著首惡也。齊桓之霸，蔡一會而遽叛，終不從齊，故召陵之役先侵蔡。晉之霸三世矣，自文公卒後，諸侯之會，蔡無與者，而首從楚，以圖北方。春秋黨楚之罪，蔡爲首，故郤缺之師獨入蔡。

十五年經『宋司馬華孫』。

春秋書宋事，與他國頗異。如殺大夫多不名；司馬、司城止書官；子哀書字；華耦稱官，且稱『華孫』，皆他國所未有。左氏之釋已不敢盡信，杜氏又皆從爲之辭，實亦未必然也。

經『單伯至自齊』。

傳曰：『貴之也。』杜云：『貴而告廟。』按：經文書『至自齊』，與『婼至自晉』諸事書法正同，似魯卿見執事至之例。單伯而王卿也，不宜卑之，使夷於魯卿。故竊疑單伯之爲魯世卿，在三家之前者。張氏洽亦疑之，未明其爲魯卿也。

十六年經『宋人弒其君杵臼』。

杜云：『稱君，君無道也。』此左氏例也，非春秋義。杜氏屈經以傳傳，自是而推，無不以此例寬臣子之罪而苛君父之隱。其書名，如崔杼，公子比君，可謂無道矣。又牽就他義以釋之，但見其隔閡而已。據傳敘宋昭被弑，襄夫人爲首惡，文公因施奸惠以市國，昭公無道未有事實，其所親如公子卬、蕩、意諸皆近於賢。將死之言，神傷氣壯，蓋非無知之童昏，何遽以商人州蒲之例比之，至出齊光、楚虔下乎？諦觀文公之謀篡，殆非一日，六卿自意諸而外，皆其黨也，昭公始欲去公族，或察其奸而無術以消弭之，遂憤而欲盡去之耳。襄夫人之惡，甚似元魏馮后，其才能用威權，幾似吕、武矣。昭之不能逃劫於積威也，群臣黨鮑，公子壽至舍其子以觀變，樂豫至棄官以遠禍，可以察其情事矣。鮑既篡立，母弟效尤，覬覦生心，公族猶以昭公子之故，爲之死亡。鮑殺其母弟，併殺故君之子，窮凶極惡，非尋常之賊也。春秋乃舍而反罪其君乎？夫既書曰『弑』，必有任其罪者。得賊不得賊不可知也，無罪其君之理也。

十八年經『莒弑其君庶其』。

杜云：『稱君，君無道也。』據傳則太子僕弑之也。子弑父而罪父以無道，尤無此理。庶其之事類楚成，視蔡景爲末減，彼皆稱弑者主名，此獨以君爲無道，何也？春秋據事實闕疑別嫌，得賊不得賊，事有不可知者，概之以例，固難通矣。

宣公元年經『晉趙盾帥師救陳』。

杜云：『傳言救陳、宋。經無「宋」字，蓋闕。』按：上書『楚子、鄭人侵陳，遂侵宋』，下書『救陳』，言楚師已由陳及宋，晉方救陳，示無及於救也。非闕文。

傳『會于平州以定公位』。

杜云：『篡立者，諸侯既與之會，則不得復討。』此黨賊之説也，杜氏屢申之。

二年經『晉趙盾弒其君夷皋』。

杜云：『晉靈不君，而稱臣以弒者，以示良史之法，深責執政之臣。』按：此與許止，皆臣子之大獄。杜氏泥傳以誣經，不可不辨。趙盾專晉久矣，靈之立本非盾志。趙穿，盾之族而君之壻也，使得專兵，盾之爲也。與胥甲同罪異罰，盾庇之也。左氏記董狐之言是也。其言曰『子爲正卿』，言權之在盾也。『亡不越竟』，言待於近以俟弒之成也。『反不討賊』，言盾實主謀也。以後世之事例之：盾，司馬昭也；穿，賈充、成濟也。今薄盾罪而謂仲尼示良史之法，是謂弒不出於盾志，深文以成史權也。故左氏所稱仲尼之言，非聖人之言也。盾親弑君，不得爲良大夫，盾曰『我之懷矣』，此自解之説也。左氏稱仲尼之言曰『越竟乃免』，是誤解董狐之言，而託聖言以爲盾解也。傳稱宣子使穿逆成公，是以迎立之功爲穿解也，『請以括爲公族』，是以立成公爲己功，而弑君之罪若不足追論也。成公德其立己，遂並穿亦不敢問，是以晉政卒歸六卿自此始也。晉之董狐、齊之南史冒死以正弑君之罪，左氏記載雖不必皆得經義，猶可因迹以推。杜氏則誣矣。許止不誅，則諸説皆失，非止杜氏也。

三年傳『不郊而望，皆非禮也』。

杜云：『言牛雖傷死，當更改卜，郊不可廢也。』按：郊，天子之祭也。魯有郊，僭也。望，亦僭也。不郊，猶三望，言望亦宜並罷也。詳書牛傷死，言不郊，非知其僭也。杜氏不辨名分如此。

九年經『陳殺其大夫洩冶』。

杜云：『洩冶直諫於淫亂之朝以取死，故不爲春秋所貴而書名。』按：殺大夫以書名爲罪，此杜氏自爲之例也。春秋大夫殺不名者，不得其名也。宋之司馬變文也，其餘皆據事書之，推尋其故，足以別是非矣，不必其有成例也。洩冶身爲陳卿，目覩君臣之宣淫，正言進諫，此臣節也；見殺，宜可褒可憫，不當苛責之也。謂淫亂之朝，不當直諫以取死，則孔子何以稱比干之仁？若謂亂國宜去，豈比干不可去乎？或曰：比干，貴戚之卿也，春秋列國皆世卿，洩冶安知非貴戚耶？杜氏徇勢利、苟富貴於魏晉之間，宜其論臣子之義多悖亂也！傳引孔子言，亦疑非聖言，且反覆其言，亦有深哀洩冶之義。據以罪洩冶，亦不然也。

十年經『陳夏徵舒弒其君平國』。

杜云：『靈公惡不加民，故稱臣以弒。』凡杜氏論弒、殺之例，皆輕君父而薄弒逆之罪，不書賊者，必多爲之説，以歸咎其君。如陳靈、齊莊，淫以殺身，可謂無道矣，又別爲辭焉，以自圓其例，不知弒君之惡無可加、無可赦者也。賊有主名則皆書之，無罪君之理；若曰君無道，則天下萬世之弒君者，誰不曰君無道乎？若曰戒人君，夫君而見弒，必有以致之矣，因事尋義，垂戒君臣，春秋正大倫，莫此爲亟，奈何以後人懸定之例，誣聖人之經乎？即以左氏之例推之，稱臣，臣之罪也，徵舒稱名矣，靈公無罪乎？楚虔亦書臣名，其毒播於天下，亦得曰『惡不加民』乎？多見其不通而已。胡氏曰『特書徵舒之名，見洩治忠言之驗』，是也。

『齊侯使國佐來聘』。

杜云：『既葬成君，故稱君命。』非也。高氏曰：嗣子逾年即位始稱君，未逾年稱子。惠公之葬，既速又未逾年，遽遣使來聘，當凶釁而行吉禮，亡哀思而結歡好，書『齊侯』，著其惡也。

十一年經『公納公孫寧、儀行父于陳』。

杜云『二子外託楚，以求報君之讎，功足以補過』云云。按：書『納』，不宜納也。二子導君宣淫，殺諫臣，侮强卿，以亡其君，法所必誅也。徵舒之弑，二子爲之討徵舒是也；納二子，非也，書之，著失刑也。杜氏以討賊歸功亂人，何也？

成公二年經『曹公子首』。

杜云：『曹大夫常不書，書「公子首」者，命於國，備於禮，成爲卿故也。』按：曹、許以下國勢微，卿不具書，獨書『首』，著禍本也。按穀梁之説，則郤克怒齊，首實與焉。鞌戰，憤兵也，具四國大夫，著憤之端也。杜以首成爲卿，豈曹、許諸國終春秋遂别無成爲卿者乎？亦臆説矣。

經『公會楚公子嬰齊於蜀』。

杜云：『不貶嬰齊者，時有許、蔡之君故。』按：此傳會傳語『卿不會公侯』云云耳。嬰齊之侵衛也稱師，公畏楚而賂之以請盟，辱在國體，不關許、蔡之君也。據傳，蔡、許失位，然則二君不列會，比於楚臣耳。楚以臣僕待諸侯不止此也，又安得推是以進嬰齊乎？杜説往往進退無據，多此類。

三年經『公會晉侯、宋公、衛侯、曹伯伐鄭』。

杜云：『宋、衛未葬而稱爵以接鄰國，非禮也。』按：宋、衛喪皆在前年，愈足證歲首即位之禮矣。喪而接鄰國，蓋春秋諸國迫霸主之令，習爲常事，不復知其非禮矣，不繫於稱爵與否也。

十年傳『忠爲令德，非其人猶不可』。

杜云：『言叔申爲忠，不得其人，反害身。』按：此説非也。忠無不可。傳或言叔申本非佳士耳，非謂忠不得其人也。傳語抑揚已失當，杜解之尤謬。○叔申之謀實至計，古今屢用之，無不效者。前之目夷，後之于謙，皆是也。

十五年經『晉侯執曹伯』。

杜云：『不稱人以執者，曹伯罪不及民。』按：負芻殺世子自立，是篡賊也，以爲罪不及民，是輕篡弑之罪矣。然此本傳文。傳例失當，杜氏不能匡也。

十六年『若有罪，則君列諸會矣』〔二〕。

杜實以篡弑之罪本傳語，而屢申之，非義也。○子臧守節，季札所師也，然子臧處篡弑之際，其義未盡，曹人屢以爲辭，卒從晉命而返以定篡賊之位，何耶？

十八年傳『逐不臣者七人』。

杜云：『夷羊五之屬。』按：夷羊五之屬，嬖倖耳。不臣者，蓋弒君之賊，如程滑之屬也。晉悼英敏夙成，蓋心惡篡弒，其時君臣之義不明，悼不能推究元惡，誅書偃之屬耳。據傳，弒厲者書偃，而晉世盛稱欒書，悼入而書死，蓋『清原』數語，隱褫其魄矣。鄢陵之役，荀偃位第四，士燮先死，郤錡見殺，則宜代書者偃也。悼舍而用韓厥，厥請老，又用知罃，罃卒，又將用士匄，其惡偃微著矣。士匄當偃而讓之，非悼志也。察其時勢，悼之世大夫之勢已成，故雖以悼之英武，不能震厲以除群惡。朝廷黨盛，鄰國之臣皆相結以軋其君，故魯、衛皆有强臣，恃晉卿爲援，人君無如何也。逐不臣者而不能誅，又不討首惡，晉所以卒分於卿。卿也，杜以嬖倖當之，殆亦以程滑之屬罪輕於嬖倖乎？賈充所以靦顔於世也。

襄公七年經『鄭伯髡頑如會，未見諸侯，丙戌卒于鄵』。

杜云：『以瘧疾赴，故不書弒。』按：此條諸傳皆以爲弒，而經書『卒』，據詭赴而没，弒逆之大罪。聖人不然。杜亦不能正也。

十四年經『季孫宿、叔老』。

杜云：『魯使二卿會晉，敬事霸國，故叔老雖介，亦列於會。』按：戰鞌，魯以四卿帥師會。向魯以二卿與會，著大夫之不能相統也，三家之横恣極矣。他國之卿專將專會，雖政在大夫，猶有君命也。魯則卿以卿爲佐，卿以卿爲介，不復能使不與諸侯之事矣。杜不辨禮明分，而反爲褒辭，故傳會傳義而愈失也。

經『衛侯出奔齊』。

杜云：『春秋以其自取奔亡之禍，故諸侯失國者，皆不書逐君之賊。』按：君奔必有故，無專罪其君之理。孫甯之惡，於衛侯之復著之，比事以觀，非略賊也。杜輕賊臣之罪，其立説皆然，悖理傷教，不可以訓。〇襄之世，諸侯之會多在戚。戚，孫氏邑，林父久結大援以叛國而害君，賊之傑魁也。

傳『吴子諸樊既除喪』。

杜云：『十七月既葬而除喪。』按：喪無十七月而除之説。杜不論葬之遲速，直以葬爲除喪耳。杜氏短喪之説，處處見之，不勝摘也。

十六年經『叔老會鄭伯、晉荀偃』。

杜云：『荀偃主兵，當序鄭上，方示叔老可以會鄭伯，故荀偃在下。』按：春秋不以大夫先諸侯，凡主兵而先之。或皆君也，或皆大夫也則可，未有以大夫先諸侯者。隱之世，『書紀子帛、莒子』，左氏以子帛爲大夫，先儒非之，而以爲闕文。杜之傳例害教，不可從也。

二十六年傳『專禄以周旋』。

杜云：『林父事剽而衎入，義可以退，惟以專邑自隨爲罪。』按：衎之出，林父逐之也。結外援，專國柄，敢於逐君；君入，又挾邑以附大國，此亂賊之尤，罪更加魯意如一等。杜乃云『義可以退』，此何義也？左氏好屈伸其議論以成文，杜氏不解也，如責鄭莊之不孝，乃專贊考叔之錫類，責晉平之薄母黨，乃曰禮爲鄰國闕，皆屈伸其辭以見意。左氏之書所以開文章之法也。且亦何獨左氏？雖聖人之經，固亦多有此類。若泥其文辭，不尋言外之旨，其弊多矣。且杜氏曰『惟以專邑自隨爲罪』，尤悖也。據其意，直以逐君爲無罪耳。前於『衛侯出奔』，固已專責君矣。嘗謂杜氏非特不知經義，即其尊左氏，亦大抵失其本義也。

二十七年經『衛侯之弟鱄出奔晉』。

杜云：『衛侯，始者云政由甯氏，祭則寡人，而今復患其專，既負其前信，且不能友于賢弟，使至出奔，故書弟以罪兄。』按：杜論君臣之是非，大率悖理。衛侯之許甯喜以政，由急於返國，重賂甯喜，所謂信不近義也。無論負與不負，皆必有患。甯喜宜討，不足論也。蓋喜之弑剽，衎實教之，不足以討也。鱄迫於母命，爲兄求復國，遂不暇計及殺剽之爲弑君，亦鱄之不義也。如謂剽爲逐君者所立，即比於賊，鱄勸甯喜殺之，即爲誅我君兄之賊，此尤非也。君不能守社稷，固必將有代立者，使剽不立，衛將何君？且亦未見剽與於逐君之謀也。如謂逐君者立之即爲賊黨，莫若鄭忽、突、儀、亹之際。杜氏盛褒祭仲，不貶子儀，而獨苛衛衎與剽之事，亦失平矣。又有進者，剽即誠爲衎敵，亦甯喜之君也。吾欲返吾君，而教人弑君，亦非義也。衎能申明孫氏逐君之罪，請天子方伯討之，而剽不受衎，則誠賊也。剽亦非知義者。然世謂鱄賢，則不可以不辨：鱄教喜弑君，一不義也；討喜雖衎之私，而大賊就誅，天下共快，鱄獨不然，二不義也；以護賊之故，棄同母之君兄，至盟河以示絶，終身不向衛而坐，薄倫傷性，三不義也。鱄蓋尚氣重然諾，類於後世游俠之所爲，君子所不取，而重以爲賢，遂以此專罪君兄，則何以爲春秋！此事孫、甯之皆爲賊，衎、剽之皆不君，人人知之，惟鱄以賢名，後世猶莫有定論，故詳辨之。

三十一年傳『言罪之在也』。

杜云：『傳始例申明君臣書弑，今者父子，故復重明例。』按：傳例謂『弑君』稱『君』，君無道也。説已害理傷教。其尤甚者，莫如莒弑密州之事。先儒疑傳文有誤字，或當是也。若從而申之，其罪大矣。湯、武放殺桀、紂，後世弑君者猶有以藉口，若子弑父而謂罪在父，自有天地以來無此説也。且密州罪止廢太子，不過後世漢景帝、吴大帝之類耳，其惡孰與蔡景公？而春秋揭書蔡世子般，然則傳例不足信矣。杜之尊左，足彰左之瑕耳。〇弑君父，無加之惡也，不當推論君父。善哉，宋儒之論瞽瞍也！蓋臣子與君父較是非，而但覺君父之不是，弑父弑君之事由此起矣。杜氏何足以知此！

昭公七年傳『暨齊平，齊求之也』。

杜云：『齊伐燕，燕人賂之，反從求平。』按：傳未嘗指言燕，杜緣上下皆燕事而誤耳。此條無大悖，但事勢、文理皆不順。

十二年經『公子慭出奔齊』。

杜云：『書名，謀亂故也。』按：慭謀去季氏與歸父事，正同季氏專魯無君，爲臣子者所共憤也。雖南蒯、不狃，論者猶或原之，在慭之時，意如悖端已著，尤非行父之比慭公子也。親臣爲國謀去權奸，職也，奈何以爲謀亂乎？先儒謂左氏好以成敗爲是非，杜氏又甚焉。傳亦未嘗斥慭以亂也。

傳『葬鄭簡公』。

杜云：『傳終子産辭享，明既葬則爲免喪。』按：傳於此條亦無明文。凡杜之力主短喪，借左氏以傅會時論，即左氏亦未嘗有也。若謂傳不空舉，經文則何不云終子産不毁廟室乎？

十三年經『楚公子比自晉歸于楚，弑其君虔于乾谿。楚公子棄疾殺公子比』。

杜云：『靈王無道而弑稱臣，比非首謀而反書弑，比雖脅立，猶以罪加也。』按：此條傳無解，杜爲之援例以曲解之。傳以弑稱君爲無道，例本難通，至此事亦不能自圓其説也。

杜之云云，牽强極矣，由尊左太過也。據傳，比歸自晉，叔向已知其弑君，然則非首謀之説疏矣。叔向云楚君子干，則晉人已知其爲君，足見觀從召之，明告以謀，比實以求立而歸，歸而弑君，安得云非首謀而脅立乎？春秋，聖人之筆也；弑君，無加之惡也。聖人必不以意出入人以大惡。杜氏泥傳而疑經者多矣。杜又云：『殺不稱人，罪棄疾。』此尤非也。上書比弑，聯書殺比，明以討賊予棄疾也。杜氏據傳事以罪棄疾耳。其實傳或未明棄疾之心，不得據以疑經也。且即據傳，亦成然、朝吴謀脅棄疾，非棄疾首謀；棄疾殺比而立，得國於亂人，猶之可也。春秋以討賊爲急，以賊得討爲幸，故予棄疾，奈何反以討賊爲罪乎？

經『蔡侯廬歸于蔡。陳侯吴歸于陳』。

杜云：『陳、蔡皆受封於楚，故書爵。』按：諸侯專相封，王者之大禁也。齊桓封邢、衛，春秋猶不與，何況楚乎？此書陳、蔡之爵，蓋兩侯本皆世嫡當嗣，楚靈滅之，非也，故以本爵還之，若曰本皆諸侯，今乃歸耳。專滅專封，皆不以予楚也。杜不辨名分，大率如此。

十四年經『莒殺其公子意恢』。

杜云：『意恢與亂君爲黨，故書名，惡之。』按：傳郊公、庚輿得失之際，繫於意恢。郊公已立，意恢不死，則郊公不可出，亦未可以爲罪也。杜但傅例，遂舍逐君者，而罪死難之臣，不可以訓。

十五年傳『王一歲而有三年之喪二焉』。

杜云：『天子絶期，惟服三年，故后雖期，通謂之三年喪。』按：杜氏不知喪意而牽文以説經，進退無據。既云『天子絶期』，又云『后雖期，通謂之三年喪』，是謂服期而强名之爲三年也，無義理。蓋喪妻者三年而後娶，達子之志也。喪有三年之意焉，非謂服也。且親屬之喪，主於死者，妻爲夫固三年喪也，故雖絶期，不容不爲之反服，以三年喪在彼也。左氏言禮有精意，杜氏不足以解之。

十九年經『許世子止弑其君買』。

杜云：『加弑者，責止不舍藥物。』傳曰：『盡心力以事君，舍藥物可也。』杜云：藥物有毒，譏止不舍，所以加弑君之名。按：此與不討賊爲弑君説，皆似精而悖。夫弑君父，大惡也，無以加之。帝王治天下，制爲刑焉，爲可減也，爲可加也，而後刑平而人不敢爲惡。春秋刑賞之權衡也，加人以弑君弑父之名，則無可加矣。今謂不討賊爲弑君，則親弑君者反寬矣；謂不嘗藥爲弑父，則真弑父者何以加之？如弑質帝者，梁冀也，李固、杜喬不能討，遂謂李、杜弑君；弑憲宗者，王守澄等也，裴度、韋處厚不能討，宦官遂謂裴、韋弑君：有是理乎？然則趙盾之獄，不得但咎以不討賊也。至如許止之事，尤不可以不辨。今有兩人於此，一以藥進而父死，一則真殺其父，與商臣、蔡般同，斷獄者俱坐以弑父，得謂平乎？進藥欲愈疾也，亦有藥與病符而不愈者，竟坐以殺，無以服人心也。如曰盡心力可舍藥物，則固有必藥而愈者，使人子懲於不舍藥之罪，坐視而不敢進藥，吾不知人子侍疾又何者謂之盡心力乎！既嘗藥，亦未足恃也：藥固有不毒而殺人者，與病左也。爲此説者，寧舍藥物，慎之又慎，似至精於論孝，而實非情理之至。凡多爲説以防患，固不如直據事理以正人心之爲得也。推尋事理，許止蓋以藥弑父者，父死則曰我非弑也，藥爲之也，以此自解，遂欲以逃弑父之罪。夫子修春秋，斷而誅之，使不得以藥爲辭，猶之以趙盾爲戎首，使不得以不討賊爲辭也。且詳繹傳文，亦未嘗如杜所云也。傳曰『許悼公瘧』，瘧，非必死之病也，飲太子止之藥卒。名其病，而實指其藥所從進，明乎止之心乎弑也。『盡心力』『舍藥物』云云，左氏之文也。吾固曰左氏好屈伸其詞，若曰寧舍藥物，無使父母誤死於藥，況實以藥弑乎！此則左氏之文也。杜氏於君父之獄，大抵不順不詳，非特此也。公羊之説爲許止所欺也，兹聖人所懼而亟欲正者，不當附和其説。

二十一年經『蔡侯朱出奔楚』。

杜云：『朱爲太子則失位，遂微弱，爲國人所逐，故以自出爲文。』按：春秋君出，皆以『出奔』爲文，無異辭。杜緣傳以爲例，傳亦無此例也。據此傳論事，不罪東國之謀篡、無極之貪讒，而蔽罪於朱，亦無此偏頗之例也。

二十五年傳『昭子齊於其寢，使祝宗祈死』。

杜云：『恥爲平子所欺，因禱而自裁。』按：杜謂『因禱而自裁』是也，其言昭子『恥爲平子所欺』，非也。昭子，忠孝人也，君逐而弗能救，又不忍與平子共魯，若從而出，則臧昭伯之徒不足謀也，憂憤哀切，以死殉之。昭公有昭子與子家，無救於亡，非賢人無益於國也。子家謀而不用，伐季之謀適會昭子出國，公亦未嘗待其謀而決之，宜其亡也。杜不明忠臣之心，以爲恥見賣而已，小人之腹，何足以度君子之心乎！

二十七年經『吴弑其君僚』。

杜云：『稱國以弑，罪在僚。』按春秋，自齊、晉、鄭、衛、楚、蔡諸國而外，其餘國大夫多略，史文固然。聖人不增舊所無，以志慎也。凡弑君不得主名者，皆舉其國而已，亦以志慎也。罪君罪臣强爲例焉，傳者之過也。杜氏又從而附會之，動輒害義，治經者宜先正之。

經『楚殺其大夫郤宛』。

杜云：『書名，罪宛。』按：傳載此事，郤宛疏於防奸人而過敬令尹，誠不得爲無過。然宛得民心，國之望也。無極之讒，子常之闇，幾亡國矣。殺宛，其尤甚者也。人之云亡，邦國殄瘁。不罪子常、無極，而專罪宛，無此理也。書名爲罪，本非通例，杜氏事事曲傳之，既乖事理，又成傳之失焉，並不得爲左氏功臣。

三十年傳『非公且徵過也』。

杜云：『公在鄆、在乾侯，經不釋朝正之禮者，所以非責公之妄，且明過謬猶可掩，自是鄆人潰叛，齊、晉卑公，内外棄之，非復過誤所當掩塞，故每歲書公所在。』按：前此公猶在魯境，故歲首不書所在，以在境猶在國也。乾侯遠矣，不書所在，則是絶吾君也。此義甚明，甚易識。左氏强釋其意，已曲而不順。杜氏又從而申之，歷數君罪若不容口，吾不知其何心。且孔子身爲魯臣，忍附和逆臣，深責君過如是之甚乎？杜氏論皆佑賊，非小失也。

定公四年傳『劉文公合諸侯于召陵』。

杜云：『晉人假王命以討楚之久留蔡侯，故曰文公合諸侯。』按：杜氏附會左氏，佐證曲說，害理彌甚，經之蠹也。然猶有說，以爲尊傳太過耳；傳所無而臆爲說焉，則咎不在傳，而杜氏之曲說尤不可恕，佑賊短喪，其大者也。今此傳明云劉文公合諸侯，不言晉假王命也，下言晉辭蔡侯，又明文公之志不得行也。春秋書周之公卿卒、葬必有故焉。襄之出也，有王子虎内靖王室，外綏强侯，故春秋書之。敬之立也，有劉卷再定王室，遷都修城，用萇弘之賢，因蔡侯之怨，合十八國之諸侯，以討楚之納子朝而淩小國。自東遷以來，未有盛於此者也。不幸晉政多門，貪讒敗事，使入郢之功轉出吴人，周自是不可復振，晉亦遂失諸侯，吴、越迭侵，終爲戰國。古今大變，信乎其難挽哉！劉文公之志與力，後世忠之盛者猶難其比，事迹彰著，可按以求其心也。左氏以萇弘爲違天，是謂衰亂之時，人臣不當求中興也。杜氏並以召陵爲晉假王命，而没文公之苦心大力。甚哉，其爲纖人之識也！傳本以盛推文公，其載違天之論，尋繹之，亦有深哀萇弘之意。杜氏但知附勢，不足解經，而並誣傳矣。

校記

〔一〕傳　疑爲「傳」字之訛。

〔二〕「若有罪」云云　乃左傳語，故其上當增「傳」字。

卷四 讀莊劄記

莊子最難看，緣他借象太多，文字太奇恣，往往令人迷眩，卻於道理上甚有理會，尤能通徹人情，非一切子書所及。其詆諆堯、舜，姍笑孔、曾，似皆別有憤激。又多有不類莊筆者，疑附會竄入者多也。要須從大處取之。

『蒼蒼』，非天之正色，從下視之，遠見其如此耳。則從上視下，亦必蒼蒼然，如人之視天矣。此條不必蒙大鵬說，自是幻妙。

『二蟲』，郭註以爲『鵬蜩』，愚謂即指蜩、鳩，不必泥下文小大對舉。

『窮髮之北』乃成湯之問棘，以證鯤鵬之說，非一事兩敘也。

六氣之說，註家所引，雜出於道書。平旦爲朝霞，日中爲正陽，日入爲飛泉，夜半爲沆瀣，並天玄地黄之氣爲六氣。○飛泉，王逸註：『楚辭爲「淪陰」。』

郭註『神人無功』云：『夫物未嘗有謝生於自然者，而必欣賴於鍼石，故理至而迹滅矣。今順而不助，與至理爲一，故無功。』數語尤可玩。○聖人雖在廟堂之上，其心無異於山林之中，亦名言也。郭註辨堯、許，乃能有功正學。

時女，女之及時者也。司馬但訓作『處女』，於義未全。

入水不溺，入火不熱，義關至極。郭註『推理直前』四字，約略近之。

『五石之瓠』一段〔一〕，是宰相器使之道；『人謂之樗』一段，則位育之能矣。『蓬之心』即茅塞之意。

看他『安所困苦』一句，直恁自然。

逍遥遊衹形容一箇『大』字，便搜出許多大底來，卻又把蜩、鳩、野馬、偃鼠等物一一形出，理趣足，文字分外奇絶。

莊子説到『以息相吹』，見得極微妙，後人以譎怪汗漫，學莊失也。『今日適越而昔至』，明是滑稽之辭。崔云『昔，夕也』，則嚼蠟矣。

『物無非彼』一段，是公孫龍説話；指馬云云，則明借其言而反之。

『廓然而大公』，故得其環中；『物來而順應』，故其應無窮。

説三籟，恁般奇崛；説是非，又恁般平順，真是不測。

狙公賦芧，橡子也，音序作『茅』，非。『名實未虧而喜怒爲用』，説得人情極透快；『道虧而愛成』，自是一段名理。

莊言類，猶不失是非者也；郭言遺，則無是非矣。齊是非，是非自在；遣則淆矣，清談所以害道也。

『有言』一層蒙上意，『無言』一轉又開出一意，真是自然，真是恣肆。

『蓬艾』『日德』一節，是宏覆萬物大道理。十日並出，言久照，非歧照也。

王倪、齧缺，堯、舜時人，而言毛嬙、西施，乃皆春秋以來事，明乎其爲寓言也。

『見卵而求時夜，見彈而求鴞炙』，説得凌躐之弊，直是好笑。

『妄言妄聽』，郭云：『正聽妄言，復爲太早計也。』語妙，便與莊無異。

『滑涽』，郭訓『紛亂』。或云滑如水之流，涽如絲之合。『涽』作『緡』。郭訓『置』爲『棄置』，或云『安置』也，皆有意參之。

『麗姬涕泣』一段，滑稽之談，使人絶倒。

夢中占夢，遂爲千古口實。

是非相勝，莫知其正。與我同，無以正人；與人同，無以正我。相異無以正其同，相同無以正其異，故天下無不往復於是非之中，而卒無所歸也。以是非還物，以無是非者還我，則冥矣。不問其是非同異，物我皆淆雜而無主，此則子玄所謂『遣其遣』者。雖莊之齊是非，固不云無是非之類也。玄言無實，皆託於莊，吾以爲莊亦不皆恍惚如此。

罔兩問影，即形影問答之祖。淵明以下，皆本以推之。

假寐而夢經百年，似世所傳黃粱未熟事。然則盧生、淳于之夢，在晉前已有之矣。

以養傷生，至論也。

雖負萬鈞，苟當其所能，則忽然不知重之在身；然則所負雖輕，苟非其所能，亦不勝其重矣。任萬物者至虛，能負萬鈞者無萬鈞者也。虛，故明；大，故虛。廣庭雖閉，其中洞然；置物焉，則闇矣：此明生於虛之説也。千鈞之鐘，其中廓然；方寸之銅，雖欲空其中而無地：此虛生於大之説也。不能大者易滿，不能虛者易阻，皆不足以任重也。

莊言無近名、無近刑，而論者謂刑名出於老、莊，此有微理。

今人引『官止神行』句，每刪『知』『欲』二字。觀向註云『專所司察而後動，謂之官知；縱手放意，無心而得，謂之神欲』，則二字安可割裂？

解牛一段，重在善刀，不重目無全牛。郭云『以刀可養，故知生亦可養』，最合此篇大旨。

以致人之哭爲病，爲其過於情而傷其生也。

『遁形』『縣解』之説〔二〕，後世言尸解者託之。

人間世全是深心作用，蓋處末流者感而出此。

『輕用其國而不見其過』，未有不亡者也；又『輕用民死』焉，此秦二世、隋煬、金亮之流，非特不治而已。

『醫門多疾』，謂救其憂者任其勞也。郭疏『憂而不救』句，云『不得其人，雖百醫守病，適足致疑而不能一愈也』，並前後皆得其意，其論尤中情而達事。

乘人鬬捷一段，意極危悚，可知入世之不易。

孔子引龍比一段，意在明暴君之好名，非不足龍比也。郭註乃敢於咎龍比，可謂無忌憚矣。清談盛而節義衰，玄辨興而廉恥喪，非細故也。讀書須識道理，於此等處莫混同逐物。

『暴君非徒求恣其欲，乃復求名』，刻核之論。

『擎跽』數句亦喻也，莫作正意會。

『心齋』一節，亦主一無適之義，但説得太杳眇，非聖人語。宋以來儒者並駁『心齋』二字，以此。

坐馳最是學者大病。

子玄以賢爲不可欲，以聖爲不可爲，此率天下而爲暴棄者也。

『事成而有陰陽之患』，至言也，非道家虛渺之比。

答葉公一節，粹然至精。其真吾夫子之言乎？

飲酒者『始乎治，常卒乎亂』，而況始乎亂者耶！止酒一語已足。其作始也簡，其將畢也必巨，故君子之於事也，爲其有餘。『刻核太至，則必有不肖之心應之』，心之自爲感召者也。而以外應内者，豈有殊焉？夫愈察則人之欺之也愈工，愈苛則人之事之也愈弛。推誠而盡情，順理而恕物，則人不忍欺而事畢舉矣。

知足以知人之過者，天下皆是也。

戒慎，即所以正身。

老、莊蓋洞知人情，悉其隱伏險巇之形狀而遁於冥亡者。觀顔闔諸條可見。

『就不欲入』，所謂有守；『和不欲出』，所謂有養。

聲名妖孽並舉，危哉其言！

殺生物，決全物，皆足以生怒，説馴怒最微。世之暴人皆虎也，雖欲不以生物、全物與之，其能乎？

三喻以漸而深，説到『意有所至而愛有所亡』，於馴人之術盡矣。

『予與若皆物』，『散人烏知散木』，一轉尤微，文字當如此。

前之大木以無用全，後之大木以病全，皆傷俗之言，而近乎道焉。抑無用猶人也，病乃天矣，如命何！

繪支離之狀，使人失笑，『攘臂』字尤發噱。語語滑稽，談理如此，千古無第二人。○摹畫處，滿紙生態，亦爲絶筆。

接輿之歌詳於魯論，而不如其渾樸意，聖門或脩飾之。

山木以下乃總結本旨，或並以爲接輿之歌，非是。郭註：接輿歌牽合無味。

憶小時誦莊子，便極愛『山木自寇』數語，常好引用之。

德充符篇專説形體，末乃舉『無情』二字爲宗旨。

説德充符，偏盡取殘缺者立論，意思便奇絶。

王駘，實寓言，非真有此人，孔子真有此言。

『雄入九軍』，『九』者數之極，言軍多也。

『久與賢人居則無過』，説親賢之益簡盡。

『其嗜欲深者，其天機淺』，讀之灑然。

『叔山無趾』節，孔子語實悚切。若桎梏之説，自是文字透過法。

子玄云：『學非爲幻怪，而幻怪之生必由學；禮非爲華薄，而華薄之興必由禮。』此晉人所以廢學而棄敎？

説哀駘它最詳，蓋並前後三條，皆於此穿貫之，文章疏密法也。此篇雖寓言汗漫，其微意固以孔子爲能德充而符於外矣。

爪翦穿耳見於莊，則亦古矣。

『相代乎前』，寫自然意到。

『與物爲春』，即所謂情順萬物。

『成和之脩』『物不能離』，便是『立』『道』『綏』『動』。註脚：過化存神功用。〇哀公告閔子一段，是莊子極推孔子處。

道貌天形，所謂形色天性也。『不以好惡内傷其身，常因自然而不益生』，所謂踐形也。見道原深，祇是從自私一念差却耳。養生篇亦然。渠何嘗放誕？傷教來即自私，便是異端矣。

『雄成』，恃雄以求必成也；『蓍士』，恃蓍以求致士也：皆意必固我之害。

莊言『入水不濡，入火不熱』，註乃言『未嘗蹈水，未嘗赴火』，妙悟哉！『淒似秋，煖似春』數語，如見堯、舜之化，豈一切雜家之言哉！〇楊用修曰：郭注：『煖焉若春陽之自和，故澤榮者不謝；淒乎如秋霜之自降，故凋落者不怨。』太白用其語爲詩曰：『草不謝榮於春風，木不怨落於秋天。』東坡用其意爲詩曰：『君看厭事人，無事乃更悲。』晉人語本自俊拔，況子玄之韻致乎？　宜爲李、蘇兩公所欣賞也。

『古之真人』以下，連下數虚句，形容唱歎惝怳無倪。

『以形爲體』四句意已明矣〔三〕，更一申之，反覆委折，直是不遺餘力，孰謂南華專事汗漫乎？

以夜旦譬死生，而調法特奇。

以道爲重於君父，不若以君父重道之爲無弊，故自聖人而下，凡言語之抑揚，皆不能適其中。〇病在兩『猶』字耳。　若其意，則固謂道不可以不求也。

『佚以老，息以死』，任達語皆從此出。

善生乃所以善死，道理正當。　郭注非。

黄帝登雲天，西王母坐少廣，便是公孫卿、文成、五利之徒所緣起。　嘗疑穆天子傳、拾遺記皆緣莊子語造作爲書，恐或然也。

『挈天地』『襲氣母』等語，雖莊子常調，然必有所本。　未燒之書，其奇妙固不可窮。

古人多以西王母爲西戎，觀莊子所言，固以爲神仙矣。　幻渺滋多，於何取信乎！

副墨以下，疊堆如許，衹是言無所從聞而自得於道耳，卻撰出無數名目，奇之又奇。

『化左臂』數句幻絶，即從『以無爲首』數句生出。

鼠肝蟲臂，以極小者喻也。
於躍冶之譬，又可以得柔順御世之道。
子桑户即伯子，若子反、琴張，皆見論語，固賢者也，未必畸異至此，此爲寓言無疑。
橈桃，猶逍遥也。
以臨尸而歌爲方外之至，是鄙聖王之禮而訾孝子之哀。得罪名教，此爲甚矣。
琴張固遊聖門，此篇似與孔子無素，何也？且子貢亦若不相識者，其寓言亦幻矣。
『天之僇民』，必非孔子之言。孔子必不貴方外，原壤所以見斥爲賊也。
魚相忘於江湖，人相忘於道術：淡然簡定之言。
『天之小人，人之君子』，抑何憤激！晉人乃至以爲實然。甚矣，其愚也！
母死，而哭泣無涕，中心不蹙，居喪不哀，豈復人類乎？孔子乃以爲化，必非孔子之言。阮籍之飲酒數斗，此實階之。原壤登木，孔子所擯，則此條斷非實事，況夢覺云云，尤見漆園本色。〇按：内篇中悖謬殊少，此條爲甚矣。
夢爲人矣，而又夢爲鳥；夢爲鳥矣，而又夢爲魚：轉轉入幻，言其皆夢而已。
『意而』一段，是謂許由高於堯也。薄仁義者，開亂端者矣。
無莊、據梁皆當是上古人名，觀其與黄帝並舉可見。李訓無莊爲無莊飾，據梁爲强梁穿鑿。

子輿、子桑一段，説得『貧』字好。夫貧而不怨父母者，知分者也，吾儕足以及之；貧而不怨天地者，忘其貧者也，難哉！

『坐忘』亦寓言也，不似顔子説話。『墮肢體，黜聰明』，尤顯與『四勿』異矣。

『四問而四不知』，理自玄微。

大抵莊子好出奇，凡極好話頭，定須駁去，别出一種道理。『日中始』一節與『意而』一節，文法正同。

應帝王篇尤多撰造，並人名皆寓也。

莽眇，寓幻耳，訓鳥者滯。

歷觀諸條，皆言自然而成化耳，而幻炫百出。信乎，文章之雄！

老聃告陽子居語，與前篇許由告意而語相似。

列子、神巫一段，一派禪機，純是楞嚴、法華精髓。古人謂佛出於老，信哉！

杜德機似兜羅聽法，善者機似維摩端坐，衡氣機似入非非想天。未始出吾宗，則涅槃相矣：純是佛慧。後來此段公案凡十數見矣。〇於九處三仍作不了語，此莊生慣技。

三帝名奇絶，三帝字尤是他用意處。

混沌一節，應帝王篇以此終，是莊生談治宗旨；内篇即以此終，並是莊生著書本旨。惡鑿自是至論，孟子亦云。

羅勉道曰：『地文者，山川草木也。草木萌芽，恬然安静，不見動摇，各正性命，不待人力，但覺大地寂然而已。度人經所謂「神風静默，山海藏雲，天無浮翳，四氣朗清。一國地土，山川林木，緬平一等，無復高下」，正是此意。即所謂杜德機杜閉藏不可見也。』此條與余同意，所謂『純是佛慧』。

内篇凡七，以愚觀之，直是一篇耳。反覆看來，大旨殊近老子，而立言却又洸洋恣肆。言不一方玄微之極，時似禪宗平實之談，偶通儒理。學其文，當合玩之；攬其義，則宜節取。

老、莊極有異同，然不可謂莊不出於老。

注書家多泥本書，惟子玄奇雋超會，若不與本文比附，而時有遠旨。此是自著一書手段。

褚伯秀説内篇次第，極有會心，但謂與易老上下，夫不引繩六經，終不敢謂道通一貫。乃云與易上下，易固有與上下者乎？

郭注雖自著一書，於本書却多推衍太過處。

外篇大抵不出内篇宗旨，而尤汗漫縱宕於説道，尤奇怪可駭，不蹈方軌，故曰外篇。

外雜篇名皆摘篇首標之耳。陸氏音義逐篇釋之，殊非。

『駢於明』『多於聰』『枝於仁』，説得太離奇，此説行而魏晉無五倫矣。或曰莊子不害道，吾不信也。

觀莊子以曾、史與楊、墨並舉，愈知孟子之功。

夫慕仁而僞即以罪曾、史，則慕老、莊之清浄放曠而至於無君臣父子，其爲老、莊之罪可勝誅乎？郭象以曾、史簧鼓天下爲甚於桀、跖，其狂悖喪心極矣！擬以桀犬吠堯，恐莊子亦並無此犬。後生讀莊，吾不能禁，而此等大關係，則必條辨之，無使其説浸淫於胸次，至以賊性而傷教，是儒者之責也夫！〇或以爲點校古書，不當横加駁辨，則點校祇在章句訓詁之末耳，於讀書者何補乎？吾著此等辨駁於簡端，竊附於名教干城之義，雖笑我腐妄，所不敢辭。〇細觀本書，不過借曾、史立説，並未以曾、史爲罪，即如離、曠之於聰明，何罪乎？莊以爲皆有爲於道者也。道體自然，離、曠之聰明多用於耳目，曾、史之仁義猶多用於道也，此論道體固可矣。夫道之虚静，仁義中涵，何有於不及之法？如此思之，非咎曾、史也。郭自叛亂名教，乃云莊意如此，吾並爲莊一雪此言，想天下善讀書者皆不異此意也。

仁義非人情，反覆其辭，憤時嫉俗之深者也。謂莊子無意於世，夫豈其然？若不喻其旨，而皆以爲正言危論，其悖謬難通者多矣。非獨莊子，凡書皆須善會。若如郭注，乃是自暢玄風，於本書大半失實，要自俊拔，令人難割。孔子以巧言爲亂德，惡利口之覆邦，正指此曹，莫被他瞞却。

『曲者不以鈎』一節，道之本體，正自如此。到得爲道時，却須鈎繩規矩矣。即莊子一書，其説學道處亦未嘗不有法制也。此是大辨，不可忽過。

司馬温公曰：『莊子所言仁義，其字義本與孟子不同。』

謂死爲『傷性』，此老、莊之宗旨。前人謂老、佛皆貪生畏死，於此見之；夫伯夷正以死全性，彼又安知之乎？若謂堯、舜以下，皆爲殉名，世間婦死其夫、子死其父者，吾見其人矣，大率一往以盡其心，初不顧人之稱道之也，況身後之名，豈所計耶！

不必是伯夷而非盜跖，則天下將曰：寧爲盜跖矣！○外篇多可疑，即首篇，吾已疑其非出莊手矣。觀内篇，無恣情肆詈如此者。上言離、曠、曾、史、楊、墨，此忽去楊、墨，又別添出俞兒，愈見奇幻。

『吾所謂臧』以下，文氣浩衍奇快，真能奪人耳目，所以理雖歧出，而人卒不忍廢。

前既齊夷、跖爲一矣，此又説出『上』『下』二字，然則明以仁義爲不可無矣，不然，均之損性殘生，何上之有？

『民有常性，織而衣，耕而食，是謂同德』，然則耕織不可去矣。天下事，莊子欲盡去之以返乎無爲，雖堯、舜之道法不顧也，而不能並去耕織。斯可知其説之有所窒矣，抑皆寓也？

此篇用韻語，爲後世文家所本。

疾天下之好知、歸利而府過於聖人，亦可如何之辭。吾故曰：莊之憤世，有過於尋常者也。

胠篋篇論端駭異，可謂怪怪奇奇，而細玩其情，殊亦平正。總其大要，欲反詐力以歸清浄耳，而發言偏勝，遂爲指摘所叢。

田成子一段，實覩齊之盜國而感憤言之。唐荆川曰：『謂其憤疾，直淺淺者也。』亦求深之論耳。

盜之者，非制之者之罪也。如以齊之盜咎聖知，則服藥而死者並咎神農可乎？且盜之器械，即耕之鐵也，因盜而並咎制耒耜者，其可乎？

『跖之徒』一段，亦可見五德之不可離，非聖人之害之也。發憤而爲此言，使人永慨。

莊世無聖人而大盜未止也，可見是一切憤辭。

『聖人不死』一節，韓子原道常駁之。

『擢亂六律』云云，世豈有此理哉！而無識者乃信爲正論，失莊旨矣。

四段中忽綴『大巧若拙』一句，文法奇。○即如注言，猶是用巧而存規矩之術耳，於莊意未盡也。

容成大庭一段，羅氏路史取之。

『使民延頸舉踵』以下，疾游説之亂治，居然與孟子同心，以此知前之詆諆皆寓也。

機變日生，乘乎運也，言之殊爲悲閔。吾故曰：莊非無意於世者也。戰國之亂極矣，悖聖人之法而又援以行其奸者，天下皆是也。至於亂天行，絶地紀，民生不聊，莊子追原而並咎聖人，憤哉其言。然而悲閔之深，固可諒矣。注家及魏晉一切清談之人，又援莊以行其奸者也，於莊何與焉！此書真面未易窺尋如此。

在宥篇首數語，其説淵微，通乎性命，非玄寂無實之談。

謂堯使天下不恬，即内篇許由答意而之旨。

『毗陰』『毗陽』云云，説陰陽人事精絶，儒者多取之。

聰明之淫一段，大抵申駢拇、胠篋之意而尤怪幻。

『尸居』『淵默』云云，是其本旨矣，而仍無功夫次第，然則猶是衹説道體也。

『排下』『進上』以下，皆極形人心，以證其不可攖也。老聃微前乎孔子，未必遂以曾、史爲口實。此與王倪之言麗姬同，皆微自見其寓言耳，非無心破綻也。

『今世殊死者相枕也』一段，其言甚痛，有流涕而道之誠，固知著書不朽，非真有感憤者不能。

嚆矢，鳴鏑也。盜之相號以此。

『絶聖棄知而天下大治』，是此上數篇宗旨。

廣成告黄帝之言，綜道德經之全旨，括關尹子之繁辭。道部之精，盡於此矣。

『其物無窮』四語，形容『天』字，極微眇。

忽將風、雲、氣三者形容出，奇妙，可謂絶思。○乃知『思入風雲』語本此。

雲爲雨，澤萬物者也，故以譬治天下者。

皆作韻語，語致縹緲。

以人國僥倖危論。

『世俗之人』以下，大旨仍是廣成意耳，而游衍無盡如此，文字之法備矣。

『賤而不可不任』以下，純粹之語，自見大意。莊子何嘗盡廢仁義哉！此亦可知前數篇之爲寓言。

末語仍説到有爲。且君總大綱，天道也；臣勤庶事，人道也。自中治要，此乃深識政體之言。

聖人但言當時，異端多稱上古；聖人但言補救，異端多主更張。試觀老莊所言，乃愈識宋儒章明正學之功。

『技兼於事』云云，幾個『兼』字下得好，渠直是窺見本末來。

『金石有聲，不考不鳴』，猶膏油有光，不焚不明也。鳴久而金石敝，明盡而膏油枯，故治心者不竭其智，以應萬物之求。雖然，不鳴則金石爲棄物，不明則膏油爲穢汙，故治心者亦不曠其智，以盡萬物之情。

『深之又深』數語，已洞悉道原淵涵萬有，而末忽贅六字，奇文不測。

許由言其師寧得如此？此要暢其意耳，凡姓名皆借也。

『火馳』『緒使』『物絯』，都是撰出此等奇語。

華封人、伯成子高兩節，前人多疑其僞，謂後人竄入者。今審其辭意，固少不類矣。○禹問子高語，亦不似，且通節無味。

『泰初有無』以下，又發明前『夫子曰』兩節。

『同乃虛，虛乃大』，其意通於蓄德。

忘物、忘天，猶前數節意。

服恭儉，拔公忠，治道具矣，而以爲病，此反足以亂爲治者之心。異端每欲高於聖人，此類是也。

兄弟字，開揚子鍊法。

『漢陰丈人』一節，亦有疑爲竄入者。然古人已多引此事，或別見他書歟？○『機事』『機心』，固是閱世見道之言。○『事求可，功求成』云云，不復成語，此功利夸詐之說，豈夫子之教耶？僞學破綻畢見矣。○既云『渾沌』，亦不得下一術語。

『諄芒』『苑風』與『雲將』等節，同一入思。

『諄芒』言德人、神人，皆極意形容，作數種筆墨反復之，此是他文字用意處，即文法矣。

不從俗以事其君親，惟道之從，而忠孝立焉。不然，則以俗加乎君親之上矣。此義明，而後知忠孝不可以無學，愚忠愚孝未足爲例也。莊之益於倫教，此爲最矣。

『大惑者，終身不解；大愚者，終身不靈』，真實語，非玩世也。吾見世之自處，以大愚大惑而已。

『大聲不入於里耳，折楊、皇荂則嗑然而笑，是故高言不止於衆人之心。至言不出，俗言勝也』數語，説來使人痛心。古人文字，必有真感觸，如此等，固可想其胸次。

更述『天下惑予』云云，乃能激出下數語折進之意。

戛然而止，却有餘勢。古人文字皆然，而莊尤妙於結。

天道篇，歐陽公疑之。

善，故静。説『静』字，便是未發之中。中涵萬善而物不能侵，精微，直通，易始。

『虚静』『恬淡』云云，言清浄未嘗不是，蓋道體如此。

此篇筆意太緊，文意太實，與他篇不似，宜前人之疑之也。

祇一『天樂』意，反覆申説，亦自有力。

『與陽同波』，『波』字好。

自『乘天地』以下，轉似荀子。

『藏書周室』以下，皆誣也。前人未以爲僞，愚竊疑之。

自秦火後，經之亡者蓋多矣。莊言『十二經』，則不止如今所傳五經，注家之説紛紛，愚以爲皆未合也。

愛人者，豈必欲人之愛己？郭注『何足以知仁』，乃以仁爲私，怪哉！

老聃棄妹，自當實指。其事今不傳耳，何用曲訓？

『苟有其實』云云，郭訓太深。本文止言有不肖之實，是殃也。有之，而人予以名，宜受而自省；若又不受，是再受其殃也。此是泛言。下乃自言我服人常以此，非以此求服人也，亦不必深看。訓古書忌太深，須令明白易解爲是。

『其名爲竊』語甚刻，不如『德之棄也』一語深厚，而亦未嘗不嚴。○住法特陡。

意傳於言，言具於書。貴書，貴其可以求意耳。若並廢書，亦無此理。『書不過語』一段，説泥書之害亦已盡矣。『悲夫』句尤可思。

輪扁一則，即申貴書一段意，其説極中理，令我追先聖之艱難。○『不徐不疾』數語，真甘苦之言，前人論文亦往往引之。○『古之人與其不可傳也，死矣』一語，如聞太息，言之微，至人人生感並覺以文傳世者之危。○父不能喻子，子不能受之父，一何沈入！

天運篇純用韻語，又一格也。

上無問者之名，下忽出一答者，又云『吾語汝』，奇妙不可言説，亦更不容人仿。

『虎狼，仁也』，便是機鋒鼻祖，『蝨是佛子』從此出。明代龍溪襲此機鋒，遂爲儒者大病。

孝不盡仁之量，其理甚大。注言『忘仁忘孝』，並失莊意。

『南行至郢，北面而不見冥山，則去之遠也』，言冥山固大，天地尤大也，譬孝固大，仁尤大也。語至精而無病。郭注云：『郢雖見，而愈遠冥山；仁孝雖彰，而愈非至理。』悖謬害理。乃知老、佛之害，亦多爲此曹附會深文所致。在本書祇是過當，未遂敢於亂道如此。道之體無爲，其用有爲，治道非有二也。老、莊非欲去天下之事，欲清天下之心而已。將遺務而廢事，則飲食男女皆事也，其可廢乎？晉人並不識老、莊，宜其主於廢事，遂至大亂而不可救。即郭注亦云『衆務自適』，然則誰使適乎？此等空言無歸宿，不足惑也。

『帝張咸池之樂』一節，以樂言道，推微見化，不可非也。

『曰』字以下，乃代北門成之言。

有焱氏又何人也？莊固多寓言，然未必撰造。未燒之書，何從證哉！羅氏路史往往取之。

師金一節，連發六喻，奇肆至此。若其説則本借耳，不關孔子也。捧心傚顰，遂爲千古笑柄。

『道而可獻』以下，與輪扁言父子不能相喻一意。○此段意實精悟，借孔、老以明之，亦何害乎？

『名，公器也，不可多取。』深念斯語，閔然可傷，亦復超然可悟。

『孔子見老聃』以下兩節，前人皆以爲僞，此節猶近理。『三日不談』一節，直不成語矣，果僞也。

『孕婦十月』云云，尤不復可通矣。孕之十月，始於舜時乎？五月能言，何係速教乎？悖理傷化，憑臆而爲之，必非漆園手製矣。

並毁三王，恣口痛駡如此，真無忌憚矣。其言亦無理，致據此則誰爲不亂天下者乎？如曰無爲，三皇亦可云無爲矣。猶被詆諆，則又誰爲無爲者乎？必將盡驅天下之人以填四海之壑，宇宙乃得無事耳，恐鳥獸之屬又亂，如之何？

『類自爲雌雄』，當引山海經。郭訓及或説皆非。

『有弟而兄啼』，如孕婦不乳兒，謂乳之則病，俗名争胎，又名忌胎是也。如此解，乃與上引烏、魚一例。

刻意篇首所舉五者，皆以賢知爲例，此文字占高處之法。

『不雜則清』，『鬱閉而不流』，亦不能清，説水性入微，比止水又進一層。可見人心固須不雜，亦不容全令槁塞。若一概屏却萬物，則雜念反起矣，所謂『不能清』也。人以老、莊爲一無所事，亦殊不然。刻意篇却全用正説，不設問答，不比物類，祇水、劍兩喻，亦不多衍，於莊又爲一體，可見古人文字不死守一格。○似與它篇宏放者不類，然其謹嚴有法度，却是著意經營者。

繕性篇亦是一直説去，却較游衍，自見本色。

『知與恬交相養』，所謂動静互爲根也，極精，極醇。

仁義禮樂，他亦説得極好。祇看中間添出『忠』字一層，便識得他見地分曉處。

燧人、伏戲以下，似太離奇。然一種悲憤哀閔之意，固自可以意求，莫執著字句看之。

説隱士，深摯。注非。

『樂全』之謂得志，便與聖人説話無異。

『儻來，寄也』，浩然孤往之言。祇爲人口熟此等字，反忘却他好處。嗚呼，天下不倒置者誰乎？古今同慨也。

秋水篇尤著。祇是一片空明，却滉瀁無際，所以尤能移人。

河伯不過借端，注何用疏其姓名、引據無已乎？且海若又何姓？『存乎見少』，直寫得聖人虚静兢業處俱出。

『礨空』一段，説來直是明快。

『量無窮』云云，居然後世文家立柱分承之格，而此祇覺其離奇亮爽。

『計人之所知，不若其所不知』，是以君子求其可知，而不敝其知於不可知。

『自細視大者不盡』，故君子不敢自足於道；『自大視細者不明』，故君子不遺細行，克勤小物。

不賤門隸，則天下無可賤者矣。貴賤，分也，命也；不恃貴，不侮賤，道也，情也。道順而情平，賢者可以入德，常人可以保家。違此者不祥。看他兩兩相形，真看得道理活潑，所以前人説莊子之文快活。若道理看得窒礙，便是煩惱苦急，終日不自在，那得有這等文字？

之噲事已在莊生前，然則莊固微後於孟矣。○孟子見梁惠王時年已老矣，而猶及見襄王。莊子在魏，亦惠王時也，亦稱惠王之謚，殆亦同時稍次者耶？

莊亦言『謹於去就』。去就之於道也，大矣哉！

莊意以天爲體，以人爲用，故以穿絡牛馬爲人。夫牛馬不穿絡則無用，猶人不規繩則無用也。

夔、蚿、蛇、風、目、心並起，下乃不説心目。心目，正意也，反詳説喻意，却分外可思可味。○李空同曰：雖風之疾不如目之疾，目又不如心之疾，故可憐也。歸震川曰：風尚有待於行，目則舉睫千里矣。然方有所隔，視有所蔽焉，心則俯仰之間，並無四海之外也。俱説得風憐目、目憐心，意思好。一以遲速言，一以通塞言。

『惟聖人能之』，即起下孔子一節，前人或以孔子節爲贋筆，恐非。魏牟一節，汗漫其言，而殊無意味，其借魏牟以自贊，亦殊無實景。前人斥此爲贋，則信矣。

鵷雛、腐鼠一喻，直是可笑，而言外令人思。真滑稽之筆，真見道之言！一『嚇』字，尤下得好。

濠魚一節，活潑潑地。此謂觀化，此名超悟。○歇得尤超。尋思了無語。

『多積財而不得盡用』，唤醒多少獃奴！尤警者，『若身疾作』四字。

『人之生也，與憂俱生』，使我愴愴欲涕。俗謂小兒始生便哭，蓋自哀其爲人之苦也，亦自妙絶，與此言同雋，勿謂俗諺戲笑之語便無精妙處。

『壽者惛惛，久憂不死』，説得『壽』字反苦。奇甚！知其所閲深矣。

鼓盆一節，其遺生死未爲無見，而吾終不敢取，吾懼天下之漠視人倫也。

『髑髏見夢』，反於死後説樂，便有近譃之意。○不信，妙，滑稽之甚！

『顔淵東之齊』一節果僞。

又將髑髏發出一段道理。莊子説一節奇創語，必反覆以明其實然，乃是他護好之意。

『種有幾』以下，以瑣碎愈見離奇，佛書中往往有之。

達生篇發明養生篇大旨，外篇多如此。故曰：内篇猶經也，外篇猶傳也。

『相天』，即贊化育意。

醉者墜車一段，説得透澈，人人皆曉。凡説理論事當如此。『復讎者不折干、莫』，讎其有心者也。『雖有忮心者，不怨飄瓦』，不怨其無心者也。是以涉世者，不以吾心忤物，不爲可怨以傷天下之心。太史公曰：『悲莫痛於傷心。』真閲歷之語哉！

言養生而引『用志不分』，真是開示親切。

『善游者數能』，言善泅水者往往能操舟也。『没人，未嘗見舟而便操之』，言能没於水底，則雖從未見舟，便能操舟矣。皆言熟極而巧生也。又言習則暇也，下以孔子言申之，止此二句意耳。

『外重者内拙』，是以臨事之智減於平居。○今人場屋文字不如平日，亦外重内拙之故。

『畏塗』云云，説得凜然。

『説彘』一段，痛快之極。明白指點如此，而趨死者如騖，愚者又以其趨死者自矜也，可哀也哉！

公則自傷，鬼惡能傷人，名理可以覺世。○明此可不畏鬼。

説委蛇用如許陪客，此文字寬勢法。

木鷄一節，言養生，主於斂。蓋其説養大旨如此。

東野稷一節，並可悟用人之道。

工倕節，言適已詳矣，末又進一步。莊文妙處多如此。

孫休一節，前人亦疑之，今觀仰天而歎，一轉頗無理，近是僞也。

木以不材全，雁以不材死，言之可爲於邑。嗟呼，以中材而涉世之末流，豈不亦難乎哉？

『合則離』以下，言世變無方，不可預保，惟當以道德爲歸，材不材均不可處也。

『静』『戒』『定』字見於此，固不始於釋典矣。

『皮爲之災』，使人涕下。

『送君者』二句，東坡極喜之。

虚船之喻與『不怨飄瓦』意同，而此又以虚實取譬，尤明切也。

以利合者難矣哉！豈惟離絶，蓋有不可言者。莊子之書言及涉世，皆刺人心深隱處。吾故曰：洞澈人情而後遁爲清浄之説也。

『衣大布』一節，亦僞也。莊子不干諸侯。此則説士之慣技耳。

機之中又有機焉。機與機相乘，萬物無息而不争，而身入而病之。傷哉，豈惟漆園？

蓋有識者人人閔此矣！

陽子一節，歸到不自有其賢，極平易，極碻實，莫止看作清浄常談。子方稱東郭數語，有大人正己物正氣象，此何人哉！　或云子方師子夏，其即子夏也耶？

『哀莫大於心死』，痛哉，其言也！　今天下之不心死者幾人矣？　乃自以爲未死，而又驕驕然以心死自快，尤可痛也！　吾讀莊子，取其名理而去其誕辭，固已不勝取矣。○哀死兩節，郭注皆不合。

莊子去魯哀百有餘年，安得相見？　且此條並無所取，太涉佻謔，非莊筆審矣。

『宋元君將畫圖』一段，亦有別旨，不得概以爲僞。

言未卒而睡寐，大説行歌，皆是滿紙禪機。　蒙叟，固無量佛也。

臧丈人一節，尤僞也。

九竅、八竅之説，亦見釋典。

道『無所不在』一段，似奇而真，非牛鬼蛇神所能仿肖。

泰清問無窮，仍是無爲。　謂一節意，而又翻出一層，尤辨。

泰清一段已了，又綴光曜一喻，尤切也。　光曜尚有可見，無有則並此而去之，皆極形道體無極之妙。

今猶以鍛爲捶，則捶鉤者，鍛劍耳。

忽然而樂，樂去而不追；忽然而哀，哀已而不留。人生日流轉於哀樂之中，而昏然以死，此乃哀樂之傳舍耳。可哀可樂之物，從而寄之，豈不亦可憫者乎！

雜篇者，猶言餘意耳。真贋尤混，最難讀。

『日計不足，歲計有餘』，凡爲一切事皆當如此。彼刻刻計之者，刻刻不足也。

『且夫二子者』以下，詆毁堯、舜，不可訓矣。

與人皆來之衆，亦禪宗棒喝法，然實精微，可令人悚惕。○王介甫云：正釋氏所謂汝胸中正鬧也。

『與物且者，其身之不能容，焉能容人』，説得苟且之病，直是無往而可。

『兵莫憯於志，莫邪爲下』，真識得陰陽人事之患。

『天門』以下，祇一無有，而轉轉不窮，開後人無數文法。○移是以下，尤奥衍難解。

『去國數日，見其所知而喜；旬月，見所嘗見於國中者而喜；期年，見似人者而喜矣。』

『去人滋久，思人滋深』，説人情可謂無隱不達，人人點首者矣。

莊子過惠子之墓一節，莊、惠相得如此。若今人相難則相讎矣，古道不復，於交尤甚。

竊聞之，得一知己，可以不恨。彼於交道若無關者焉，其亦無可知者乎？不然，知己之切，固無逾於友者也。

『於國有不聞』，而後可以治國；『於家有不見』，而後可以治家。無不聞、無不見，致亂之道也。

吴王射狙一節，有味乎其言之。全是數虚字，唱歎得有神。

孔子與孫叔、宜僚，三人不相及也，明是寓言。

子綦相子一節，説禍福可謂超然。世之科名亦此類歟？吾懼燕盜之刖我而鬻之齊也。

『生而美者，人與之鑒』。『鑒』字衹是虚字，言人不言其美，己終不知也。

『舊國舊都』以下，譬得親切，直是恰如人情，所以如此有味。

『湯得其司御』以下，殆是缺簡。

吹劍一吷，别有微旨，非詆堯、舜也。當不以辭害意。

『鹵莽滅裂』四字下得好，今人大都坐此。

『以得爲在民』云云，寫得『一夫不獲，時予之辜』意思出。

『陰陽相照』，其末言道之無盡，意實微渺，非徒汗漫其辭。

『利害相摩，生火甚多』，説人事之關於陰陽者極微，故不知道者不可以爲文。

監河一節，乃至乞貸而肆詈，必非莊筆。

秦以前無縣令，則任公子節亦僞。

『儒以詩禮發冢』一節，太作離奇，太肆嫚罵，亦無甚意味，僞也。

龜不見夢，或不刳腸，吾於此並知用智之害焉。

『嬰兒生無石師而能言』。『石』訓『大』，如石鼠之類，石鼠亦作『碩鼠』。

静可補病，此義亦發於莊，莊可謂無所不有。

寓言篇自敘作書之法也，天下篇敘諸家而自折衷之也。兩篇總結全書，宜相連屬。讓王以下諸篇，東坡去之，極有會悟。非但從文字辨之，乃從全部結構看出，此豈可與瑣瑣者道乎！

『親父不爲其子媒』云云，眼前情事，一經拈出，皆見道理。此老胸中，真有化工。

『係於禄以爲養』，亦人子之至情，並以爲病，非所以教孝也。

『向也俯』一節，又從罔景進一步。觀其加一『衆』字，已是妙絶。

『火日陰夜』，極眼前，却是奇文，襲此而變化爲文者多矣。

陽子居，東坡以爲即楊朱。坡云：此篇自敘而以老子爲宗，略取楊朱。

讓王以下，坡公以爲贋也。坡云：讓王以下四篇，非莊子所作。蓋其枝葉太粗，恐爲人所竄易。

『適有幽憂之病』『未暇治天下也』，亦妙語。

太王一節，淺薄無意味。

子華一節，近戰國策。

『道之真以治身，其緒餘以爲國家，其土苴以治天下』，曠古奇談。此楊氏爲我之旨，本於老氏者也。

『以人之言遺我粟，至其罪我也，又且以人之言』，此實深於涉世之言，料事料人，百不失一，亦可悟盈虚消息之理。

屠羊説一節，意亦好，而不甚與此書比附，其故難言。

原憲、曾子兩節，觀其極力模寫，皆有痕迹，當是學莊之筆。坡老正定，故自確也。

顔子之不仕，以有孔子也，亦未遇其時也，非志終隱處也。此謂顔子不願仕，似尊顔子而失之。○有田六十畝，顔子亦自不貧。○孔子語亦贊得不中肯，果僞也。

子路、子貢何至以孔子爲無恥？且其言亦易折，顔子何至無以應？『抱仁義之道』云云，尤不似聖人語氣。此節破綻更甚矣。惟『所樂非窮通』數語，却真有見地。

北人無擇之死，真復何理？　○伯夷之死，莊且以爲傷性殘生，何況此等！卞隨一節，如其言，湯之伐桀，並唐太宗之不如，何以爲聖人？　且臨事而求人，亦殊太冒昧。○郭論卞、務之未能外天下，吾以爲必無此等人，不獨未能外天下也。

周公血牲一節，尤非武王所爲。　雜家害道如此。○郭論夷、許、伊、吕云云，較有把握，亦未盡也。

盗跖篇尤悖謬無理，使人髮指。　○『膾人肝』諸語，全似衍義小説矣，不但不似莊，其手筆亦極低也。

春秋以前無匹夫封侯事，語亦顯僞。

即欲以孔、跖爲寓言，亦數語可了，何至刺刺不已，反覆數百餘言耶？

子張語亦不似聖門高弟，且子張何得以孔、墨並稱？

過人而窮，郭注云：『天下未曾窮於所短，而恒以所長自困。』通達之言，思之下淚。

『吮癰』『得珠』兩段，事既類似，筆墨正同，皆策士之習耳。

奪烏鳶與螻蟻，達哉其言！　然而不可以教人子。　故君子立言，不可以有所塞，有偏則有塞矣。

厚葬一段與髑髏節入想略同，而語妙尤進。

天下篇敘道術，而先言内聖外王，是大主腦。說六經處，看他本末，真是了了。言百家衆技，亦平心至論也。慮道術之裂，尤爲深切著明。

論墨，一何刻核！莊子之學，固真有得矣，以爲才士亦確。『爲人太多，自爲太少』，亦名言也。『非生人之行而死人之理』，言去知之弊，透澈！○觀慎到之説與宋鈃、尹文異用而同源，皆墨氏之支流而略變之者也，皆與佛近。

莊出於老，而敘道術先鄒魯而後諸家，以老聃列雜家之中，渠正自分曉在。○説老氏，固左袒，然就其言亦明以爲與鄒魯歧矣。古人各自爲家而不亂，是非之正如此。

自列爲一家，祇説著書，却亦純駁無隱，非雜子自是非人之習。『充實不可以已』説，文字真乃得大主腦，百家論文皆入函蓋。

『稠適』横説，『上遂』竪説。

莊與惠施最厚，其辨宏而意侈，蓋亦才勝而不知道者。特辨之，以終其書，有惋惜之意焉。

能勝人之口，不能勝人之心，近代亦有之，大抵妄人也。

『窮響以聲，形與影競走』，不獨惠子也。人以有窮之才力，日與天下競名利，有以異於是乎？又不足爲莊生所悲矣。

蘇老泉曰：『序古今之學問，猶孟子末篇意。』自列其書於數家中，而序鄒魯於總序前，便見學問未來，甚正。却是來頭略小。

看莊子不以道理統領之，被他引吾心而去矣。

莊子見得學問首尾甚分曉，不奈放不下這世界，所以激爲此書。看他説人情處如許刻核，便知他絶學遺世，正爲世之難遺矣！凡古人之書，雖偏駁互見，必有真見處。若近人著書，亂道雜摭，豈可算做立言！

校記

〔一〕五石之匏　當作『五石之瓠』。

〔二〕遁形　當作『遁刑』。莊子内篇養生主云：『是遁天倍情，忘其所受，古者謂之天刑。』此處『刑』乃刑罰之義。

〔三〕以形爲體　莊子原文作『以刑爲體』。

卷五上 無夢軒文集卷上

原服

聖人之制，名與象而已。可名而名之，可象而象之。以其名知所由名，以其象知所由象，因以通天下之情而順天下之性，於是乎有禮。然而，人子之於父母也，名與象不足以盡之也，況父母之喪，又烏可名、烏可象乎哉？

然且爲之服若有止焉，何也？天下以服爲孝，服除，孝可除乎？且服在其身，孝亦誠在其身乎？然則服也者，從其無可名無可象而名之而象之者也，聖人不得已於天下之不得已者也。不得已者，天下性情之至。而服者，聖人名、象之端。人去其父母之死未遠也，而已無以名而象之，不必孝子仁人而後有所不得已也。然而，天下無不斬衰苫塊終三年之制，而曾不得爲孝；少有缺焉，而其罪不可勝誅矣。禮制隆殺之間，未有若此其極者。非聖人之極之，天下人之不得已者極之也。聖人固以爲人之皆不得已也，而名與象乃有不得不已之制。使名、象止而孝亦止，則名、象未止而孝已止矣。此之謂其端云爾。

然且有孟孫才、阮籍之事。夫孟孫才之事，寓也，非孔子之所稱也。若阮籍者，或以爲有託焉。嗚乎！父母死而曰吾有託焉而不致吾哀也，豈猶有人之心也哉？居喪不哀，曰忘也，謂之天焉。嗚乎！以忘其父母爲至道，吾弗忍爲之原矣。聖人非能使天下爲服也，天下皆人也，則必且爲服。不然，飛者必有由化，走者必有由孕，禽獸之屬寧無父母，而聖人其能使之皆爲服哉？

蔡邕論

自選舉之法敝，而私謁之途百出，其末流至於座主門生之誼積重而不可返，莫不走於勢利而援知己之感以爲辭。

古者進賢受上賞，賞出於君，而臣無私交。虞廷之協恭交讓，盛之極也。不聞有感知己者，公而已矣。苞苴竿牘公行而無所忌憚，是孰使之然哉？管仲薦於鮑叔，蔿敖薦於虞丘，不可謂非知己，而不聞其相黨，公義爲重，則私恩爲輕也。使若後世推原汲引之由而尊之同於君父，則郤縠之於趙衰、國僑之於罕虎，宜其屈己奉之矣。然猶皆大夫，皆公族也。孔子仕魯，實由季桓，則自賤而舉矣，猶在朝也。至舜之揚於四岳，由匹夫而右群臣，其恩重誼深，豈有量哉！以後之例例之，則舜者，四岳之門生也。

夫舉主之重，始於東漢，而周舉、張陵之義，猶有聞焉，然已有營州郡之舉者矣。陵夷日下，至於知貢舉者，所取之士終身執弟子禮不敢懈，又分校之有司亦如之，於是，風節始亡矣。

古之舉士以爲國也，後之人其皆爲國乎？而爲之説曰『知己』。夫知己之説，當出於幽潛韋布不繫爵禄者，不當出於致身朝廷之人。致身朝廷，則皆君之恩也，而乃曰受之於知之者，心乎私而不心乎君，所謂受爵公朝、拜恩私室者也。或曰『忘本不祥』。夫不祥孰有大於忘君者乎？且其受知之具固已微矣，又不皆出於公，而或謀之人臣，爲君取士而已樹援焉，又以收利，而其君無與，豈不顛乎？抑在漢，猶有舉主連坐之法，後世並此無之，有利而無害，又何怪其然也？

吾嘗謂鍾期、伯牙可言知己，敬輿、退之不可言知己，雖甚感其知己，必不可以登第之恩歸之。夫昔之知己也猶以才，後世則勢利而已矣。私恩之感多，公義之争少，交接之道喪，夤緣之路開，資階愈崇，司衡愈數，而私黨愈繁。一爲三公，固於山嶽。孤立於上者，獨一人主耳。設不幸有大奸邪者出焉，不亦甚危乎哉！此天下之大計，非强辨曲説所能飾而蔽之者也。小人之强辨曲説，以必伸座主門生之誼者，彼其視科名之得失太重，而視君父也太輕，則勢利而已矣。

人生有三，師與君、父並重。所謂師者，受學而知道，以全其君、父之大者也。今之師，舉不足以當之，而況科名之所藉乎？然則路人之歟？習久者雖革〔一〕，如范文正之於晏殊可也。辨其人之邪正，持其理之是非，先公而後私，其可已矣。嗚呼！董卓何人也，而蔡邕感之，或猶有原其情者，以爲受其恩不可以背也。夫卓安得有爵禄？皆漢帝之恩耳，且卓非隱惡不易知者，固不當受其恩矣。天下之大賊，當爲天下誅之。其誅也，當爲吾君與天下共快之。即以爲背，背賊亦比於亂民之嚮順，亦勝於怙終者矣。王允收之是也。馬日磾又何人也〔二〕，而以允爲非？甚哉，天下之持正者少也。

『國家之敗，由官邪也；官之失德，寵賂章也。』敢於章賂而之邪，必先爲之辭焉。是故衰世之議論，必皆予貪且媚者以地，而刻求於風節之士以亂人心，若以蔡邕之事爲可原者是矣。邕之立身本末，殊有可觀，而晚節一敗，遂至於此，然則，勢利其可徇乎哉！

唐氏族譜序

族有譜，非惟紀世而已。恩敬博而孝弟之心生，其責在族之秀者。

吾鄉風氣敦樸，承平時，鄉先生率以敬宗收族爲子弟先。軍興以來，喪亡流徙，不得完其家、聚其姓者，所在皆是。余嘗恤乎深憂，以爲當吾世而失其牒，歲長世易，子孫何以追遠而施及同源？顧以客游日久，不能輯完其書，使吾弟草創以待增定而已。

唐軍門蓋臣以戰功拔起，方將兵在外，未遑家事，獨已集其宗人，考世系，辨支派，爲譜以藏於家廟。甚矣哉，斯志斯事，其功名之本原乎！余雖客居，所業猶不違簡墨，而久無所成。蓋臣馳驟疆埸，能敕其族爲久遠計如此，余之疚滋益深，而蓋臣於是爲知本矣。

今觀其譜，先代嘗有五世一堂者，然則太和之氣積於累葉，其至蓋臣而光大，宜也。蓋臣爲將，樸而肅，英果而無虓暴之氣，蓋能推恩敬以治武經。其功名當未有艾，昌前人之德以貽於無窮者，其在是乎？

於其譜之成，爲之發其志行，且以識吾愧焉。

劉氏族譜序

堯、舜、三代之治，使天下各治其家，敦本務實，以奉君上之教，而天下大治。後世搢紳之族，教不行於其家，輕蔑祖父之德，不恭於祀，不率於親，於是凌競交作，邪辟無禁，一本之誼同於路人，其氣不足以相屬，而恩不足以相恤，有薄德犯義者起，雖相教相懲，亦不足以化其志而救其敗，是故有子傷犯上作亂之多，而推本於不孝弟。夫謹祠祀，修譜牒，近世尤易舉行，此亦孝弟之大端也。

道光、咸豐以來，寇亂繁興，劉侯省三以雄志遠略立勳名，致茅土，宜其闊略細務，日不遑暇；獨能深識遠慮，思有以厚其宗而教其家，與子務廉訪參討博稽，緒輯譜牒，詳枝系以合親疏，詳墳墓以嚴歲事，蒐採其有行業者撰次之，以揚美而垂法。其意淵穆懇摯，非一切趨事赴功者所及。於戲！其勳名固有本矣。

夫宗法之亡，非天下之細故也。集田資，通有無，舉族無游惰者矣；廣教學，恤孤寡，内外皆有所藉以爲善矣；會祭葬，通弔慶，憂喜無不切於心者矣。然後嚴其禮，正其習，相率以勤，相先以讓，有不率則衆共恥之，上承國家之化，下導鄉黨之和，富美之效久長衍溢。天下搢紳之族，胥由是道。雖堯、舜、三代之治可以漸興，而又何犯亂之有！

劉侯方督秦軍，以國事爲急，其立規約以成法教，蓋猶有待焉。余嘗豫其軍咨，從容論説，知其志識有進於是者。於其譜牒之成也，書其端以爲天下勸。

是役也，襄其事者某某，於教家之意，皆有喻焉，宜並詳之。

贈袁舍人序

袁舍人子久將赴京師，欲余言爲贈，且曰必以規。甚哉，其誼之近古也！雖然，余所知無以逾舍人，其將奚言？舍人固不迂余言者，敢以迂説進。

語曰：『慎而無禮則葸。』季文子三思而後行，子曰：『再，斯可矣。』夫慎，主敬之用也；思，慎之端也。聖人猶將裁之，豈非以慎過則氣餒，思過則利害之心生，氣衰心雜，固不足以持久哉？

舍人識度偉毅，將能任學問而致重遠，非以科目自喜、才業自快者。顧其於人事之變太明，則學問之事有所倦。而不急重遠之任，有所慮而不赴，倦於內，慮於外，其識度久將無主。慎者反肆，思者反疏，患又有出意量之表者。且人事之變，固可盡防乎哉？吾聞大人君子蓋皆嚴於治心而恬於應物。以舍人年力，宜可以進於是。余恐其以葸且煩者失之也，若用其察變之明，長慮却顧，幾無可爲者。然則，昔時端敏公何爲而憂勤歿世也耶？不慎不思者，余將勸其敬密之不暇，於舍人固猶有進焉。

意舍人所謂必以規者，甚有樂乎余言，遂書以贈。

送黄君虞尊序

余出入兵間，久與當世士大夫遊，其間有文章負才能者，未嘗無人，獨心重黄君虞尊。黄君可謂有氣骨矣。夫氣骨非好立崖岸與世牴牾而已。言不苟發，必於其大；事不輕任，必於其難。當其發言，慨然不恤怨之叢而怒之激也；當其任事，毅然不顧艱苦禍患之隨其後也：若是者，雖古人難之。然而世無其人，則無以持運。疑有脱簡。軍旋之旅，群策群力，雜然並進，無其人則危疑莫敢斷，險阻莫敢犯，策與力又安用之？黄君争人所不能争，行人所不欲行，余是以信之也。用亦稍隘矣，疑有脱簡。夷然其色，未嘗矜氣骨以輕輩儔，蓋又有進焉。

雖然，氣骨者所賴以爲士，士之道，未可以是盡也。譬如室，先立之楹，將上以承梁，其次環而爲壁，其次度之爲户爲牖，又界之外内焉，位其器用，設其物觀，然後居之。非是莫可居也。氣骨者，士之楹也。余將觀黄君之爲梁、爲壁、爲户牖，内外之别，又且將進而求其器用、物觀之適其宜，黄君其必有異矣！黄君不爲天下用，吾以氣骨推之，如有用黄君者，天下之事大矣。古君子之道博矣，吾又能無多求乎哉？

黄君且歸，余亦且北遊。别有日，黄君欲余有贈於兹行也。夫不爲有氣骨者言與爲不有氣骨者言，其失等，遂書以贈黄君。若黄君方憂室家，余既知之；以爲强慰之辭，蓋汎然之人爲之，非余所以重黄君，故不復言。

王子固四書文序

經藝取士，法久不變，蓋欲天下於四子書童而習之，窮其精微，足以施於事、達於政，非以束縛人才而銷沮之也。流極之敝，至使稍有志者羞爲，於是慨論者謂此制宜廢。吾以爲不然。

夫科目之病，中於欲速而傚人。今幸以此取士，天下猶以四子書爲教，易爲策論，欲速傚人之弊猶是也，四子書已將置不復習，其害當何如耶！但使老師宿儒，抱其區區之志，殫心力而爲之，雖不遇，必將有救。夫其爲之也，未嘗求悦於世，則不憚窮精微以幾合於聖賢之心。

吾友王君子固其人也。吾始學爲文，群謂不善，子固獨好之，當世亦不善子固也。吾始苦拗澀，子固曰是以過深失之。子固平實純密，爲學者之文，吾資其切磋，文遂一變。今子固且老，吾亦將衰矣。子固文益深穩，近有道者。吾所爲文，率子固正定，大半亡失，亦不能復爲。吾兩人豈非所爲抱區區之志者耶！士人有事場屋，莫不於有司所謂繩尺者揣而合之，顧其揣合至熟，而與吾兩人同其瓠落者亦不可勝數也，吾又奚悔焉？

今子固蒐輯所爲文，使吾敘之。吾謂留此示後生小子，使知四子書有如是精微之義，又進而知有不止如是者，庶有志之士不至盡棄聖賢之遺藴，以倖一日之遇，欲速傚人之弊，其或有瘳乎？子固文，視吾尤堅而貌猶不遠，時與吾俱躓，可以知命矣。是不足爲子固憾，獨舉經義以爲教者質之，爲有志持世者先導焉。

袁母郭太夫人百齡序 代

聖天子至孝錫類，篤念舊臣，施及其親，於是至德孚應，和氣翔洽，天亦特鍾嘉祥於盛德之門，以協我國家非常之瑞。前史所載，希與比隆，則有如我郭太夫人，不獨爲一家啓累葉之庥，實一代盛事，足以光照簡策者也。

太夫人爲端敏公之母，文宗朝嘗再荷御書錫祝，逮今上御極，歲敕大吏以時存問，賚賜優渥。今兹壽届期頤，聞於九重，彌念勞臣舊德，所以慰安太夫人者甚至，特給筱隖宫詹假期，俾暫釋所事，以歸奉壽觴。海内聞上德意，靡不感浹心腑，動興於孝，懿乎休哉！三代聖主崇本厚俗之上治，何以過焉？太夫人婦德母儀，詔書稱美，邦國取則，其足以膺受異數，召集百福，無待某等曹愚之言。然竊有聞於端敏公之遺教，則天人之異應與忠孝之互備，有徵於遺經及先儒之言，敢爲承事太夫人者敬誦之。

記曰：『孝者，善繼人之志，善述人之事。』張子曰：『存，吾順事；没，吾寧也。』端敏公勤勞王事，年不逮德，而兄弟亦皆未終養事。夫以太夫人之德，足以庇後人，端敏公兄弟孝友純粹，皆足以致福應，而數與事違。篤臣觀察能追端敏公之休聲，近又殁於任所，似亦天事之不能無憾者。雖然，明有所待以成，幽有所恃以安，搢紳禮法之家，爲綱常名教所繫，屬其所謂福與尋常之家異。太夫人明達大體，教子孫以忠，其子孫咸喻於志，居者順親，行者報國，數十年來，歷再傳如一轍。今壽臣學博率諸弟以代養；筱隖宫詹莅軍轉漕，宣勞最久，簡在上心；子久舍人勤職公掾：斯皆太夫人所望於後人，亦未終養事者所恃以安也。太夫人無傷於心，其子孫無違於志，天以不常有之壽報之，聖天子以不常有之恩隆之，蓋太夫人之德不奪於偶然之數，而存没皆順以寧者如此。

某等不敢忘端敏公，又重受筱隖宫詹之教，竊窺天人之際，用敢進斯言爲太夫人壽。若夫德儀與世勣，則宜書於史官，非瞢愚所能罄述也。謹以爲序。

史仲臨先生六十壽序

吾鄉史氏與吾家世姻。仲臨先生輩行先於余，居最鄰比。兒嬉時，相親善。稍長，讀書學文往往共晨夕。中年，同罹寇難，俱瀕於死。亂定，理故業，余遣少弟就先生學，先生亦欲使其令子德寬問學於余。顧余久客於外，先生則安於村居，以老明經授徒課子，足迹罕至城市。德配吴孺人亦能勤苦，有龐公夫婦之風。今兹先生壽六十，使德寬語余，欲得余言，張於草堂。念余兩人相知最深，泛然頌禱之辭非所以壽先生，則請以兩家問學之意爲先生言之。

夫世運所以隆盛，風俗所以純厚，人心所以安静者，無他，各安其分而已。仕宦者不安其分，則奔競於前，貪保於後，曠職營欲，蒙主毒民，而國家受其病。農工商賈不安其分，則舍業求赢，詐僞相競，將至於作奸犯科，訟繁盜起，而郡縣受其病。士不安其分，則鶩華希時，荒經蔑古，將至於廉隅不飭，倫紀破壞，而世運、風俗、人心交受其病。吾儕皆士也，守先民之遺教，循其規矩，講求義理，内行惇篤，化行鄉閭，吾儕之分也。先生謹厚退讓，勤於身而儉於用，無浮言，無夸行，無奢望，其治家教人皆有法度，阡陌間與顓愚語笑，告人父以慈，人子以孝，人弟以悌。於戲，可謂能安其分矣！

以先生爲人，足以完固神氣，臻上壽而宜子孫；而余但稱以安分，疑卑爲論，不足以闡揚先生。然以吾兩人問學之意推之，則安分之義甚大，其挽救甚深，其氣脉甚長。吾兩家世守之，内足以保其家，且使農工商賈有所觀法，或有能仕宦者，約己奉職，亦將不忍爲蒙主毒民之事，其爲養福流澤，豈有窮耶！

先生謬好余言，凡余所稱讀書學文之法，先生歷數十年不忘，老猶備述以教子孫，余愧多矣！　則又本先生使德寬問學之旨，並爲兩家子弟言之。學者當先治一經，四子書及易、書、詩、『三傳』、『三禮』，慮無不誦習者，非爲治其一而廢其餘也，專於其一而餘經之義以及儒先之論説、諸史之事迹，皆兼綜條貫，以佐此一經之研説，久而通曉，則餘皆可以次推究。

雖泛覽博觀，燦然自有條理。以中才計之，專精三年，足以通曉一經。此余嘗爲之者。雖未進於古人之通經，其不波靡於世俗，則先生所以好余言者，意當在是。至於學文，則自左、史、莊、騷以逮唐、宋，並爲今文，而能成家者，千彙萬狀，不可窮竟。余以爲學者當務爲平實端慤之文，使可以稱於心而切於事，爲之不已，學益進而文益高，非有所襲而取之，作而致之，而不苟於爲，不馳於心，雖以蘄至古之立言者不難；即應有司之求，亦未嘗不可以取上第。二者亦皆不過能安其分。質之先生，以爲何如也？

抑余重有感者：憶少小時同遊郡中所稱『淮浦』，循溪流，屢度石橋，桃柳相間雜，入睡佛庵，尋丹壑太史所題『野鳥』『菜花』聯語，意思蕭散，都忘塵俗，蓋魂夢至今繞之。又嘗爭論公子鱄、伍子胥事，各持一説，至面赤聲厲。追念此境，不可復得。並書以志吾兩人始終親善之誼如此。然則泛然頌禱之辭，其可以塞先生謬好余言之意也耶？

胡崑珊先生壽序

民生蕃然於天地之間，各操其術業，各營其欲惡，巧僞、强力皆思有以自騁。於是乎其生不樂，其勢將不可以久。聖人知其然也，爲之養欲給求，廣其生之途，而別其所以爲生之業，又爲教學明倫、崇賢尚齒，自京都國邑以至田野山澤之區，群聚族居，莫不有耆碩重厚之人表示而引掖之，化巧僞以完純樸，馴强力以生親愛，其民樂生，其道可久。六經所垂，皆是物也。吾嘗縱遊周覽，雖荒陬窮山之處，偶有龐眉皓齒之儒，迂謹樸拙，言行過乎物者，其家必安静勤儉，其鄉必無奸慝豪暴之徒。因以識聖人立法作經意至深遠，並知儒者之身，在一日則有一日之擔荷，增一歲則有一歲之功效。然則吾儒所以自任者，庸可輕耶！

余年十八與崑珊先生定交，由是兄事之者垂四十年。壯時約營山居爲比鄰，久之，竟如所約。今兩家兒子互爲姻家，所事相關切，内外無間言，若忘其爲兩家者。吾兩人既皆遲暮，兒子謂宜爲頤生佚老之計，相與語還山息居，優游泉石，使子孫得伸其奉養之志。其語良是。

然吾所以祝先生，不惟是也。今天下廢學久矣，名爲士者，幾不知經書爲何物，終歲昏昏然、營營然，舍業而嬉，失職而多求，相安於放僻邪侈而自以爲才，聞中正仁義之説，則譁然笑之。甚至異域荒誕之教，達官貴人且以爲勝於吾儒，而蚩蚩之氓亦波隨於妖亂之言，絶人倫，奉邪師，百出而未有已。人心之壞，聖學之衰，蓋未有甚於此時者也。吾儕藴畜不深，既無唱絶學、挽世運之力，則宜有以持吾之家，惟篤人倫而曉經義，可以綿祖宗之澤，衍子孫之祥；漸濡里中，可以厚風俗；晚進之士如有聰明傑出、强毅有志者，就傳其業，亦可以保持聖賢之遺，以待後之人。

夫天之所以壽儒者，豈惟是康强逢吉、慶在一身云爾哉！先生耳目齒骨健於余，鄉里敬其學行，易行其教，子孫皆能讀書。竊以爲教而閑之，保而固之，馨於家而薰於鄉，其責當在先生也。漢之伏生，近世之夏峯徵君，皆丁亂世聖學垂絶之會，闇然隱居，其壽百歲。伏生傳經，功在萬世；徵君亦得二三大儒受其學而大其施。吾儕何敢望先賢！然而，志不存焉，則何以體天壽儒者之意？且持吾之家，其責又何所歸耶？

元配李孺人，樸質誠厚，宜別書以存閫範。顧念亂離以來，流移夭閼不可悉數，而吾兩人夫婦皆健在，此亦兩家子孫之幸。其各求頤生佚老之計，則亦明倫尊經之一端。先生安於其心，而壽益高，教益廣，逆計期頤之年，其唱絶學、挽世運，必有追配先賢者。余且樂再爲辭焉，以爲先生壽，豈非斯人之幸與！

先生六十歲，余方讀禮，不得作頌辭，今補陳之如此。

記逆旅僕

甚哉！人之好利也。雖然，非其本心也。人之本心，其惟相愛乎？吾見諸逆旅之僕矣。

逆旅主人有僕，主人呼之，則惰，赴事若不得已者；客呼之，則勤。夫僕於主人受直焉，又終歲食焉；客之賜之雖多，其視主人固已少矣：然而，勤惰異報。人之所恃以奔走天下者，利也。誰非人情，而獨不其然？然則好利者真非人之本心也。彼其主人不知也，而以爲吾以利奔走之；客亦不知也，以爲吾暫羈焉，吾無取乎苛之而已。然而，勤惰異報，使客之於人擴斯意也，而推斯道治天下，不難矣！聖人之治天下也，使天下相愛，而其道已止。嗚呼！其必有意矣。

壽母頌

景昭昔從袁端敏公於軍，復假館於其家，見公事母郭太夫人有孺子色，弟及諸子雍然肅然，誠以禮行。美哉，搢紳之宗式也！蓋公稟母教，篤行樸學，施於官政，光顯考德，蔚爲盛門。原夫一代望宗，必有培毓根柢，足以開教法而永福祚者。以景昭所聞，太夫人躬艱勤，達義命，勵學植基歸於忠孝，古稱韋母、歐母，殆於過之，上達九重，爲天子尊敬，視漢世馮母復有加焉。宜乎！壽至百齡，亦爲史書所未有也。

景昭荷公兩世知愛，與筱隝宫詹、子久舍人尤親厚，宜次第見聞，以揚隆懿，爲世楷則，用協聖世上瑞，敢以不文辭與！爲頌曰：

於惟我皇，孝治旁浹。繩繩世臣，與帝心叶。敬承壽母，百祥咸攝。攄發先隱，光啓再葉。名德仍庥，皇圖佐燮。疊錫王言，垂輝史牒。維母之孝，足爲禮宗。女順有本，婦儀是恭。相協賢儒，莫不允從。世載其則，肅哉懿容。維母之敬，輔和以正。綱紀門庭，順成德性。貧劑其用，勤忘其病。娣姒式之，兹焉有政。維母之學，班鄭其儔。明達經教，以詒燕謀。

孝子陳上品傳

乾隆之末，吾邑有陳上品者，家故微業，治圃，事母至孝，能以色養，每旦鬻蔬於市，與人言不欺。或勸之娶，曰：『吾貧不能養，又有室家，非計也。且安知所娶婦，其事吾母何如？』及母卒，上品已老，竟不復娶，以從子爲子，居喪哀毁至不能起。性素儉，治喪具甚備。晚年小裕，不復負擔入市，然無他嗜好，舉止樸厚，平易而寡笑，人呼之『陳翁』。方翁苦貧時，宗有饒於資者，未嘗有所假貸，市易數十年亦未嘗負人錢，其不苟如此。嘉慶間以壽終，里人聞其行於吏，祠之學宫，里之後學朱景昭並次其軼事而論之曰：

士大夫有貲財、習詩書，以孝聞者幾人乎？夫人不可無室家，然而有貲財、習詩書者，其所由不能於孝，蓋可知矣。翁之不娶，又烏可少哉！抑景昭聞諸父：先大父之卒也，家驟窘，無以葬，饔飧且絶，世父貸於鄰之戚且富者，其人謂不能償，不應。陳翁偶過門，聞知其故，則曰：『吾幸積錢二十貫以貸若。』世父賴以濟。後雖卒償之，然翁之德，吾世戴之可也。孝之量亦大矣，其何行之不曁？而景昭以是知：不輕利者，無可立之行也。

高節母傳

里人高登書來，稱其父命，請傳其祖妣傅節母遺事，繫於家乘。余非史官，不得爲人作傳。雖然，鄉有懿行，不聞於有司，發潛德以俟表章，亦士大夫之責也。

據狀略，節母姓傅氏，父諱中恒，幼有禮教。歸高君上桐，生子品官。甫晬而夫歿，誓以死守，莫能奪其志。事姑孝，治家事勞苦倍常人。姑年九十而終，若無喪子之戚者。品官能奉母訓，成立有子。節母乃卒守節凡十九年卒，年四十一。

余惟婦道以柔順爲正，遭變不渝，則剛健之德不得已而著焉。其事姑、訓子、治家事，境變而事常，艱苦甚於丈夫。而内言不出，無由稱述，蓋婦道固然。觀品官之樸厚有隱行，其子登書承之，懇懇然思表其先德，足以知節母之教矣，非常之操，澹然化爲静正。族姻之人敬其德而忘其苦，無以表而出之；或視爲尋常易能之行，雖節母之德愈益深微，然非所以爲教也。余採而書之，貽登書，俾綴爲家傳，執風化之權者庶有所徵焉。

義民唐君傳

癸丑之冬，粤寇陷廬州，余感城守死事諸君之義，因論次其事。既而歎曰：甚哉！定論之難也。皦皦如江忠烈，天下共見之不可誣矣，宜將書之國史，草莽之人無所用其表章者也。其餘則鄉之士大夫播揚人口，往往彰灼，顧猶有挾私意、亂黑白者。若夫奔走道路，無異儕人不幸遇賊見戕以死，此愈於降賊爲之用者耳，而私好者或因緣潤色之以爲殉義。嗚乎，善善從長，余既同儕人之逃，又敢求多於死者哉？雖然，忠孝，大節也，使夫倖而取名，是使誠爲義者與儕人比，傷死者之心，無所勸於義，後死者其能無責乎？而幽潛泯滅之中，獨有浩然孤行其志、不望表章於論次之人者，其不暴見於天下，甚可痛也！

當城陷時，有唐某者，失其名，生而啞，頗知書。賊至其家，與紅巾，令隨去，輒裂巾，賊怒，欲殺之，或言其啞而免。頃之，出視有書『順』字於門者，以手畫面羞之。其夕，拒前後門户，縱火自焚，舉家死之。

嗚乎！形廢於天，人亦棄之，然緣是可以無死，度其死亦豈有餘望哉？誠安之也。達官貴人狀貌甚偉，澒涊汙泥之中，彼豈亦安之者與？誠使在勢位者，光明俊偉如江公，孰得而疵瑕之？唐某之浩然以死，所由豈與江公異哉？獨其才與勞殊絶耳，顧寂寂至是。死生亦大矣，猶以勢位顯晦之甚，可痛也！余表而出之，冀得附江公之義以著於世，無令終泯滅焉。

歲貢生趙君右丞傳

君諱君弼，合肥人。其先世函乙、觀乙兄弟，同舉順治乙酉首科。函乙連擢第，官至江西提學，由是，世以儒業爲里中望族。以歲貢生官司訓，諱莅矩者，君之父也。君謹厚端静，不苟言笑。家貧，取予介然，從遊有富厚者，未嘗一詣。老病不能授徒，炊時時絶，不爲意。以諸生食餼，久之，循例爲歲貢生。咸豐癸丑十二月，粤寇陷廬州，君顧謂其家人：『此吾宗世宅，可共死無濡，緩貽後悔。吾世受國恩，不可辱。』遂赴井。體素豐，井隘，脱裘服，力自投死，年七十餘矣。於是，其子孫婦女死者數人。

里中傳君少時，嘗於友人家圍棋，司訓公知之，具冠服拜祖考主，命君旁立，君愕眙不知所爲。司訓公祝曰：『莅矩不孝，不能教子，至使廢業以奕。祖考其責之，以懲失訓。』遂自撻也。由是君益謹防檢，卒以節終。同時諸生朱鄉離懷訣書言：『世爲士，不可辱。』與諸生陳蕙林皆自經死。武生范榮坪巷戰死。餘別有傳。

論曰：趙氏，信里之望也。然提學外，無仕於朝者，亦微矣哉！君之銜國恩，念祖德，蓋天性固然。當廬州被圍，督援者，世貴也，彼思國恩且如何哉？使人人知朝廷之澤，投袂赴難，所在宜有。然則，以一郡之事，推天下所由糜爛至是，豈顧問哉！孟子言故國有世臣，而或曰春秋譏世卿。斯固在其人乎，抑司訓之教子藹然仁孝遠矣。夫世家之法也，世儒素而終以大節，豈倖也哉！余併論次之，以示所謂世族者，在此不在彼云。

劉君存厚家傳

劉子東堂以所述尊公事狀來，請爲家傳。其言曰：『稱吾父爲善人者，里中無異辭；顧其大者，或不周知。吾父固不欲人知也。東堂於吾父無所肖似，獨懼嘉言懿行久而無傳，重負大罪。辱交久且厚者無若吾子，敢以請。』余所聞於交舊間，推頌公之遺美，與劉子所述略同。而劉子懼没其大者，豈非以孝德最隱，又其人所不忍自名者耶？義當表著其事以風世，重以劉子之意，尤不可辭。

謹按：劉公諱銘德，字存厚，世居合肥之西偏。少有至行，以父治家勤苦，憂其致疾，遂力自整飭。夙興夜寐，事無大小，皆有條理，内外肅然。父乃大安。偶以事出，雖遠必以一日往還，未嘗逾夜。其侍疾也，煮藥滌器，皆親之。既喪父，出入必告墓，終身無間。東堂嘗竊視其左股，有二墨痕如繪菊然，怪之，以問母，母語以公再刲股療親病狀，且戒曰：

『慎勿言，汝父諱之。』雖兄弟不知也。東堂言公居平言論，以虧體近名爲大不孝。又嘗言：『君、親，一也。匹夫雖賤，當知君恩。若有自爲之心以事親，則有無親之心；以事君，則有無君之心。』聞者悚然。咸豐間，賊大起，所在焚掠，獨不入公家，曰無擾善人。公以某年卒，裁四十有七。以子東堂贈中憲大夫，又以子盛瑺贈振威將軍。葬依父墓。娶陳夫人，生四男：長即東堂，今以知府需次湖北；次盛琛；次盛瑺，以戰功至提督，積勞早卒；次盛璨。孫男三人。

朱景昭曰：余不及從公遊，聞里中道公好施，屢傾貲完人夫婦，營護兄弟、宗族甚至，其事皆人所難。顧萬善本於孝，不篤於親，而能以善及人者，未之有也。故獨著其至行如此。同治乙丑，以事過劉子家，登堂拜母，與其諸弟語，雍如也。聚居親洽，百口無纖芥争言。於戲，隱德之貽，其遠矣哉！

劉君春亭家傳

君諱朝陽，少孤貧，力學，常丸黄柏及他苦藥啖之，以助勤苦。其學以力行爲先。嘗言：『佛所以與儒異者：佛但欲明此理，知與行分；吾儒則行之未至，猶爲知之未精也。』其爲制舉文，皆本經術。從遊多以科名起家，君竟以諸生終，年四十有九。撰四書指一卌卷，手批六經及制舉文，皆燬於兵。子文府，亦諸生。

論曰：士無樸學久矣。以余所及見，不汲汲於科名、窮經力行以終其身者，間亦有之，俗士輕姗，率以爲怪，劉君亦其一也。

又有程君穆齋者，名世德。諸經皆手寫，蒐集先儒之説，朱墨細字，行間皆滿，則再寫一本，數十年未嘗輟業。其書皆端楷，整比積架上。余嘗至其家，睹之，愧汗。今距其没裁二十餘年，里中已無能舉其名者。述次劉君事，慨然念之。嗚乎，豈獨其身之闇淡窮困爲可悲也哉！

書廬州死義諸君紀略後

人之勇怯，氣也，志立而氣至焉。命足以制生死，而不能制浩然之氣，惟其志先定而不可奪也。其志靡然不足以自立，轉徙於生死趨避之間，死不可避，乃併其志與氣而喪之，爲天下大戒。曾不得比於碌碌以死者，猶可以無責焉，斯亦可哀之。

甚矣，廬州之陷也！忠烈江公以兵餉兩匱之地，徒手力捍至月有五日而後不支。當其時，外援不進，民之保聚者未遽集，使有數千之衆偪賊壘以爲聲勢，城且得無陷，顧如公者，豈以是奪其志而隳其氣哉！精金不可使爲鈎，猛虎不能行曲徑。負剛直之氣，而不爲身謀，雖其麾下感激而思免之，而卒毅然不回以至於此。蓋從死諸君以及膏原暴莽之卒，莫不喻公斯志而各鼓盪其浩然之氣，以成大節而先義聲，豈皆不知必死而冒然至是者哉！

先是，安慶失守，有棄城先逃者，詔按問當死，羈廬州，會議贖未決而廬州又陷，其人竟爲賊殺。其當死於賊，所謂命也。逃而免，免而卒死，豈其志哉？又有某令與理軍需，舒城敗聞至，夜唱衆走，且攫貲去，大吏追還之，未及議刑而城陷，亦爲賊殺。此尤士民所深恨而快且笑者，彼志在苟活，竟何如也？自廬州改建行省，大僚小吏咸集於是，其罹於難者不可勝計，豈皆如江公之志立氣至，毅然不回者與？抑猝遇戕殺，其罪本足以死，死而不足以贖，且自咎逃避之不早與？術未工者，亦間有之與？淆然積骸之中，不復可辨，幸不至辱身賊群，爲所驅役，以暴其醜，足矣。遂欲以溷忠義之林而竊褒旌之典，雖善善之義或有所寬原，而不誅其心，彼其魂魄之慚恧，豈足以對江公之神明，而與吾鄉志在殉義者相視莫逆於九泉之下乎哉！雖然，長官降賊蓋亦有之，降而復走行營，大吏爲之掩覆，復官臨民，覥然冠帶者，吾聞之矣，彼視倉卒以死者又何如也？然則，寬死者之責，而不深探其志，是或一道焉。獨如棄城逃、攫貲去者，必不可使與忠義之士並邀優恤，則斷然無可疑。以余所聞，世俗之議或多不然。

嗚乎，君臣之義大矣。是非之斷，褒誅之典，係天下之大，故豈可以一人之私，倒行而逆施之哉！ 余懼夫灰烈士之志而短諸軍之氣者，將於是始也。 故書其事，繫死義諸君子後，以尊夫成大節而先義聲者焉。

書三君遺事

咸豐間，粵賊躪江淮，吾友馬軍命之、吴君蘭軒、田君士升，先後殉寇難。 余嘗爲三君誄，其敘爲儷辭不足盡三君，更爲詩哀之。 及見皖桐間人述馬君事，乃多微辭，讀之使人憤咽。 徐毅甫志吴君，並敘其遺文體弱辭累，不稱其爲人。 至田君，則無能舉其姓名者矣。 議馬君者謂，賊陷皖時，未甚恣殺掠，使馬君始不倡舉團練，繼不起兵殺賊，皖桐之民受禍未必若是酷。 嗚乎，是何言歟！

夫忠孝，天性也。 儒者讀書講義理，以名教爲己任，以天下爲己責。 方其舉事時，浩然之氣充塞宇宙，糜頂踵、湛家族，曾不少顧恤，其於流極之禍，豈暇問哉？ 顧乃罹寇暴而咎義師，使其言出於村氓野嫗，君子猶且憂之； 士大夫矜學問，侈文章，其言乃至於是，豈非己弗能爲而惡夫人之爲之者耶？ 吴君克廬江而守之，抗方張之賊，距戰久而後死，夫豈無屠戮之慘？ 而鄉人迄今無間言。 以視議馬君者，其相去何如也！

馬君持義堅確，意所不可，雖尊行有名德者，侃侃不阿。 與同儕論學，往復辨析，不苟爲同異。嘗謂余曰：『君所爲制舉文誠善，然奈何以如許精神才力敝敝於此？學者當以聖賢豪傑自待，宜專求於經術經濟，無事此爲也。』余悚然起謝。壬子之秋，吾兩人與吴君俱登金陵城頭，徘徊瞻眺，指顧形勢，因言亂已將至，無有能支拄而回斡之者，相與頓足悲咤，涕泗横集。其後貽余書，尤拳拳云。

吴君視馬君長十餘歲，自以文學不如馬君，推下之。嘗以文就正，拱立侍側，若師弟子然，輕薄者至傳以爲笑。及論天下事，則慷慨勃發，神采飛動。在余家索邸報觀之，因歷舉傳聞事，憤起大呼，推几案至傾倒。其意氣如此。吴君子長慶嘗爲余言君博愛，視人猶己。歲大寒，故人來，輒脱内絮衣贈之。薄暮，途見餓人，歸不能寐，使長慶持糜往飼。除夕無米，父子講誦不輟。其天懷高淡，豈以冒昧一死爲輕重者耶！甲寅之夏貽余書，告馬君死狀，自謂爲位哭之，如哭顔平原。其始終推馬君，蓋神契，非偶然也。

馬君偉軀幹，面色正赤，氣貌嚴毅，人望而畏之。吴君廣額高顴，鬚繞頰拂衣領，如世所模神像。田君較文弱，才氣魄力不如兩君，然當寇將至時，舉城無固志，獨不肯徙家。作勸城守説，徧揭街衢，效死勿去。立志較然，不可誣也。嘗語余：誦前人制舉文，至金公之言『民無信不立』，未嘗不流涕。余欲取古今文關於倫理言之深切足使人興起者，彙爲一編，命曰『廉立』，蓋亦有慨於田君之言。然則，田君爲人居可知矣。

三君死狀明白，不具論。今江淮間老宿彫盡，與三君善者獨余尚存，衰病侵尋，大懼志士之真性毅力終爲蠢然倖生者所湮没，强起力疾，備書其遺事，俾後之人無輕視忠孝，其亦三君之志也夫！

跋吴徵君藏帖

右吾友吴君蘭軒藏帖。其書魯公帖後，感憤鬱勃，志節偉然。據題日爲癸丑除夕，正當江忠烈公殉廬之後。嗚呼！流離厄塞中，乃欲遠追平原之舉，近成濟陽之志，所存如此，他日唱聲致命，豈倖乎哉！

君好聚圖籍，多蓄法書，亂後散亡都盡，生平所著亦不可收拾。此燼餘零楮，再經兵燹，其嗣子長慶猶能寶護自隨，可喜也。余昔在白下，與君及馬命之最稱素洽。今兩君先後殉義，而孑然窮途，獨無聊賴，余復何心！命之遺迹，祇餘見寄二簡，常思裝池什襲之，此紙倘得彙爲一册，尤慰離懷。顧以長慶孝思所寄，不忍遽奪，遂書余意以還之。長慶其永以爲寶！抑別尋吉羽，使與命之之簡並置左右，如長對故人顔色，是又長慶之惠我也！

馬將軍墓碣 代

咸豐庚申歲，余督諸軍圍賊於定遠，大戰累月，某協副將馬升平死焉。升平字振甲，山東某縣人，以騎射舉省試。兵興，常在皖，爲軍鋒。戰廬州凡五六年，爲賊所憚。江淮民稱勇而不擾者，以爲首。從攻定遠尤力，賊併衆圍其壘，苦鬬久。會陰雨，諸軍不能救，壘陷，爲賊所執。壯氣奮厲，張目，血射賊。賊支解，棄其屍。其從子虎臣亦在軍中，購其屍，或官殮以獻，遂載還里，不暇詳也。

將軍狀貌魁岸，殊絶於人。其在軍，嘗酒酣摩顱骨示人。顱骨長至尺餘，挺出。肩背骨皆拳拳隱起，拊之，筋節稜立，雖歡笑時，常如盛怒，恒以體骨自負。爲人述生平戰鬬時，慷慨豪宕，鬚颯颯欲張，或時髮作植立狀。顧謂部曲：『他日倘死戰場，吾體骨易別識，當不爲群蛻溷也。』

死之明年，官軍乃復定遠，余遣子保恒督軍往。賊據城久，萬骨雜荆蒿中，不可辨，獨溝側骨一具，四周無草，儼然如臥虎，尚有生態，顱長尺餘，自眉以下，肉雖盡，骨節奇偉。軍中見者，皆知爲馬將軍屍，羅拜者千計。保恒收葬之，還白，余集諸軍博詢無異辭。於戲！將軍以體骨自負，卒乃以遽不及檢，誤載歸葬，甚矣，其可哀也！雖然，微將軍慷慨自言，保恒烏從知之？死更兩寒暑，猶得以魁岸殊絶識之群蜕之間，瘞藏而明辨之。他日，其子孫來取歸，足以安英毅之魄；即長掩於定遠，以將軍功在江淮，奉之當有過於其子孫者。是可謂稱其體骨矣！

余且去，懼久而迷其處也，又懼後之人知其喪嘗歸，以斯墓爲疑，故書其事立碣焉。按會典，副將階二品，當封將軍，題碣曰『馬將軍』，禮也。

程節母金太淑人墓表

太淑人姓金氏，霍邱人，適同里程萬鍾。年二十一而夫歿，事姑以孝聞，撫孤子秉桂成立。道光二十七年，鄉人請於有司，以節孝符例當旌。咸豐七年，賊掠霍邱，居民争徙避，太淑人不肯，曰：『吾老矣，死，分也，豈可以累姻族？』賊至，則大駡。孫曰聰侍側，亦駡。賊併殺之。秉桂方以醫客鄰縣，奔視，以毀死。秉桂有二子，曰聰，其次也。長，先鳴，以騎射生，積功至游擊，引例得封其大父母，故稱太淑人。

太淑人既死且五六年，先鳴出入兵間，常哀憤，以大母節義孝烈弗獲彰著爲大戚。余從淮軍，先鳴識余，爲余言其大母非惟婦烈而已。先鳴嘗由行營乞假省視，大母正色曰：『此何時，汝安事歸？竭汝力報國家即孝也！』先鳴少失母，爲大母所撫，最愛憐之，顧辭氣懔烈如此。

余惟其言與『戰陣無勇非孝』之義隱合，婦人不知書，其明大義至是！然則其能節能孝且烈，有由然矣。今寇雖小息，庶事更始，獎崇篤行，維勵風化，有司或未遑焉。余懼其終湮，以爲其子孫痛也，略書其事貽先鳴，使爲碣焉。太淑人以丁巳歲二月十六日死，年六十四。

宋君秋蓀墓表

宋君秋蓀之葬也，余題其碣曰『宋高士墓』，知者以爲宜。於戲！君有隱德而頻罹多故，章君不幸以傷其心，非誼也。雖然，余不可以已。

君諱筠，字竹君，少孤露，刻苦自立。於醫有神悟，嘗撰金匱要略直解，公卿間欲刊行之。余謂君曰：『古人爲書，傳法不傳意。今所言皆意也，後之人以辭害意，且將貽誤。』遂不復以其書示人。夫能者無不自多，虛懷若是，是可謂大矣。晚好儒先書。將殁，余往訣，爲余言自覺心體清明，若有所得。於戲，君竟以是日終！時同治九年七月乙丑朔也，年六十有二。以族子鳳文爲子。

君遊公卿間，未嘗有所干求，好獎成後進。詩有隱逸詩人風。遺事多可稱述，余獨著其學問之意，以揭於石。古之高士哉，古之高士哉！

祭胡文忠公文 代袁端敏

嗚呼！世固有功在天下而感獨切於一人，交不半面而誼獨結於終身，如文忠公與予之相契以神者乎？當余視師於淮上，公亦政聲流布，爲天子所拔用，以奉使於襄、鄂之重地，而屹爲長城。各專事任，曠隔關津，既無生平之雅，亦無介紹之臨。忽荷公之推轂，且惠我以好音。欲簡卒齎糧，汎江越河而至，以合我勢，而盪定淮濆，其事不果，其謀實深。

嗚呼！封疆之吏，局於職以倖無罪者，舉世皆能，而盜賊始得蹈瑕乘隙以恣其憑陵。惟公卓立，識大氣英，不限一宇之守，不恤衆人之驚，以爲天下之賊不悉除，則一方之固不足憑。鄂不全，則江楚交病者，鋒且及於東豫，而畿輔弗寧；皖不靖，則鄂亦日受其敝而不能久幸無事，又安能集兵力以傾寇巢而肅江坰？於是，以江淮樞天下，而悉其智勇以争皖者，事可必而功不必成。本謀夙定，而適與予事相首尾，以期共報乎朝廷。

惟予孱不任重，憂不競心，右支左吾，既弱且貧。軍壺頭，而耿舒、梁松之交構者，事同新息；屯渭橋，而朱泚、懷光之偪處者，勢類西平。茫茫四顧，誰哀其志，而誰見其情？惟公知我，手書殷勤，勸我以堅忍，貺我以神明。謂我不得四出以争利者，形之所制，而非怯於行軍；謂我不輕逞憤以敗事者，時之未至，而非昧於正名。微公力任西南之重，予且將歎息束手而莫解其咎於東北之隳勳。是以公拳拳於國計，而若獨惓惓於交親，公爲天下決事機之重，而若爲鄙人辨疑似之分。當其部署將士，綢維地形，敷布籌策，破除具文，犯危督戰，力疾巡行，使江上之劇盜，東西疲務而不暇旁侵。昔堅臥以下九江者，公之定力；今堅臥以下安慶者，公之至誠。乃至蠢蠢淮孽，猖狂不馴，徘徊不敢動者累月而連旬，豈予力之能制？蓋懾公之雷霆。四海拭目，群凶喪精，李、郭、韓、范，何古何今？

予乃藉手以翦榛莽，將勵衆以南迎，庶幾十載之同心異地者，得於戎幕之相遇，而俾積懷之一傾。何圖秋夜遽沉大星，皖垂克而公病已深，公已逝而皖寇告平。知與不知，痛哭失聲。嗚呼哀哉！在於當世，失此重城；在於鄙人，失此德鄰。

撫棘事而心痛，瞻湘雲而涕零。猶憶公書告我論餉與兵，謂冗用之胥汰，乃有怨之必盈。合全算以重發，以攻圍之弗輕。憂時無寐，嘔血酸辛。迄於今讀『中情不僵』之語，猶令人追念乎擊楫中流之士稚，灑泣登舟之太真；短刀置靴之光弼，三呼渡河之汝霖。而予亦勞之不任，疾之屢嬰；形神並憊，醫藥雜陳。公有其功而不及享，予有其志而不早伸。悠悠蒼天，荒荒九京。予勉事乎此而不忍去，亦大懼負公之惠而無以對公之靈。況乎蒐羅國士，薦達名卿；布於在事者，皆足以卒公之志業，而予猶賴之以共靖氛祲。餘誼徬徨於身後，予是以彌爲齎咨涕洟而不可禁。至於出玉堂而即爲杜召，用殘疆而竟拄乾坤；度支資其鈎校，英傑入其陶鈞；上樂其讓，下銜其仁；長才盛德與其豐功偉業，間世而一出者，皆照耀乎當代，而宜宣付乎史館，又不待予言之諄諄。

嗚呼哀哉！以國士交，何間死生？各赴其志，是爲同盟。惟惜世維之折柱，而痛長途之失朋。念如公之盡瘁，未收效於澄清。公猶如此，予復何云！臨風累欷，中宵懷營。攄我悲激，告公重冥。神無不知，倘其有聞。髣乎髴乎，來格來歆。嗚呼哀哉！尚饗。

袁端敏公墓表 代

項城袁端敏公既薨之明年，其孤保恒以狀來請爲辭於外碑。公事迹已奉特旨宣付史館，其清德直節，海内所共知仰，獨其志有人所不及知者。余與公相期最久且深，義當推闡以告天下，不得辭。

蓋至功無形，至名無稱，世相崇頌以爲不可能者，功名而已。特確然之志萬變而不可渝，功成而不必與隱，任其責而不急其名，余蓋獨於公見之。自廣西盗起，余治兵於楚，公督師於淮，書來未嘗不以滅賊爲志，規畫遠大。其後兵事日棘，余崎嶇江楚，公以孤軍扼淮，介群賊間，幾不相聞。當其時，饋餉無路，近盗伺隙，諸路聲勢不相及，無可恃者。徒以忠懇感激將士，人無離心，卒全長淮，阻群賊不得合從。諸軍得併力平江南，無北顧憂者，以公在臨淮爲之障也。公既以病歸，叛練起淮西，煽引流寇。公慮其蔓延，力疾辦賊，遂至不起。聞其病革時，喃喃語皆軍國事，遺疏猶自引咎，謂以賊遺君父。天下哀之。

嗚呼！奮身赴天下之事者，鮮不有所爲，而爲下者，求快其私，奉其上者亦翹然思自異於人。公苦身焦思，無一息之安。躓而再起，不毁其守，拳拳然惟恐負國家，至含疑蒙詬以求有濟，垂殁未嘗言勞。叛練平，金陵克，公皆不及見。尋迹者不究事之始終，或以爲功名盛著者能軼公而過之，其尤可哀也已。

公之在軍，余聞其危苦。或得手書，感念疇昔官京師相勵以脩職，其志固已較然。久於兵間，各厭於事，公年較先，慮其衰視余且甚。今余益衰，而公之墓草已宿，不暴公志以推其立於功名之先者，且重負公。若其世系爵里，宜詳於誌墓之文。獨本其志以著於表，俾論公者知其大焉。

蘇州蘇文忠公祠碑記　代

秦之山多以鳳名，謂皆文王時鳳所經棲也。余聞而笑之。是瑞之耳，奚從問經棲之信否哉！二句欠解，無從核對。賢人君子游迹所寄，後人指其故處，流連追慕，因而崇奉之。至稽求援證，紛然若爭貨利，必爲我有而後已。據其辨説，若皆親從古人之側，見且聞其坐立賞歎之詳者，亦足以爲笑矣。雖然，是鳳之耳，此語疑有錯誤。固天下萬世之公心也。蘇公之祠於吴也類是。

公嘗官杭，宜經吴；晚欲居陽羨，又與吴近，其往來於斯無疑。夫公固宜祠，且往來於斯，斯祠之建有自來矣。道光間，脩明守況公所建嘯軒奉公。其時，大吏皆名卿，好文章，工題目，遂爲勝遊。今舊址猶可迹也。余以俸錢即而新之。當時諸公所題目，豈非仰挹高韻，想像其遊歷時坐立賞歎之意狀，因指其地以屬之與？地不可執，人人知之。而雋特偉異如陶、林諸公者，顧從而實其處，其慕蘇公可謂至矣。如以爲非，則秦之山其真爲鳳所未經者，又孰能從而指之？余亦知慕公而已。

斯役之成，宜紀歲時。夫文以頌公，是與鳳競五采也。余不敢，聊誌吾慕焉。

新建韋白周況四公祠碑記 代

同治六年，太歲在丁卯。秋八月，韋、白、周、況四公祠成，余落之，慨然曰：嗟乎，德之繫民，豈不惟其久哉！凡莅官者知自好，皆自以能利吾民。登古賢之堂，謂吾庶將從之；面好者至謂無愧，吾見亦衆矣。

漢以來治吳者庸可枚舉？落落然獨四公係吳民思，抑何與？蓋韋公自宋有祠，國朝復別立之。白公則祠自國朝。周公故有二祠，並圮後改建焉。況公祠亦然。余官於是，承兵燹後，謀復舊祀，以散祀不如合之之慰民思，且便事也。乃請於上臺，買民居嘗爲賊距而營造逾制者改爲之，任躬鳩督。其修改與庀器，悉以俸廉贍其費，役今竣。

余惟周公、況公德於吳，今猶能言之。韋、白兩公，吳民亦莫能言其德，世遠而失之與！然祠之至今，是必深有係焉。且吏有聲者，得請諸朝，祀於學宮，四公既皆然矣，更別爲祠，一再不已，異他有聲者。夫莅官者不至是，不可謂德。設並不志於是，則君子恥之，以爲非德類矣。吾能無懼乎哉！或曰兩公名高，是以祀。夫非德何名？兩公之德於吳，決與周、況同。余敢爲吳民信之，蓋於其係人心也信之矣。商瞿、梁鱣以降，至於漢儒所爲經之傳，故今率無傳，學宮祀之，莫敢廢也。且泰伯、季札之德於吳者，又可追乎哉？

余感於四公之係吳民者久也，故道其合祠之意如此。韋公祠，明知府胡纘宗嘗親書其主。白公祠，則嘉慶初知府任兆炯建，有記。周公祠，乾隆間巡撫陳大受嘗改建。諸祠雖亡，嘗有事焉者不可没也，並記之。

新建安徽會館記 代

同治三年，太歲在甲子，奉敕建程忠烈公祠於蘇州。其傍基廣袤，鄉人謀創爲會館。宮保李公出以貲，先僉視力佽其工。會余權知長洲，督工役。既真補，久吏於斯。越丙寅歲，得韓氏之洽隱園，益擴之。其明年，復於後得隙地，引水作亭榭，題曰『寄閒小築』。既使鄉之官者、商者、旅游者有群萃之地，又足供其循歷娛覽，規制亦不儉矣。包孝肅公産皖北，朱子出皖南，鄉人舊奉祠之，遂於館之中堂並爲兩公主。於某年月日落成，都屋若干楹，將勒釀貲者名於石，勸嗣助者，用儲時葺之費。僉曰：『宜記其始訖而文之。』

余惟都會之區，客焉者皆鳩造公宇以便其鄉人，皆崇其鄉先生以當社祭，皆書豫事者以勸久遠：所在有之，不惟皖也。余適官兹土，就取辦焉，非肇工者；又衆力，非獨勤者。侈恒事以取達人譏，余不敢，則將奚言？雖然，竊有以諗吾鄉人也。

隸皖州郡，夾江跨淮，迤原而包山。江以南土率瘠，宣、歙尤多商。北衍宿、亳，曠而鷙暴。潁近豫，皖近楚，六則兼之。廬與滁、和中而立，其風剛柔半。宣、歙距宿、亳，名同鄉，實餘千里，途遼而習歧。是以吾皖之人苦其涣，地則使然。然而有大同者一：皆拙樸不能爲華巧，則孝肅、文公之風教遠也。夫惟拙樸者爲能深厚，自今以往，群集於是，福美相推，阨乏相翼，勖道而規違，視羈旅之偶同若家居之有兄弟，無困於獨，無敗於群，則吾鄉深厚之風，天下將式之，又何終涣之足慮？用是諗之吾鄉人，其以爲何如也？

抑孝肅之奏議，文公之全書，立身行己、居官臨民之道具焉，將求其書，益以經史、儒先著録之大者庋於是，庶至者以時繹誦，客不廢學，則庠序之意亦於是存。余所期與鄉人共之者，竊有無窮之心，敢並及之，以爲記。

重建皖南道署碑記 代

謹按，舊制安徽直省轄分巡道二，其一駐蕪湖，安、徽、寧、池、太、廣屬焉。同治初，增置一道，割安慶隸之。於是，皖南一道所轄，悉在江以南。余以同治六年承乏於斯，適用兵之後，庶事未遑脩舉，寄治水湄。越二年，大中丞宫保英公謀於方伯吴公，籌建署之費。余以既得所請，親督工役，務從其節，逾年告成。大門、儀門凡再重，附以胥役所居，法廳亦再重，别爲賓寮，内室處後，厨在其東最。計爲屋七十餘楹，庀材給工爲銀六千兩有奇，論者以爲簡約。

竊惟兵興日久，民困未蘇，轉徙贅附者不可數計，軍糈所資，至今未蠲。閲歷州郡，榛莽猶叢。官於兹土，治事不可無其地，斯不得已者也。夫備員使者，視辛苦墊隘之狀，與夫奸宄伏居之末革心也，宜有以宣朝廷之恩而分中丞南顧之憂，與守牧以下吏於兹者，務安輯以消災沴。蓋將悚愓於瘝瘰，舉粟縷服用之需，亟焉重以爲負。矧斯署也，規模咸具，内而廊廈，外而繚垣，以及干掫踐更之所，並已粗備，余方居是而滋愧，又奚簡約之不可忘耶？

斯道舊制監榷今關征之制未復，監榷之行署則以待後來者。兹略舉重建之始末，勒諸石。

同治十一年八月記。

昭忠祠碑記 代

故事：死王事者，皆得請於朝，爲祠祀之，曰昭忠。雖兵民未官者皆得附，所以廣恩恤且示勸也。夫國家之於臣民，可謂厚矣。然而，桀黠之民猶有不識大義，波蕩風靡，至犯大戮而不悟者，何哉？奬勸之典，有司以爲文焉，而玩之久且並其文廢之。士大夫之在鄉黨者，又不以風厲爲己責。於是乎，上之恩不宣於下，而忠義始衰矣。

兵興以來，所在糜爛，江淮間尤甚。余督師江淮，思有以激勸之。總先後死事諸君嘗上於朝者，舉昭忠之典，彙祀之爲一祠。鳳陽田君端書以團練禦賊，積功至知府，慷慨喜立事，毅然以余意喻其鄉之人，即故麗譙之基創爲祠。其中祀嘗官者，自一命以上，文武皆預，其旁附以兵士及鄉人之以團練死賊者，其後則訪求婦女之殉義者，並爲之位。經始咸豐十一年七月初一日，以同治元年正月初一日落成。爲屋二十三楹，俎豆鐘鼓暨書額榜楹之屬咸具。既事，請於余曰：『端書，鄉人士也，非公命端書不敢督趣民力，抑公無言，民何喻焉！』

余惟國家承平久，伏莽不戒，蔓延數千里，其間奉天子命經營戡定，期濟大勳，職也。若夫摧殘荼苦之地，豪傑憤發，宣揚國威，身爲民先，以嬰逆鋒、折賊勢者往往而有。彼皆非常人，豈待勸而奮哉？雖然，覆載昭臨，惟天地，惟日月。而齊人未嘗有感天地、頌日月者，國家之澤不欲使臣民徒死，無德不讎，無微不彰，此與天地日月何異？有司不舉，士大夫不任，使民不見榮，惟是斷脰裂肢，浴血流膏，極慘酷傷心之狀，習於目而留於心，其何以酬義人而興起天下！余之亟爲祀焉，非獨爲官若紳立之型，兵民實繁，其入而感泣或奮動，以爲雖賤弗遺，雖婦女弗遺，信哉，國家於臣民厚也！然則收忠義之效，未必不自斯祠始。田君知余意者，余固亟欲爲田君言之，遂書使碑焉。

是役也，署鳳陽知府文光、提督銜總兵吴秀實監視之，法得書。秦人馮守勛以軍伍洊官游擊，方奉檄戍鳳陽，佽金督工，始終未嘗懈，以勞當併書。

臨淮袁端敏公祠碑〔三〕 代

同治元年，督師項城袁公以病得請自臨淮歸陳州。其明年，苗沛霖反，公力疾辦賊，以其年六月薨於防所。有詔建祠陳州。又明年，余持節於皖，猶軍臨淮。始至，官於皖者暨皖之士大夫咸請曰：『袁公，重臣也，非淮人所得私，其守淮規畫至大，非專於淮者。其薨也在陳。陳，其鄉也。天子命祠之，恤其所終，以追酬藎臣，爲世風勵天下，何憾焉！』

雖然，本公之意，順軍民之心，則淮宜祠公。蓋公之意，以臨淮扼南北，粵賊上犯，連徐、潁土寇，將蔓於中原。臨淮重，則兩盜不得常合，且淮有苗逆，以練爲辭踞上游，挾詐觀變；其下游悍將居之，爲天下所疑，勢皆以臨淮重輕。咸豐十一年，苗逆始叛，淮大震動。議者皆謂宜軍徐州，公堅持不可。當是時，粵賊據廬州，亳賊張落形據定遠，流寇四起，烽火照淮水，四面皆賊。軍食屢絶，衆且潰，徒以忠義激勵將士，張空拳，居危地，吏士不忍棄公去，卒全淮以待諸軍平皖北。

論者謂公始以咸豐三年督淮軍，勳威赫然。九年再督軍，復臨淮，旋復鳳陽，誅張瀈，其功名皆在十年以前，疑其後功名頗減。且苗逆陷壽，不能救，優容悍將，疑亦太過。竊觀事勢，窺公苦心，論者皆非也。公志殲賊，臨訣未嘗懈，豈憚危難哉！徒以輕戰易躓，慮挑寇失重地，力持其危，而薦廉使李公撫皖，使以楚師來併勢蹙賊；又慮賊構悍將，陰調護之，教以忠義，感以至誠，卒收其用。是以公薨之後，舉軍痛哭，遠近傳以爲異。苗逆之再叛也，公疾已深，手疏自請辦賊，掖坐見將士，指授方略，語多輒喘憊。疾革，如囈語，猶以蒙城爲憂。苗逆煽動民練，自淮以上延於徐、潁，西抵豫境。公遣使諭之，許奏以官，令無發衆從逆，皆感奮如命。苗逆卒不能越潁而上，頓兵蒙城，坐待誅夷。然則，公雖以防陳終，其志實爲淮也。謂宜請於朝爲祠臨淮如陳例，俾天下後世知公始終爲淮，極誠竭勞，捍中原，屢定大寇，不有其功，大臣之心、大臣之事也。矧公先後奠淮，民戢軍愛，士上下咸喻德至深厚，又不惟以功而已。

余尋其言皆是，遂疏陳之。得旨，如所請。民走其役，如營其私。不淹時祠成，當碑以紀之。余書淮之吏民所以祠公者勒於石。其清德直節、立身本末，先已有詔宣付史館，不復書。

王先生祠堂記

咸豐四年春正月，粵賊陷潁上，訓導王公死之。事聞，贈恤如例。

公諱福永，字祝君。少孤貧，事母至孝，篤愛兩弟，終身無間言。晚舉省試，官潁上，時年且六十，諸生愛敬之。賊至，城且空，公猶率厲城人欲與固守，無應者，太息還署，士民流涕固請。遣其二子廷琛、廷琮出避，二子皆不肯。公與妻孫孺人盛服坐署中，賊入則大駡。賊斫公，廷琛以身捍，手指皆落，遂並遇害。

公初之官，寇警已近，勢張甚，景昭詣送公，坐中或勸以養爲辭，可無往。公曰：『吾有弟，不可以欺。且鄉居遂不死耶？有官守者不可以曖昧死。』臨行，顧景昭曰：『善自愛。倫理事大，不可苟也。』景昭後客河南，嘗述其語於今相國李公。相國諸弟嘗從公遊，素敬公，先已特疏陳公節行，以其嗣孫貧，給資爲建祠，使守之。夫正躬守道、蹈義明訓，儒者之業也；章行勵俗、廣教持世，宰相之事也。相國豈惟公之孤孫是恤？將使後之人以公居鄉居官爲法，宣朝廷忠孝節義之褒，以廉頑立懦，返澆習而興儒行，則拜公祠下者，其感奮思跂，無亦有不期然而然者邪！

景昭受經於公，見公行坐端重，未嘗有惰容。家無婢僕，細事皆躬其勸。敝衣蔬食，讀書無輟。寡嗜好，惟頗喜飲酒。與景昭先考最善，恒對飲。景昭侍側，聞所論説，娓娓竟日，皆立身教家事，無雜言。嘗贖故家女爲尼者，又嘗資鬻婦者完其家，公不自言，故不得其詳。少與里中諸生唐旭爲友，旭早卒，妻子無以自存，歲贍錢米，數十年不缺。及唐嫗聞公歿，大慟，備述其事，人始知之。其隱德多類此。久於友教，門弟子注籍者至多，喜李生文蔚。文蔚謹厚，亦以舉人殉寇難。公嗣子廷璧已歿。今守祠者，爲嗣孫文萃。

景昭辱公厚愛，無足以稱公望者。夫述儒者之業，頌宰相之事，亦學人之職也。謹撰次生平及遺言軼事，立碑於其祠。凡揄美而無實者，誣也。弟子志師，不敢誣。

唐忠壯公祠碑記

於戲，國家褒忠酬勳所以勸天下之士者，可不謂厚歟！而承眷受事者，鮮足以稱上德意，自盛隆之世已然。至於遭逢多難，則彪武之材初皆作其敢死之氣，以投事會而立功名，位盛而忠衰，不復知君臣大倫根於天性，於是國家不終收禦侮之用。論者綜其本末，猶爲咨涕，又況於任持事柄者，其隱恤可勝道耶！以余觀咸豐、同治之間，一意滅賊，不以爲利，不以爲功，畢其力以報君父者，其惟僧忠親王乎！其次則有吾鄉唐忠壯公。

公起自團練，積功至提督，再授鎮節，未嘗之官，始終於兵間。其從今相國李公平江南及馳剿流寇於齊、魯、楚、豫之交，皆隸直隸提督劉侯。余嘗客劉侯軍中，與公習。公氣貌渾樸，不知書，而敬禮士大夫，無貴將驕氣。其爲將，嘗先出後入。在軍日辦嚴，未嘗自休。其死也，所部争赴同死，無幸求脱者。嘗從之將士，終身感慕，無後言。余昔與相國李公論淮軍諸將可別將者，以公爲首，相國亦云。故相國尤惜其死，再疏得請，哀榮優異。里中祠成，過者欷歔，瞻禮多不自勝，其生平居可知矣。

嘗於諸將宴集時，或舉今昔貴賤爲言，其語矜憙，目屬公，公笑曰：『吾曹幸至是，當思死所，乃以爲樂耶？』舉坐悚息。張勇烈公戰殁時，公與余馳往視，行且哭曰：『張君遂先我！』然則報國之志素定，久而不渝，其死非卒然者也。吾聞僧忠親王嘗馳戰累月，一日少息，謂諸將曰：『汝曹良苦。然君猶父也，子勤父事，不足言勞。』至哉，言乎！雖古昔聖人論君臣之義無以加此，惟公生平之言近之。

相國既疏公忠勳，天子所以褒公者無不至，豈非至性有以稱上德意者哉！公事迹已載國史，余獨舉其至性書之，碑於其祠，且以明君臣之義。今天下軍興未已，邊患且深，凡承眷受事者，以公之志爲志，其可也！

恤孤局記 代

事有因而實創、減而實增者，苟其不可以已，則無憚於爲之。蓋及時不舉，使前之良法美意廢格於後，始惟詘於資用，逡巡以俟異日，而寖久遂亡，古今政典放失率以是哉！余與張君任菴、陶君肖農，亟亟於恤孤局之舉，有斯懼焉。

按蘇故，每歲仲冬收養穉子孤露者，逾春二月，資而遣之，曰『恤孤堂』。擇可教者，教之讀書，或習工藝，使足自食其力，曰『撫孤堂』。經亂並燬兩堂。故無恒費，歲藉捐項，取其息以贍。經亂無可稽者。

同治五年某月，吾三人同吏於是，歲暮陰寒，顧哀赤子流移，欲使民自相濟，恧然於吾德之薄，不足以感。惟是故有之善弗克修舉，近則虚矜歎之心，遠則又使慈良之法湮不可復，其謂吏何！遂同請於府。汪公方知蘇州，善之，自以貲先購屋爲局，合兩堂爲一，歲捐如昔法。適有茶商興起於義輸，月捐以助吾三人。復請於上臺，以官田三百畝入之，費視昔裕。養若教，經畫如昔法加詳焉。

斯舉也，事類併省，然法詳費多，難倍於前。非上率而下助，吾三人不及此。且吾三人嘗相與言之矣，弊無憚減，善無憚增，今之爲增，猶未足以久也。將以是美吾聞焉則已，將善善相繩以暨無窮，踵而增焉，其未有已也。增其用，增其法，務實有濟。無俾養者弗謹，或反促之；無俾教者弗謹，或反納於邪：勤視而善督焉。是非一時之吏所能持也，敢敬以告來者。

宋先生祠堂記　代

盛世之民，其氣惇，固里有舊德，久而不忘，則相與祠之。守土者樂其風之厚也，於是乎成民之志，爲之謀久遠，傳典法，而社祀之禮有以暢民隱而持其氣。今乃於蕪湖之祠宋君見之。

同治庚午歲，余以閱兵至蕪湖，因識宋君，氣貌清古，與之語，簡而辨，心異其人。既而吾友徐君毅甫、朱君默存並稱道之。以余所見，信兩君所述，其可謂高士矣。無何，觀察平度李君以書來，請爲碑於君祠，則知君已殁。即宅爲祠，蕪之人奔走其下，禮如明神。甚哉，蕪民之好德也！夫州郡間祠宇相望，俎豆之志或不皆乎，雖其子孫奉之，奄逾歲時，里閭且莫舉其名，斯大人先生所不能强諸人者。蕪之人顧以致之宋君，余愈知君之爲人，而並樂民氣之惇，固以爲不易得也。巫覡禱祠之習軼於厲法，守土者申明典禁，大懼惑吾民之心。若夫好德之公，無徇於勢，無瀆於祈，則表而出之以持民氣，亦司風教者之責也。

祠爲屋凡十七楹，以並祀漢醫華君，故顏曰『鑄月』，以爲宋氏家菴，俾其嗣子世守之。觀察李君與今方伯新建吴君先後分巡皖南，並禮敬宋君，稱其介然無求。斯祠也，兩君有力焉，成民之志與余不異，故書其事以勒於石。抑余又聞君好奬成人，是以能久於人心。然則，蕪之人所以培翼其嗣子者，將於斯祠信之也。

校記

〔一〕雖　據文義，當作「難」。

〔二〕殫　當作「磾」。

〔三〕據文意，題下當脱一「記」字。

卷五下 無夢軒文集卷下

上李中丞啓

頃據探報，賊耗似更警。合肥西鄉一帶，土寇未靖，迤北尤多伏莽。殺之不得，遽盡招之不可，深保計，惟有以賊擊賊一法，令其自相擒斬。凡罪案相埒者，相擒斬，許其除罪；雖同黨亦予自新。如此，則相翦者必多，且可令相疑而易散。若有能自領徒衆殺賊立功者，不惟除罪，兼與賞功。此曹急欲求免，庶可各自爲戰，且無令爲賊所招，於計似便。惟團練更須申約，恐因此別生事端耳。

又，定遠郭令已被嚴參，然輿論頗皆推感。粤匪過境，去城不遠，令尚不肯逃避，又率勇擊捕土寇。此縣繁劇，又值危窘，似宜予以奬慰，令其留任，尚勝徒調他員。前者，賊初至臨淮，鳳陽黄令曾與一戰，雖敗傷不免，然能與賊遇，亦異畏葸之流。

瀛橋刺史商欲暫駐張橋，稟請進止，願早馳示。如繼至之賊有旁竄者，當與瀛橋率勇一往截殺，以壯士氣。

惟公北臨之舉，此間日望行旌。小泉先生與少荃太史所議别有啓，景昭不更瀆也。

復彭耘清書

耘清二兄足下：

近詩愈佳，良用欣羡。書辭款款，問及景所爲文章，景不敢言文也，然不得不爲足下言之。景爲文遲速不能自主，其要在自得而已。始必有所甚苦，意不以爲厭，更進而求之。脱稿之初，自視未嘗不以爲快，久而疑之，又久而決然非之，更求於古之所云與道大適者，不有所見不敢漫以誣古人，不有所感不敢率以自誣，且違吾心之所本有，如是以期其進，蓋累年不敢以自信。向所謂急而與之角；角者，鬬勝也，用柳柳州原句。不得，乃緩而俟之，以庶幾其一悟者。景之學如此。

足下好與古人異，往往不審其歸，輕持己意，徒以筆妙發皇馳逞，故文成而浮氣不除，使人易指摘其病，而不能實言其受病之故。夫人有所知則必欲自達，有所鬱則必欲自疏宣推闡以愜其意。而言有不達，必反而思其所以然；有疏宣推闡之不盡者，必收視返聽，以期其當於理而不悖於意。足下未嘗然也。故急之而愈縱，緩之而愈滯，無主於中，即法仍古先，才遠流輩，皆非吾之所有，而精氣不與之附。夫性情心術，文之所起也。而無主之文，其流至多，且反爲性情心術之累。竊願足下慎之也。

若夫景之爲文，其蔽亦自知矣。景常先有古人之文横據於心，而不自量其力所能舉，故摹而不似，所傷猶淺；摹而似之，已大傷乎吾之真，而顧未有以自易。又患見異而思遷：陳魚於前，食未竟而見熊掌，又趨而求食焉，熊掌不可得而魚之味仍未盡，其究亦必兩失之，而顧未有以自定也。此二者，景之引鏡而自見其醜者也。

足下閲景文多矣，其一切受病之本末，必有不止於此者。苟縷切言其所蔽錮，景固將力而求其通。足下能無意乎？

與英中丞書

西老宫保執事：

台騶所莅，惠澤旁敷，俾中江書院藉得鼎新，雖嘉惠在多士，而銜感實在故人。酷暑將闌，鳩工在即矣。頃聞節旋省會，敬維侍祺迎祜、禔祉增綏爲頌。

此間老友宋秋蓀，前以診疾得陪談讌，蒙公禮敬，感荷殊深。方與次實觀察爲偕，赴省門度中秋之約，不謂偶示微疾，『示疾』二字出維摩經。遽於七月朔日超然委化。此君苦志清標，夐絶流俗，誠如公所謂空谷翛篁、寥天獨鶴，不獨醫稱國手也。曙後星孤，情況可涕。今春親赴合肥，嗣其族子鳳文爲子，喪既有主，次第可以經理，見由次實主持一切。

秋蓀生平百事天窮，惟朋友一倫結緣最厚，聞其厭世，感涕同之，不惟士夫隕淚，即婦孺追念其仁心妙手，亦復愴悼同聲。其居宅非聚族者所宜居，而秋蓀樂其閒静，嘗與某言，魂魄有知，猶應戀此。擬即就宅爲祠，俾士女伸祈報之忱，交遊有奠醊之所。里中人士翕然以爲得宜。鄙意私祠於鄉，亦比於古之祭社，里人當公請督撫兩憲，奉批遵行，刊碑以垂永久。此君晚得進於公所，殆有數存。

某自十餘歲時與之遊處，論詩道古，今已三十餘年，且悉其生平，實爲一代高士。其少時孤露，卓然思自修飭，所交多當世名人。中遭貧窶，更歷兵荒，介志幽情，始終一轍。歷交名卿鉅公，無不水乳；而清談以外，絶不及俗事，淡於財利，未嘗有所干求。醫有神悟，不主故常，而不以營利，遇貧苦者更以錢藥助之。老失愛子，孑孑處溪濱，筆牀茶竈，位置天然，纖塵不到。尤喜獎成後進，樂人之善，若己有之。作詩清苦如其人，而虚懷受益，喜人譏彈之，尤不可及也。

去年，縠甫過此，聚語兩晝夜。某謂縠甫，若於書傳中見秋蓀，慕仰何似！翻以同時並生，不免狎也。頃與公亦道之，乃轉瞬間失此至交。雖靈氣所留，必有愛而傳之者，而親睹其屬纊時，能無痛哭耶！ 張屺堂觀察屬某刪輯其詩，録册寄之，當爲刊板，亦足慰也。某擬撰墓表，立碣墓前，題曰『宋高士墓』，公以爲何如？

悲懷所積，不覺言之重複，以公雖偶見而知之最深，是以敢詳布之。

寒家託庇如常，惟夏間苦旱，薄田數畝遂無所收耳。

與英中丞書

上月二十三日，由潁登舟，天雨帆重，六日甫抵正陽小住。囊有貺儀，到處勾留，不憂川費。中旬擬由六安還里，一覲家慈，即赴白下，徑爲錢江之游。計歲終歸家，獻歲再當趨轅，爲青氈之計。

昨聞台旆啓行，越疆辦賊，偉烈日新，經濟韜鈐，動需大手，此非龍牧所能，將來手疏手函，當令野人快讀。武鄉兩表，劉公一紙，斷非齡石、穆之輩所及也。

省三軍門志欲驅賊海隅，亦其雄心盛氣，但地段遼闊，非可一舉蹙之。賊有一線去路，則滿局皆成閒著。未知布防者精密何似？ 杞憂殊未艾耳。諸軍皆東北去，張逆一股徘徊闕下，倘乘虛下走，鄂疆無可恃者，則灊、太、英、霍處處可虞，籌全局者必已及之。

此番快雨，秋歉已可不慮，但皖財無源，强鄰壓境，使山野故人不覩指揮如意之快，奈何！

前蒙代謀講席，鄙性不欲坐糜乾俸，如得薪鹽無缺，安心教讀，以餘閒爲公作鐃歌，殊亦足自了也。希垂神思爲跂。

與英中丞書

雨中孤坐，盡閲友人詩。大抵側俊自喜，加以斵削脩鍊之功，實亦一時雋出，然似少獨到處，亦性情使然也。删存乃其自定，頗不盡善，如投贈諸作及汎汎偶興之篇，往往意語俱不工，何以存之？其人壯時與名人游，頗能取益。嘗見其於同鄉王君批抵詩文，未嘗不虚懷請益，所以能有成就。於王君如此，其他可知。老而心粗，自恃已爲名公卿推轂，則其餘無介意者，衰至便驕故也。

因念文章功業，事有大小，損益之故則同。昔武鄉有言：『諸君但勤攻吾之闕！』故集衆思、廣忠益者，天下成事之大源也。吾輩皆不足道，願以武鄉學問、事業爲公遠望，幸勿以腐生叱之。因讀其人詩有所感觸，輒縷縷瀆陳。

與袁筱鴒書

春間由潁回里，至六安晤久華，聞大旆東下，與筱溥廉訪同舟，知將徧拜濠、淮新建尊先公祠堂，意濠、壽間尚淹旬日。爾時急欲一覲家慈，念一月間當可馳往壽州一晤。覓舟未行，忽有寇警。旋以暑病久臥，家計日急。甫秋，又束裝西上，再晤久華，説公行程歷歷云。七夕抵家，並聞子久、念劬均已供職，喜慰無似。

途間逢東來故人數輩，盛言明公謙度德容，益進於道，至有追頌端敏公盛德純忠，以得見踵武之祥感激流涕者。其間雖或昔時積懷不滿，至此亦渙無間言。景聞之，悲慶兩深，不復可託。以公絶出之才，加之淵穆安平，古人豈復難到？自念半生飄泊，食德公門，擔簣雖勤，豈增泰嶽？惟祝尊兄弟德器日深，俾陳國袁家較南朝累世忠門，尤增輝耀，庶遂愚忱。

此時秋老涼多，北行當已有日，希示以首途之期，並子久近音亦欲詳知，以釋懸系。前者爲序詩兩篇，贈子久之行。此番與公一別，亦未卜何日重近清光，仍欲有所撰造，以攄拳拳，續當郵貢。

往者還山，本圖息影，家累太重，事變難期。馮婦下車，思子久別時之言，益呼負負。

六月病瘧甫愈，八月初入舟，復小病，幸不至深，敬告無恙。

與袁筱隝書

前子久見顧，並傳尊意，以端敏公墓表屬代具草，並誌述均以見示。其中或多誤字，子久所指是也。文古不須字古：韓袛用唐字，歐、曾袛用宋字，歸、唐袛用明字，即方、劉、兩姚諸公亦袛用本朝字。近人寫古體宗説文，皆中不足而以虛貌迷炫天下，似當悉改之。且亦多謄寫譌筆，不必疑也。

墓表義不敢辭，但景大病月餘，幾於不救，近始漸痊，體尚虛弱，精神短少。昨强自支，以致傾跌，脣裂齒傷，殆不可忍。少遲一月，乃敢搆思落筆。此實境，非敢諉延也。俟墓表擬成録送後，並當敬撰楹聯以申下悃。

景仍擬於季冬歸省。家慈懸念，似早知景將大病，專遣族姪遠來，若不一旋覲，實寤寐所不能安。且十餘年來，元日未嘗捧觴堂上，兹欲彌此一憾，未審能否如願耳。

省翁所言河防，尊意謂如何，尚希詳確賜示，以決大計。

與袁筱隝書 節

某謭劣疏狂，荷蒙垂顧，殷勤客之者數載。今以端敏公年譜各事需人參訂，謬以見屬，前後賜書複疊，幾於望眼欲穿。某何人，能無銜感！而身家事迫，屢至愆期，不惟有負尊兄弟眷注之切，並無以對端敏公在天之靈，拊心歎恨，何以爲辭！

每念端敏公，大節至誠，遠邇共信，衹以用人小誤，致來身後之評。雖日月經天，纖塵不能障翳，而追維前事，不免感與憤俱。

回憶書生乞食，初入漢仙之幕，曾以一言抵觸。漢仙前在豫晤談時，亦猶記憶，可知大事非博採輿論不可。伏願先生純孝之思，日益推廣，臨事之際，用人聽言，斷以詳審，克己爲先。當時謬論首唱之人，今猶安然事外，張博不能無罪，而隱微之惡，畢竟有不發之人。轉以此上累端敏，思之憤極，幾欲嘔血矣。鄙意欲以爲蓍鑒，故敢附陳之。雖罪我，不敢辭也。

與袁筱隝書 節

以先生大才素望，不患無展蘊之時。外間頗疑鋭氣英鋒，未可以智深勇沉遽相推頌。

藏器待時，古人所貴。前年聞慷慨之議，似不欲默爾無言。雖世戴國恩與新進月異，而急投鮮濟，不如緩發有功。竊欲以芻蕘之談掬塵增嶽耳。

景倦游已久，不欲長逐輪蹄，絶意仕途，剡章亦不肯再列。且公家而外，不敢輕受人恩，明年便擬入林。正恐先生亹寄一膺，又不得不宣勞左右以償素願也。

復袁筱隖書

筱隖先生侍者：

別逾三年，每覓便寄書子久，率未得報，蓋漂蓬無定，子久亦不知寄向何處也。近聞入秦監餉，此與在東情事又殊，敬維藎籌密切、禔祉多佳爲頌。

某自知不堪仕進，絶意宦途，世事不復關念，惟盛門之德未敢或忘。嘗與同人言，袁氏兄弟若有當事之日，雖艱危必當與共。今日猶此志也。微公馳書，某固未嘗暫釋此念，重以賁函真摯，折節太過，相望太深，執書踟躕，至於數日。隱衷有不得已者，敢爲執事陳之：

先父見背，適當寇警之時。營避百方，舉家幾於盡覆，遂不得親奉含殮，抱恨終天。嗣以謀食太艱，奔馳十載，家母庭闈問視，悉以聽之弟子。事在萬難，無可如何，惟有涕盈旅枕。今幸江淮粗定，家母愈益年高，自念既不當官，則以養親爲最要。家居無以自活，勢不得不就館鄰疆。舊日同遊大半赫烜當事，而見招概不敢往，止就蕪湖講席，正以朝發夕至，稍足慰親念而釋下懷也。若遠適秦中，則此心必多展轉。徐庶有言『無益於事』，正爲此耳。今歲春夏之間，吾鄉三月無雨，陂乾井涸。寒家飲食所需，乃至僱人於一二十里外運水，人心皇皇，殆有似咸豐丙辰之酷。舍下四五十口，恃某一人爲之經理，若捨此遠去，緩急誰呼？縱執事深念鄙人，早計遠饋，而周回間動須數月。歉年情景，一日數變，豈可待耶？七舍弟迂儒樸拙，讀書而外，世事皆所不知，小兒輩則更不可恃。此某所以踟躕數日者也。況某素好交遊，歲荒必多來相依者，加以亳、宿尚虞蠢動，敝鄉東偏無圩寨可依，尤堪危慮。執事爲某思之，此豈託言避事者耶？心逐台麾，身羈鄉邑，既負執事，又負初心，生事多艱，於兹益信。

細讀來示，不獨深情百結，抑且沈懷苦志，閱歷久而學問之意深，一代英人，自能壯事老謀兼臻絶頂，佩極佩極！其中卑辭遜志云云，尤最握要。以此嗣徽端敏公，豈獨聽愬之流，蓋弘農秉賜、汝南仁禮之後，一人而已！某嘗謂天下事，非才不濟，非氣不舉。而才露氣溢無不僨事之人，反不如才氣較平者尚足支撐危局。史書不必枚舉，歷覽當代，蓋亦時墮此論中矣。執事今兹之論卓出尋常，當亦不以某言爲迂腐也。

子久在京，聞頗肆應，南宮再蹶，不以爲恥，但恐肆應太早，轉欠沈潛耳。篤臣南來，曾一晤言，光景如昔。見辦鹽事，自謂非其所長，某亦不謂爲長也。紫卿先生老年舊學，猶與篤臣俱南，固徵儒者多窮，亦足見公家舊客無不戀戀也。筱溥、漢仙、敬之諸君，年來皆曾一晤，想時通音訊，不待縷述矣。虞尊既逝，石渠又作古人，其餘諸公分馳宦轍，相見亦稀，想篤念舊雨，時復淒然也。

舍下自家慈以下並尚順平，兩舍弟及三男除讀書外，無業可託。兩舍姪及孫男女森森長大，今年小女出閣，舍弟及三小兒完姻。昨張屺堂觀察戲謂：『一月一喜事，足令默存窮死。』此言可笑可恨，然實情也。

子久得子，聞之欣慰。昨篤臣言慰祖亦已就傅。又聞八弟入學，數年不見，各殊往昔。吾輩安得不老耶！

次實宦況平平，景之就此，乃屺堂爲謀脩脯，告之扶風，方得藉此相聚。此公無舊交共處，景亦取其與家相近，兩有所便，窮而復合，殊復可笑耳。

匆匆布復，言不盡意，深慚負負，尚乞諒原。

復袁筱隝書

筱隝先生左右：

蒙注殷勤，感慚無似，再辱遠問，愈益紉懷。俯鑒私衷，不以食言見棄，自非深知厚愛，何以有此！捧函縈涕，竊歎生平負德，無過盛門，刻骨鏤肌，誓銘寤寐。伏惟蓋躬珍護，以迎百祥爲祝。

客夏病愈後，計調衛早臻元健，盤錯之任，精神思慮日與相煎，念此令人心痛，而辱愛如某者，不得隨事分萬一之勞，咎何可贖！來示猶手訂後期，不摽諸門外，是以某之孤眷，愈彰公之摯懷也。近者羈縱講席，意取遊之有方，家母年愈高則念子愈甚，情所必然。公以錫類之仁，宏推無際，銜感尤不可名矣。舍弟暨兒子輩寒燈聚讀，並少成功，差幸童穉盈前，稍助萱庭飴果之樂，此外無足言也。

端敏公曠代名臣，非寡陋所能私頌，然服膺微悃，竊較他人爲深。每擬搜輯嘉言懿行，撰爲袁公遺事一兩卷，碌碌無暇，而此念究不敢忘，昔年曾與子久言之。蓋以大臣志業，已在國史；彰明敘述，當屬史臣。草莽下材輒僭史製，前賢之論以爲罪戾，某不敢蹈也。年譜、家傳，則作者間有之，然據狀删增，亦不敢妄有論次。惟追萃言行，出自門館，漢、唐以來，世世有之。某苦從事公門較晚，端敏公京秩以前言行知之不詳，公又適遘非常之勞，恐手自疏示亦需時日。但此書乃某自欲爲之，終若不成，非但負公家，先自負矣。

前於邸報中得讀大疏者再，不獨擘畫之精時無其比，抑且辭氣懇到，無纖芥囂凌之氣，既得大體，又使在事者無不帖然於心，此等當在陸敬輿、李伯紀之間；若熊芝岡以下，客氣用事，無此器量。公以留侯、鄴侯之才，抑爲劉晏、趙開之事，而精心平氣如此，竊手自録之，以示同人，自明素日之傾心，非私感、非阿黨也。某未老而衰，知識本自短淺，即在左右，贊助幾何？矧此鴻篇，萬萬不能措手，願公粹養日加，天下幸甚，某不足繫公思也。

前得子久書，都中用度之難概可想見，藉知慰祖讀書、識稟聰警殊常，良用喜羨。篤臣屢得晤語，王紫翁矍鑠乃過於中年，晤輒大快。公家客固無不久居者，每話及，輒更悉然。次實職在分巡，此間水患太深，勘恤倏隄，日在道路，尊函之未能即復，勢有不遑。三四月間，當得小憩，必有以馳報也。

私懷萬縷，累紙所不能宣，惟祈宏建勳猷，葆德愛躬，以副天下之望，無任戀戀負疚之至。謹頓首。

與袁筱隖子久兄弟書

天下大勢平蕩尚需時日，屈指當代人才，尊兄弟實當其選，數年間必有膺寄之日。即贊助之才，陰求之耳目之間，景似亦未敢多讓。願筱隖先生沈幾密運，老其才以收成功。景亦當秘迹深山，以俟萬一之效，計亦不以鄙言爲狂妄也。

省三軍門氣力冠時，究少沈静，其聽言亦非愎侮，而往往過而不留。景久於兵間，又親見名臣始末，中原賊勢非不略識事情。無如諸公狃於南捷，恃火器以爲必勝之具，其用火器又殊不得法。景三年來屢爲諸公言之，卒少信者。諸公最恃銘軍，今春之挫，驕氣少折，而變計尚難。昨見吾鄉當事力勸其多募矛手，擢血戰之將，收敢死之士，勿徒以火器爲長，似亦深然鄙言。挽留月餘，意實諄摯。

景老矣，不能復歷戎行，擬即往晤西老，再爲吴越之游。惟自去秋七月至今，半載有餘，竟無大雨，天下可憂之事，非止一端，如何如何！

昔子久臨别勸我入山，徒以家累太艱，徘徊戎馬，今春幾致猝投禍亂，負此良箴。此後當格外自愛，以副夙期。願兩公一深涵養，一練才具，以成一代盛門，不使伯起、希文專美漢、宋，則私願始遂矣。

復袁篤臣觀察書

再奉手書，如昔日面談時，一何浩浩！惟鄙人戎行槖筆，知無不言，其犯豫中官習民情之忌者不少。

吴中丞屢有文函調派省翁，雖專制之帥其體固崇，而省翁志在滅賊，非待調而後出戰者，且所處之地又實爲難。即以軍務而論，轉運一節，省翁亦煞費苦心，不惟體豫官之情，亦且惜豫民之力。柴草一項，曾侯已有明文，問之某守，則云待命於上；問之某令，則云府有條陳。固知言不盡虚，其如軍不能待。某令尤猾而敢玩，直以不了了之。而上游議定之章歷久不下，愚竊以爲公事貴速，遲則變出而害多，況屬軍務？乃久之久之而一議未定，恐非事理所宜也。

賊之東趨，無論東省勝負，究必横驅别鶩。豫爲要道，吴公軍務老手，筱圃廉訪及馬子明、善厚齋，皆鄙人所素知，不獨張、宋久慣馳驅也。將帥人才均非不足，在一振作而更張之耳。

汰兵以省餉，任將以練兵，責地方官以聯絡民團，諭紳民以無抗官法，其要尤在課吏治而肅軍規。官不愛民，是以民視官如贅；軍無不擾民，是以民視兵如仇。若官皆深居簡出，一出又驚擾鄉閭，何怪民情之不洽！ 圩寨中固皆良民，亦實有借兵擾爲辭志圖截掠者，又實有倚紳貴之勢敢於桀黠者。 但使官能愛民不愛錢，則應誅者誅，斷不致激變。 一味順民團之欲，恐養癰成患，將來捻雖可平，此病究不可治。 此吏治之宜振也。

豫餉不足，兵又不可裁，此等事勢，智愚共見。 然景昔年遊豫，餉較吾皖十倍，即今所知諸費，猶間有過於他軍者。 夫裁冗費，汰冗兵，正缺餉時之大經濟也。 冗費不能深知，不敢漫言。 若冗兵，則以景視之，所在皆是。 兵練，則步卒五百，鄂王可以破十萬騎兵；兵不練，則水陸百萬，苻堅不能敵八千敝卒。 若練其足力，練其技藝，併從前三人之餉以養一兵，使之足以自贍，而不許稍滋事端，犯則必斬，民知不擾，民皆兵矣，不愈於多兵多擾、無損於賊且毆民爲賊者耶？ 若云無暇練，則又不然。 兵無時不可練，在將令耳。 如議有定章，則以愚所知，二張皆可行之而效。 此軍規之宜振也。

大抵人情憚於更張，事事須創，實費心力，又或一作而餒，隨以頽廢。 以愚意論之，赫然一振，焕然一新，不必鏖戰平原，氣象清明，已有迅掃一切之勢。 若以兵尾賊，不能一戰，戰又不勝，何取於兵？ 抑或不能有損於賊，猶能護民，不至殺掠，稍足解嘲。 乃兵行一里，民怨百日；兵駐一處，賊掠四面：更何取於有兵？ 不過以『追剿』二字了公事而已。 何不徹底思量爲實能滅賊之計？ 鄙人所爲痛哭流涕長太息者也。

謷説倘可採，閣下則必當言；言而不用，則可他往，何必故鄉？尊意以爲如何？總之，豫事至此，厝火積薪，幸未及燃，而不爲去薪之計，豈能安然無事耶？身在局外，輒敢傾吐，幸鑒諒之。

蒯世翁、張朗翁均有復致省翁函，浩落肫拳，氣雄情厚。閣下與景素以協和爲志，此真所樂聞也。

近日小病，不足慮。惟筱圃廉訪處不暇裁候，祈致函時一及之。

與劉軍門書

前奉手復，猥以狂直之言，得邀俯鑒，感佩萬分。自念在公未遇之時，已蒙推解，數年依栖幕下，疏狂之習，均荷鑒原。回望旌麾，不得隨竭微勞，以盡鄙悃，悵惘難名。究不忍以遠隔山川，置軍務於度外，請再以管見上陳，冀垂俯納。

各處督撫、當事大員偶有手函往復，似須慎重。即昔年同事諸君函信往來，亦不宜鋒芒四露。公件動成卷案，自應逐事妥適，未可率意而行。此文案之宜謹者，一也。

行軍似應聚統領營官，熟商取徑之遠近，上仗之佈置；若大將亦不知情，冒然遇賊，紛亂可憂。輜重太多，可否於將與賊遇時，紮一坐營，以爲根本，免見仗時小小進退，多所牽顧。各營奮勇之士甚少，前有挑選之諭，竊謂自上挑之，不過揀長大粗厚者，不如傳令使各營勇丁自報，蓋自報斷不敢冒昧，較之官挑，得力者多。臨陣不必急，急尤不應單馬上前，徒使人寒心。選士以扎矛爲先，馬隊以兩旁站隊爲穩，火器與矛桿不宜間雜，諸須力求慎重，以暨成功。此戰事之宜詳者，二也。

統領營官固皆在駕馭之中，但有過須加申斥，平時則須惜體面。往時在營，每見諸將進見，雖大將不免呵斥，竊心非之。呵斥不足爲尊貴，而反足冷人心而召人怨。即諸將官階多由保陞，受恩至重，而彼亦自有勤勞以至於此。文員亦各有體面，統帥待人心實至誠，而出語太重，不免令人難堪。即景最蒙優禮，亦往往加以輕言。在景深知性情，自然心無纖芥，他人恐不能以赤心相報，是則徒失人心，甚屬無取。此待人之宜檢者，三也。

軍營漸形支絀，此後餉需日短，用度似宜留心。固知豪俠性成，不比寒酸羞澀，然應酬成習，則正項多虧。各營並無私挑死士加以數倍口糧者，是以敢鬭之士甚少，奈何以軍務正項費之無益之應酬？近今來營者紛紛張羅，實屬可厭！景不願受賸，正示此意於各營。願此後張羅集費，概行婉辭，即直告以近況支絀，又何損於顏面？此應酬之宜節者，四也。

人才無盡，但能用得其當，感以誠，待以禮，天下之士將奔走而來。目前在營辦事，實覺人才寥寥，且有喜無用而柔順者。竊以爲當面柔順，背後必有怨謗之言，如景之當面狂率，背後却斷不亂説，此天下之至理，非自己要好看語也。武將不敢再言，即文員亦須實求有用，採之公論，方可任用。若祇在面前趨奉，並貌爲忠厚謹慎者，斷不可用。景不敢自謂知人，然身是寒儒，非若已居高位，故旁觀者清。且與公家群從均係久交，斷無挾私之意。即如軍中有不饜衆心者，若不詳察，則所累實多。景已去之人，何必取怨？然古人有云：明主可與忠言。伏願深思鄙言，勿徇一人而取衆怨。此用人之宜審者，五也。

景窮老書生，不過生平熱腸，且受公之惠在前，是以必欲盡心。若官場久不欲上，即虛保亦不願列，銀錢亦有界限，皆公所知。此後游歷，不過聊餬余口，不復願作書傭。或尊處尚有可效力者；此外，惟袁氏舊誼最殷，小午兄弟若見招：當爲分勞。餘皆如閒雲出岫，自來自去而已。謹再拜。

與劉子維書

昨兩肅函，計均入照。兄擬於下旬由潁東旋。回望旌麾，雲山間隔，十年至交，數載共事，如吾兩人之心契神聯，何能不離愁如結耶！但願謹節起居，涵養德性，以期成就遠大，萬勿仍蹈浮習，或有狎游，以重外人議論。至囑至囑！

我軍打捻，究無把握，仍是戰將少耳。兄觀諸將能血戰者，實無幾人，藎臣既亡，某某又以失意而去，如兄文弱，徒以口舌争之，亦復何補？

吾弟誼屬至親，非比他人可以意爲去就，爲今之計，且以把穩寡過，爲保身全名之要。軍務則須勸六叔多求健將、多求勇士爲急。兄雖去營，究不能置此事於度外，請相機進言爲囑。

與劉子務書

前由申陽面别，同人均餽行資。時值軍費方艱，概未敢領；惟閣下交誼最深，不得以衆例相視，是以拜貺。頃諗台旌入鄂，想振威布算必有捷音，爲跂爲祝。

弟與公家投分，非比泛常，老兄樸實堅勤，事事必求過人，最所欽佩。兹有芻説奉呈，願虚懷採納爲幸。

凡人當以是非爲喜怒，不可以喜怒爲是非。我所喜者，必深思之：其人果有用否。若無用，不可以我喜而用之。我所惡者，必深思之：其人果有用否。若有用，不可以我惡而不用。好惡之間，宜令衆人懾服。將來爲天下擔當大事，衆人待用者多，小人之善窺意旨者亦多，此關正須牢固。一任吾情，則取舍失當矣。此弟平心静氣、披肝瀝膽之言，願留神俯察。

再，銘軍之望，惟閣下最深。望深則人之責備愈重，一有不滿之處，皆惟閣下是責。弟意求直言爲最要，人無貴賤、無賢愚，皆有所見，不可以我貴我賢，概謂人言不足聽。凡有舉動，必謀於衆，尤不宜獨斷獨行，私喜私怒。即在六叔前，亦以直言爲是。除閣下外，更無可直犯六叔之鋒者。尋常有事不言，人或不歸怨於閣下；若臨陣大事、用人要事，須求千妥萬當，方可有濟。務祈息心下氣，耐人短處，若云無討厭人之短處也。求可以血戰打捻之人，庶幾大功告成。弟山野性成，本無功名之志，而生平熱腸直性，人所共知，斷無挾氣挾私之意，萬望留心鄙言。於六叔前犯言直諫，於進退員弁一秉至公，不以順己逆己爲好惡，則人才輻輳，正氣發舒，必有大功奇勳超出尋常者。

弟受公家禮待，若以去而不言，究如骨鯁在喉，格格不快。請熟思而俯納之，則大局之幸，公家之幸，亦故人之深幸也。

與善厚齋書

將別申陽，適值台麾莅止，匆匆一面，未罄離懷。比諗威武奮揚，奇功楙建，無任禱盼。

弟自壬戌陳州分袂後，祇於濟寧一晤，方幸得同戎次，忽又行止殊途，曷勝悵惘！

省帥慷慨樸直，待人極爲誠厚，惟心直口快，間有禮數不拘之處。久相與處，則自識其性情，必能相爲浹洽。聞蔭勳臣兄爲東撫奏調，不知來東與否？若到東時，馳剿逆鋒，必與麾右相遇，舊時名將，復得共樹勳猷，亦大快事。

弟望後擬即旋里，揣度賊勢，尚費翦除，將來仍欲北游，一覩將軍快戰也。

與馬中丞書

甲子之冬，聞有台命，買棹南行，適劉軍門督軍西上，中道邀偕，繼遂渡淮越徐游魯，周歷潁、宋之郊，稍息於陳之周口。秋冬之際，大病兩月，痊後逐隊赴鄂，輪蹄竟歲，蒲質難勝，居停苦留，未能遽爲歸計。擬於一還鄉省覲後，扁舟直下，徧爲吴越之游，得近台光，庶伸素悃，未識能否如願耳。

陳州袁端敏祠堂落成，曾一瞻叩。筱隖擬摒擋諸務，再赴京師。子久於去年就婚彭門。篤臣經明公奏調，仍羈豫營。景屢書勸以勿戀鄉關，宜爲入都赴越之計。聞已辭營務，定於二月初同子久入京。久華近有鼓盆之戚，聞已至六安，用廣而無入項，計有函稟，明公何以示之？黄虞尊殁已二年，老母孤兒無所依倚，景曾遍乞同人，張羅佽助，並囑郭令照拂。近以行程愈遠，消息更不易通，知關藎懷，輒以縷白。此軍戰狀，劉軍門往來函告，景不贅也。

與張筱溥方伯書

客下濠梁一敘煦已逾年。昨諗台旌莅豫，適值景萍踪亦到中州，方幸柳帳非遥，無難謁晤，旋聞督兵西上，爲宛長城，仰企台暉，曷勝祝頌。

景自胡履平太守邀閲試卷襄校，已逾兩月。適開冬闈，擬送舍弟以下就試。縠山中丞赴越，有書見招，欲藉作西湖之遊，是以南下。在白門遇省三軍門正將渡江而上，便邀同發，景亦因便西來。以爲豫係舊遊，近日當已整頓，不謂重來此地，風概不殊，良爲慨歎。記昔年曾陪談讌，尊論以練兵爲急，練兵以練足爲先，景佩爲確論。今大麾再出，衆望所歸，計碩畫深籌，必非下士意量所及。尚希賜示，以拓心胸。

景竊以爲豫餉雖絀，浮費亦多，軍數亦未能核實，如減虚數之兵，併無名之費，以三人之餉養一人，則兵不虚浮，訓練自當易易。若制賊，則以護民爲先。賊無所擄，到處不能久踞，又得鋭兵馳剿，則易於見功。不求滅賊，而送迎成習，究竟何時是了！所慮官與民團不洽，則民寨難以相通。但得官長常常下鄉與紳民相見，便可浹洽。無奈實心辦事者少，偷懶者多，旁觀徒爲浩歎。惟練事如公，敢以此言進。昨函致篤臣亦道及此，恐篤臣亦付之無可如何耳。

南陽以上，賊勢如何，尊轄各營近日如何整頓，急欲聞之，以示下懷。

與胡履平觀察書

前奉惠覆，誦至另示將有秣陵之行，可期握晤，欣盼實深。次翁回蕪，詢諗簡命真除，距躍何似！淮疆戢莽，正賴深籌宏擴，經綸乃專圻之基兆，不獨寒儒舊侶俱擁節麾，足爲私慶也。

西老過此，握談竟日。聞台旌已至省門，相邀西上。弟以筆墨之債積疊正多，未能附舟上湖，轉致遲我良晤，悵悵奚名！西老有脩輯通志之約，吾輩中人不得再以託辭推諉。然此事大不易，西老欲遲以五年爲期，弟尚以爲速也。念忱滋切，未諗大旆即由省赴秣否？舍弟必成諸承訓誨，恐其有負栽培，貽書誡飭，三月來未接其函復，計久蒙推愛，必有以曲成之，無待再懇也。

上年，張屺堂觀察與弟汎論人才，弟問以佐貳委員中有出色者否，屺堂云有候補縣丞王文銘，堅勁有守，在釐員中最爲認真，惜不諳官場，終恐爲人齮齕；若得善任者保護而督教之，實佳士也。弟書於日録而誌之。今春，潯陽黄肖竹孝廉過此，弟與十年疏闊，留之縱談。肖竹稜角峭厲，狷潔自好，少所許可，獨稱王畏如通古文、漢學，辨事不避嫌怨。弟詢畏如何人，則即王縣丞文銘也。屺堂以才自任，肖竹與俗爲仇，皆稱此人，想尚可信。頃銷差到此，由次翁給咨回省，弟欲薦於西老，恐群議紛紛，以弟爲多事，抑或疑弟別有所因，則反使不喜王縣丞者得以藉口。私念才高力勁，能容方格之人，無如公者，輒敢奉布。薦賢非寒儒之事，然以公見待之優，無一事奉報萬一，亦爲杜密所笑，自同寒蟬，弟亦不爲也。此人弟未識面，亦未知是何省人，請酌量而進教之。或咨調差委，一試鄙言，可乎？必成恩施久被，此弟家所深感。若斯人，則弟之以公薦士，竊附古人之義，非妄言也。

與丁樂山書 節

子務於銘軍爲著望，弟於劉氏交誼已深，夙昔聞外人議論，雖不盡然，究亦何得無因。生平雅負熱腸，久欲暢發箴規，以期斡旋一切。微觀其意，頗似執一。弟恐言之無補，是以時時微露而不敢深言。銘軍於天下大局關係非輕，子務於銘軍關係亦重，閣下交誼較弟尤密，當勸其一振精神，焕改舊觀，方足爲吾鄉生色，爲大局轉關。宮保意望閣下調和諸將，弟亦以爲相宜，願深念大局，勿以統帥性直語傲輒有不滿，勿以子務量未恢廓輒有參差，勿以諸將進退爲恩怨所歸輒有畏怨之意，勿以騎將氣勢爲淮軍所無輒有歧視之意，則我軍幸甚，大局幸甚！

陳捷三久在軍中，熟習捻勢，其人已屬退火，非帶隊之人，而言論極多可採，再到營時，願留與細談，於布陣、用器諸事，頗亦鑿鑿，似可斟酌行之。前敵需才，擢取者或非其人。弟自謂抗直，尚有不敢盡言之處，爲之慨然。

與蔡霞士書

頃奉手書並七舍弟家信，知尊體康和，系懷頓釋。歸家一看，不作戰藝之想，可謂適獲我心。吾兄行止，向不敢力爲陳説，今請痛快一言。

凡人宜自知所短，善用所短。吾輩作官乃所短也。既不工趨奉，不能同流合汙，如何得收作官之利？即欲以分内之錢養家，亦須能收到；而防人之密，又非吾輩所長。此等鷄肋，不足繫念，别作良圖，亦可自給。家中用度撙節，更可少積以防老。

弟以東莊未售，不得合算。兩三年間，縱無所餘，亦必歸家息静。吾兄弟優游泉石，督教子孫，有興則遊山，否即小齋獨坐，温習經書，更高興時作詩作文，無所不可，何必繫戀官場，以衰年而自苦耶！吾輩受苦太多，内虧太甚，雖未六十，皆有老態。而且此身自愛，則多活一年，合家受一年之益，吾兩人奈何不向長處算也？吾家西席不易，誠如七弟所云，然斟酌妥當，吾無不依，可與七弟商之，此最要事。

總之，人生在世，本是煩惱火坑，要須天性清涼，方不致自送性命。弟若做官，調甫或不難到。頃閲邸報，調甫已逝，渠尚少於我，竟作古人，亦可知官不足戀。而弟決意不爲之，無足怪也。至八弟雲卿諸人，則當猛力求進，不得以吾輩爲辭。且凡事從倫常做起，不得專向便宜路上走，則雖有年老過我者，亦不得以吾輩爲辭也。

與蔡霞士書

霞士六哥如晤：

崑珊暨嶽生來商訂一切。吾輩窮苦罹亂，年皆近衰，豈可不作歸着耶？

頃與崑珊論山居之法，吾三家同住，則讀書長世，不爲鄙俗椎野之風所變，離城市遠則奢費少，婦女小兒雖欲縻費，無所用之。吾輩拮据數十年，豈可老無衣食！若課一家之人，使皆不閒，則生理自足。吾兄即豆腐官亦不做，應更自在。課兒之外，讀書論學，出户看山，臨溪垂釣，山肴足以供饌，林果足以佐茗，塵世之事如隔重海。懸想此境，豈不樂哉！五十之年已過，若再遭兵警，何以處之？弟資費不足，尚擬呼助於人，即兄亦須再一張羅，而此計不可不定。崑珊歸里，過弟家可面商也。吾三家得同居一村，於弟本志足矣。

到北有行止，急望信知爲切。

致郭筱鋤書

弟以家累太重，不得不從事軍營。今春小挫於鄂，幾罹鋒鏑，故人見慰，輒云天相吉人。不惟弟不足邀天佑，且同事中殉義者亦屬全歸，何必非天相耶！敬告無恙。二月間奉慈命，即辭居停歸里，過周口，當事又復見留，弟亦力辭。計夏末當可抵家。秋間仍欲送舍弟鄉試，便尋南中舊交。公家七弟必得一聚，宦途得失何常？須勸其照常順受也。聞姪輩讀書均有進益，甚慰。惟老兄用度向來太撒，遼缺入餉，何如儉以養廉？擬爲老兄進一解也。七弟尚未得子，吾家七弟亦未得子，且又斷絃。小兒輩讀書未能有成。幸家母尚健，差可告慰。

弟久勞多病，既不願作官，亦不欲虚得保舉，擬向西老謀一講席，爲餬口計，儘足自了，未卜能否如願也。

復周鎔生書

壬子暢聚白門，忽忽如隔世事。每念融齋、蘭軒、士升成仁取義，雖皆無憾於九泉，而存者天各一方，悼死念生，别懷縈繞，亦復何以爲情！熙堂里居尚近，雖亦艱於一晤，而互相詢問，得耗非難。獨吾兩人一别十數年，幻夢無痕，雪泥無迹，茫茫大地，兄亦不謂弟尚在人間也。忽奉手書，驚喜欲狂，環誦之餘，不禁泪盈襟袖，是真是夢，此一紙何啻萬金！誦悉十餘年清況，兼知天懷灑灑，不以剡牘攖懷，吾兩人此事尤最同心，不足爲外人道。惟是客冬秣陵一棹，來去無心，吾兄猶以爲詑，則非弟所望也。

弟少好讀書，學爲文字，科目之望，本未關心。罹亂十年，心彌灰槁，不獨舉業委棄，並生平點閲各書及鄙製詩、古文辭，一切都盡。年來謬典箋奏，不過藉爲託鉢之資，更安能倒綳孩兒，取笑後進？

溯自癸丑遭寇，盡室奔逃。乙卯，方思復業，頓遭酷旱，幾成粘壁之蝸。戊午，再值惡氛，跳盪幸免。其歲先君見背，葬不成禮，無以爲人。奉母播遷，月無寧處，求生無路，權作書傭。别母四年，壬戌甫能一覲。既而薄遊豫省，浪迹淮吴，萍本無根，風尤有力。所幸天留殘喘，得以馳逐風沙，老母健不殊前，弟輩差能代侍。諸子長大，莫能繼我書香，兼難各食己力，而添丁足慰，食指益繁。弟自揣仕路非才，戎幕粗易藏拙。惟歲費四五百金，營兆未成，賃廡非計，向平之債，歲歲有之。由弟及子而女而姪，並有應代照料之外親，約計此後無有了期。子生子，孫生孫，思之且愁且笑。自念小時漂泊，今已兩鬢星星，所恨無田可耕，難以歸養。若有薄田數頃，足供饘粥之需，便當築屋湖山，讀書奉母。此心耿耿，不知何日償也。回憶壬子之秋，在融齋寓中，各言所志。今諸君化去，章子閒居，獨吾兩人地北天南，十四年祗此一緘道臆。人生到此，尚何富貴功名之足介意中耶！

吾兄遠計如何？心雖同，而志與事不嫌或異，亦希明以告我。融齋有星楷世兄，聞最英特，未能一見，快我老眼。小軒則久諗行藏，蘭軒可云有子，獨田士升閔焉乏祭，尤足痛心。熙堂近日有信到尊處否？弟疏於箋翰，倘通問時，可代布也。

復黄虞尊

循誦手教，恭諗伯母尚御藥餌，比想康愉；尊嫂奠兆協吉，惟德惟福，蓋理之常。惟遷計定否，實係鄙懷也。謦言慚不足奉益，兩辱示並諄諄齒及，虛沖何可復及耶！『士君子不輕依人』，三復教言，出處之義盡矣。

遇合會自有時。空囊赴都，誠非良計，願徐俟之。弟戇且狂，從項城公之陳，亦自審已熟也。何圖去家遠，更聞警信，家母老見流離至再至三，人子何以爲心？似兄侍藥，弟已視如天上矣。三年淮幕，惟以得奉教益爲幸。相望千里，又各不如意，生稟天窮，並朋友之緣而靳之，造物真夢夢哉！弟復抗顔授經，聊此銷日。兄仍作別計否？弟直謂不必氣骨肝膽，茫茫大界中，持此安之？雖然，吾輩行己應物有通有蔽，弟不足道，終願老兄宏器妙施，兼綜細瑣。夫聖人學於萬物，讀書其大者，非執著也。高識謂何如？傾貢愚忱，更乞賜砭，不宣。

與胡生雲卿書

家信到，因諗在塾讀書，甚慰。讀書當立一定之程，逐漸做去。足下不静不剛，皆學人所大忌。吾生平有過剛之患，亦有不静之弊，然猶能樸樸地依法用功，不期驟長，此仍是静根得力。鑒吾過剛而取其能斷，資吾静力而加以涵養，吾與足下皆進矣。此學問關捩，非但讀文字、取科名也。

吾七弟事固繁，究是懶耳。吾在營可謂極繁，然得暇即看書，詩文皆大長進。大男子讀書，豈比六七歲童子，必要驅迫管束耶？王四先生有館地甚好，亦勸其仍理舊業。聞今歲舉行省試，他人吾不過問，足下與吾七弟若不竭盡心力過場，場後若不將全卷録寄，吾斷不依。

吾家事尚煩曲全，吾亦知之，不言感者，引足下而近之，比於骨肉也。吾八弟性情頗乖，幸恕之，婉勸旁諭，或有轉機。嶽兒斷不可令隨人放縱。餘則足下所能處矣。吾七弟近若看書，當令耐久。隨手看隨手擲，此極不長進事，戒之，戒之，當共戒之！倘得諸人學問增長，吾快不減登仙也。

與友人書

使來，具知近事，惋駭良深。雖然，思之竟夕矣，皆足下之罪也。僕與足下相處不爲不久，相知不爲不深，事之首尾曲折既無不詳悉，竊怪以足下之謹厚愿樸而昧然不識大義之所在也。

足下内外上下，所繫至重。艱屯之遇，當反覆熟思以求其是，不當輒有怨憤亡身以及親。且所謂是者，非艱難重大奇節異行爲力之所不能，但須出以至誠，必能出險而集福；而欲致其誠，必自勤始。夫男子夙興夜寐，庶務躬理，而内外無間，婦人烹飪浣濯鍼黹一切，亦不憚勞，而上下胥安。不能自勤，勢必需人，需人必開釁。天下惟自盡其職者可以感人，惟不盡其職者易以生亂，兩言决耳！夫事之所終，豈容豫料？但使吾至誠之念，發於不容已，而又自處以禮，無幾微欠缺之處，無纖毫怨怒之心，真理彌綸，則善氣自然充塞。如其不然，則真非僕之所及料也。禍之所起是不一端，弭禍之權是將在己，痛自刻責，此爲時矣。若一切之嗜好，平居游戲猶且非宜，至於朋友之會聚，飲食之周旋，尤宜節省斂戢，一以閉門修業爲主。此足下痛哭流涕、負罪引慝之時，非宴樂酖毒、游詣行歌之日。取資執友，行迹可循，不必更引古人，即視不遠之則，況事之難處百倍於人，而身之苟安亦且百倍，思之寒骨，言之痛心，尚不感奮作興，何以一息自處乎！

昨論此事，同輩皆相許可。自度未除暴厲，處此必致紛紜。然足下至性未漓而習於柔懦，心術端慤而昧於機宜，願時時以讀書爲先，尤以治經爲急，自當日增識力，漸致剛毅，以處事境，百凡可安。若習於因循，是名沓沓，僕雖昕夕關切，有愛無助，將如足下何哉！足下賢者，能受人言，僕又可以爲足下言，雖欲不盡，胡可得也！願足下留意。

復吴筱軒尺牘

接奉手書，惓懷一何懇切！尊先公忠祠巍建，卓然大節自當俎豆不祧，亦緣足下孝思有以永於不匱也。承囑撰言，景與尊先公款密殊常，一額一聯，豈足以罄懷想！擬撰祠碑一首，非但表揚偉烈，亦欲附以千秋。俟暇日稿成録寄。

景漂蓬如舊，登樓王粲，今正依劉，但未老而衰，客歲病後，尤更頽唐，無可爲知舊告者。志在卜築家山，補讀書未卒之業，不知此願何時遂耳。

復友人尺牘

承諭以宋儒爲問，此未易言也。先儒語云：『堂上人方判得堂下是非。』弟今方在門外，且不知堂作何狀，不敢妄答。

抑又有疑焉：近人動謗宋儒，究竟干渠何事？竊揣其故，總緣宋儒方矩自守，利欲必絕，言語無恣，禮法森然。是數者，於近人皆大不便，則是受他拘束太緊，所以紛紛耳。兄以爲何如？

卷六 家書

致三哥 辛酉六月

弟自去夏在壽大病，繼到臨淮，了無際遇。今春張漢仙太守來自豫垣，云在泗水有友人，託其尋覓，似知弟旅困濠梁，爲謀餬口者。漢仙訪得弟，延入戎幕。頃以省母假旋，不得偕行，遂請袁帥委辦文案。

此間餉需告絀，支領無多。回望鄉關，進退維谷。親老子幼，食指繁多，五夜籌維，但有流涕。七弟最知敬兄，愛作出色事，然恐不能支撑窮苦。兒曹又皆幼弱，八弟尚不能自立，日用窘迫，不問可知。弟已不能養父，父殁後葬祭皆缺，長恨不可爲人。今又棄老母遠去，家無儋石，隱痛於心，若子孫不能和睦，貽憂堂上，更將何以自解？今親故凋零，鮮知禮義，三哥務須常至弟家，爲婦孺詳細剖判。

大劫屢經，禍難未已。同時姻故，或舉家淪喪，或數口僅存。獨我兄弟四人幸得完善，子姪無缺，七弟又生子，此皆先人隱德，天之報諸生前者。賞不酬功，且荒亂頻仍，終老於貧極險極之際，葬不成禮，諸子無一親臨者，揆之天理，豈不冤哉！或者吾家僅能延引日月，不遭慘虐，默以償先人之素積，其故在此。吾兄弟尚不永念前人，同心戮力，於萬死中覓一生路，豈足以仰答先人乎？

大局不必道。弟嘗言：『天下自亂，吾心自治。』處茫茫浩劫中，祇此一法。兒輩均非佳子弟，但宗嗣事大，須勸七弟耐心訓督，俾能存立。弟年來髮落欲盡，氣體尚粗可。想三哥必更頽颯不如前矣，思之泫然。

又 辛酉十二月

兩接七弟書，備悉一切。兄境值艱難，目幾失明，聞之驚痛。旋聞稍痊，又將有抱孫之喜，少慰於懷。七弟發信，時值兄遣金品來接母親。老年窘迫，弟又最不孝，上貽倚閭之憂，得兄承順解慰，庶可少釋。

人生遭此奇變，惟以安常處順之法，化其悲痛愁苦之情而已。群從凋零，幸同氣四人尚能完好，自能勉培後嗣，上慰先靈。七弟代弟養親教子，極賴勤勞。而險阸之中，要尋出路，擬令乘定遠可行之便，結伴來臨，爲謀館席，須兄面諭，以弟意之肫切，方可解其迂執。

北鄉圩練半係舊識，吴、褚已通信息，惟迤西一帶，未知何如。今楚師密邇，定遠已復，各處團練似宜加意振作。望令七弟親向各處聯絡妥辦，此非泄泄沓沓之事也。金品近何所事？兒輩須知孝爲根本，不似乃叔之後悔乃佳。

與七弟 辛酉六月

自去年離家以後，病淹於壽，窮旅於濠，遇合既難，歸途又梗，惟託崔姓寄銀三兩，計可達，餘信想俱浮沈矣。春初，接來書，諗悉艱窘萬狀，羈身異地，内顧增憂，上負老母，下爲吾弟無窮之累，寸心如割，五夜涕零。又聞吾弟再遭意外，羈身數月，八弟未嫺諸務，諸男幼劣，家計何以支持！

外間人情素所深悉，告貸路絶，亦何待言。今歲霞士家計亦艱，更無藉手。忽於春間，張漢仙太守由豫來臨，云有故人於泗上相值，屬太守訪尋蹤迹，以此邀入戎幕。未及兩月，太守省親旋里，遂請袁帥委辦文案。但軍需支絀，薪水無多，餬口已難，況於寄資回里耶！吾家十餘口，少能食力之人。三男均漸長，弟宜督令自力，多方成全，存我血嗣。身雖在外，豈能須臾忘哉！母親有弟在側，善爲承奉，尚當時請三哥來前，庶更愉悦，若八弟有可續之姻，則母心益慰。飄泊四方，歸期難必，但有纖毫之便，必妥寄微貲。吾弟自此擔荷愈重，幸勿因循。尤望勿獨行己意，凡事勤慎、詳思、審處，以度此劫，至囑至囑！細審大局，尚無蕩平之望。天象迭告，事變繁興，愍此孑遺，未知胡底。吾歸何益？祇增外患，弟好爲之而已。

王藎臣最有性情，可同患難。胡雲卿近狀何如？久在異地，見人家骨肉聚處，輒復哀涕，爲之奈何！每一捉筆，淒然久之。嗟乎！兄但未死耳，非吾弟素識義理，不足以語此。

前信將發，又思挂漏尚多。此後來書，務將合家一一寫清，即如去歲弟遭意外以及移居等事，兄已備知，前信並未説明。此處度日如年，那堪再蓄疑意？不吉之事，知之反可釋然，勿須避忌。兄名利心腸死灰不燃，素所見信。上有老母，何能遽斷葛藤，或早或遲，仍須歸省。弟祇須竭盡血誠，將此極難之事一力擔荷，庶不負先考鍾愛一生，不獨兄最重吾弟，期以不相負而已也。兒輩量所能爲，各令盡力做一分事，女媳諸人亦須督令勤紡績，習勞苦，此乃人之生機。亂猶未已，不知逃得性命與否，豈可不早爲之所？念吾兄弟何等友愛，雖間有爭執，不過辨理之是非，明事之得失，總非爲利己起見。婦女小兒豈知吾兩人關切如此哉！惟八弟年幼，須令知戰兢惕厲，庶於火坑中留得累世積德之餘蔭耳。吾弟更須立定大志，自己打算通局作何着落。若諸親丁或有處之不當，豈非孤負此心？

兄自知棄家出遊，較在家支撑者，乃是爲其易，而以難者貽之吾弟。若吾弟始終得力，便能將兄無數敗着都補完無漏，是弟之有大造於兄也。自念無以對先死之父，又無以對見在之母，已是不可爲人，妻子何足繫念，所惓惓者，獨弟一人而已。世變未有了時，旅寄窮途，回腸寸斷，又思如是便歸，更是下策，所以不得不暫入傀儡場中。究竟每食必思家中十餘口如何忍飢，每寤必思家中十餘口如何不安，則是十餘口身受之苦，兄以身遍受之。縱或强壯逸樂，已不堪此憂愁，何況連年大病，瘡疥疊生，身虚神耗，鬢鬢微已變蒼，兄亦何樂獨在危地，受此百罹也？

丁琢如、胡崑山均不知何如？清夜獨坐，萬箭攢心，時又旁及諸人，並望來書略及其關切之親友，兄所未及者，亦望詳之。

又

辛酉九月

接閲來信，事事詳審，且識天性沈摯，遭變彌深，喜心倒極，反爲流涕。人世間奇險奇苦，吾兄弟備嘗之，何時依山傍湖、結茅屋於乾浄土上，茗話吟和，以補生平餘歡也？兄不能奉父，又不能奉母，已成廢人，賴弟補我永憾。生趣已寡，尚何功何名之可立？濫竽餬口，亦緣弟意，不得已耳。入險出險，諸惟細心，不敢縷縷，想知之也。

三哥目愈，大佳！兒輩尚孝順否？大劫茫茫，人家多有缺陷，獨吾兄弟四人完好，雖窮苦流離，總皆應受之苦，可以折除餘譴，此其仰承先君子隱德厚性流澤長矣。如弟所謂視身反重者，真識此意，相爲勉之。虎狼滿眼，亦有火坑種蓮之法，大要濟人利物，隨力所到，不惟默答天施，以迎後祜，亦圖心地無愧，便得快活也。三哥心尚曠達，而苦境恐難支當。生平嗜飲，今雖不可沈醉，仍得不斷薄釀以濡燥吻方好。八弟性情不堅，無書卷氣，務望稟知三哥，課令讀書，俾少涵養，始有進益。蔡女尋歸，喜從天降，今而後可以對霞士矣。此女當善視之。吾家婦多，霞士衹此一女也。兄年四十，一無所成，家事非弟不得周全。今乃昏嫁將畢，惟岵兒尚未結姻。兒小，何患不得婦？勉令讀書，務明倫理而已。增兒不歸，吾心如割。先世父長房止此一線，吾再受死生之託。死者無數，無一可施吾力，何以爲心？各處墳塋曾祭掃否？念及父塋，痛自擿咎，何以爲贖！吾於天親乃至門内三倫皆缺，可憐可憐！

丁琢如鐵性如舊，兄所深知。胡崑珊旋里確否？劉省三果係快人，兄當有以申謝。許倬雲情誼甚重，何以答之？王藎臣仍到東，相見否？胡雲卿，兄所拳拳，務於生計忙時，得暇即看書，始是進境。吾少好結交，上自宿儒名士，下至愚夫賤走，罔有不厚，而危難時得力不過數人，交豈可概論乎！旅愁無那，故交零落，惟霞士常晤。近在戎行無事時，作詩頗進。昔恒自信非一代人，飽經患難，於哀痛感憤中度日，猶不忘結習，此亦儒生一線活路也。孫秋潭在諸受業中情較厚，幸得同事；惟家在虎口，心緒大惡，失意人對之，尤更悸魄耳。同人星散，舊歡難續，文章一道，無可與言。新識戴鐵珊孝廉，學詩有徑路，功力純熟，不作世俗態，視吾弟日同門外人語，豈非霄壤？久無得意事，以生平好友止此報慰。歲内如能馳還里社，諸多未盡之言，再挑燈爲竟夕話也。兒曹但知念父，即勝我矣，不更瑣瑣教之。

又 壬戌八月

接書備悉。兄於月内即當歸省。惟此次袁公回里，兄必赴豫一行。人生重義氣，即無可取資，亦祇好付之命數。

吾弟須照兄前言，自尋歸着，免致他日後悔。兄年已四十，不作桂杏之夢，或此願得於弟償之。但不可自欺，亦莫自看太好，便無進步。八弟及兒輩亦即以自治者治之，誠既感之，威亦肅之，人已皆得矣。

王四弟何如？吾甚念彼兄弟，將來仍此一家交情可靠也。

相聚在邇，到家時久離乍聚，須令我暢快十日，藉博老人笑顔耳。

又 壬戌九月

接來書，何其沈切，讀之流涕。所爲吾弟規者，吾言語舉動本無成心，雖憂患不免，猶能坦然而樂。吾弟境遇，截長補短，與兄正足相當，乃其言之，抑何自苦？願廣其襟抱，使常浩落，則大進矣。弟姪輩聽如何約束，吾無後言。若皆能順教，則此後興門日上，未必不自吾兄弟始基之。兄願大而力薄，弟心高而緒紛，均有受病，願以求過爲治己，以恕人爲接物。大道坦平，何須愁苦？至教弟姪以嚴，乃吾所望，又何介介。

胡雲卿未能堅定，須循程課，方有進益。吾弟亦然。其實無人不然，但弟姪輩久失學，立程應寬，弟與雲卿立程應密，此爲較異。吾所以贈弟、所以教家者，止此最切矣。不及於孝，以弟所知，不必縷縷也。不及外事，則以此等紛雜，喜之則多；志在讀書克己，外事自然少也。身體力行，必有大效。惟弟珍重。

又 壬戌十一月

昨聞賊警，身雖在外，夢繞慈幃。數年困苦，纔冀息肩，忽又遭此變局。以吾料之，柘皋無防兵，勢必肆掠東鄉。廬城兵無所仰食，戰守俱難，倘有意外，爲之奈何！但賊志在解金陵之圍，如由巢南犯廬江以撲舒、桐，直擾安慶，雖吾郡暫免此阨，而後患方長，尤可憂也。此番肆毒必甚從前，莠民含恨，士紳尤堪隱慮。東鄉當賊衝要，不可居也。惟西南似尚可依。總之，事難遥度，惟弟審勢而行。老母驚恐已深，眷口太繁，責任重大，總以全人爲急，慎勿固執爲要。

吾與弟何等患難死生、相信相依之兄弟，而比來似多疑阻。今又遭此變，可一捐意見，豁然大悟矣。願於吾書所及者，斟酌行之；吾書所不及者，平静細想，勿負氣，勿多疑，勿矜己，勿求備於人，自然心氣和平，識見長進，將來德業才器勝兄百倍，不可較量。些細挫折英氣以爲兄累，即爲己累也，究竟避亂時，何暇旁及？但避亂是一時事，吾所説乃終身之事、數世之事，望熟思之。八弟若不責令讀書，何能變化氣質？兒輩若不責令讀書，究有何用？胡雲卿若不死心讀書以求着實，豈不可惜！姻故更有義當成就之人，弟若自己先不振作，何以領袖諸人耶？如天之福，永無驚恐，務以我和氣致祥之意，並一家俱要勤業方能載福等語，明白曉暢，向五嫂及諸子諸媳細細言之。

兄幸依袁公幕下，可以自保。惟南望鄉關，如焚如擣，實覺生趣索然。諸惟留意，不盡欲言。

又 癸亥四月

道遠，警信所傳不一，究不知吾鄉何如，甚懸懸也。母親並女媳等想俱安頓停妥，舊住處必有居守者，兩處食用加以讀書等費，恐吾弟早不可支，如何如何！苗逆叛亂，久在意中，若踞壽州，必西犯潁、北犯宿，山東匪黨聯絡河南，處處受敵，爲患正深。幸唐中丞已扼下游，英西林兼當西、北二路，數日内，僧、李兩帥如能星馳而至，蒙、壽皆可無虞，庶不至滋蔓耳。

袁子久孝廉英偉有器識，項城公盛德固應諶紀盈庭，但似未沈静。大有爲者，非學問不可，學問非沈静不可。吾自分以參謀老，欲比蹤蔣公琬、杜郇公，遂不得不求武鄉、汾陽其人。吾既不如蔣、杜，亦當得葛、郭以下人。天下非二三十年斷難大定，湖山之志究何時償？弟好讀書，天下當有人，勿以兄落拓遂隳志氣也。

王藎臣嘗作文否？胡雲卿欲求小館，勢所必至，吾弟留之是也。總之，吾心無窮，吾力有限，浩歎而已。

三哥目疾，畢竟可愈否？若不能長來侍母，則吾心更痛矣。父親權厝處非遷葬不可，倘逆氛已静，自宜亟遷。兄不悔，誰敢多言？淹滯歲月，隱痛何極！不念先靈，乃顧婦孺而慮其後言，有人心者當不如此。可急請三哥商之。

兄體素壯，亂後虧損已甚。向在軍營不暇念病，今始覺精力大減，臂膝動有不仁之患。生既不能奉父，抱恨終天，又使七旬之老母勞心思子，庚申至今僅一見耳，贅哉此生！猶幸家園早靖，急圖奉養數年，乃烽煙如此，究無定時，身已漸衰，念之倍益愁懣。

吾弟自愛自廣大，前書甚有深意，我知弟之解旅憂而弭後患也，但兄不以此縈心。前事已過，即不復論。非提及，真不復記憶。聖賢檢心改過之學，却不如是。此等性情有好處，有不好處，往往前失又蹈，亦緣不復記憶。祇要辨此心之公私，辨此事之是非，不是一概糾纏，亦不是一概漫漫忘卻也。家中閒事，兄不介介，惟慮吾弟過於嚴毅，發於言語舉動，則婦孺不免乖刺。雖八弟，我猶虞其心之四出。母親年來殊衰於前，又罹此警，遷移之際，必多牽挂感傷，多方勸慰，尚恐不歡，若有乖刺之象，則不可處矣。若果平心靜氣，先使八弟感化，則吾家從此大興。願以此意，折衷三哥，並告八弟，廓然雲霧開而日月朗矣。窮通自有一定，去就自有正守，不必慮也。更與胡雲卿閱之，廣其志量，亦知兄有闊大樸實處，非但狷介而已。不覺快一傾吐，願弟珍重自力。

又　癸亥六月

接來書，知屺兒竟殤，不覺慟悼失聲。吾弟稟命更窮於兄，此亦否極之時。惟母親老年值此悲痛，必更甚常情。吾弟若以子夏之哀貽憂堂上，甚不可也。弟年三十有五，此後得子尚較丁、蔡諸兄爲早，即筱隖宫詹科名聲地百倍吾曹，年且三十有八亦未有子。男子落落窮苦，瀕死尚不動心，黄口不禄，何足牽悲引痛損我性靈耶？願免思兄言，善自廣大。

聞胡雲卿東移，仍將書塾整頓，令其併力讀書，弟亦借此以遣悶懷。惟三哥眼疾難愈，吾兄弟死生患難之餘，天性當加倍篤厚。家用雖窘，須得常請來東一門歡聚，上慰高堂，下爲子姪表率，尤要細心體帖。吾兄弟事父無狀，今已終天抱恨。恭事長兄，友愛幼弟，是本分事，吾生平使性氣處，多追悔無及。弟天性勝我，斷不可疏略，致減至情也。

又　癸亥七月

趙桂回，具將一切詳布，擬令送弟來豫，駕言寫憂。適於六月二十四日申時，項城公薨逝。當病革時，兄常與筱隖、子久兄弟夜坐，聞公於昏瞀中喃喃如夢囈，皆關國事，此與涑水之事何異！

苗變作後，兄凡代草疏及函致諸帥，皆承公意爲之，頗極殷懇，九重亦方倚任，淮西之民謳思不衰，奔赴求兵者相望於道。奄此隕墜，所謂殄瘁者也。春間言星者謂：熒惑犯羽林，法當損上將。公遂當之，可哀也哉！今淮西千里間，十萬之衆無所歸，諸軍恃常勝，不以民兵練寨爲輕重。設苗逆收此衆，勢將難制。或此衆無所歸，自成一隊，亦潰爛不可收拾。

兄潦倒半生，文字尚或見知，從無以廉直見重者。項城公初見時，首以能輕利爲獎，迨屢因事力爭，復咨歎以爲剛鯁。惟其有之，是以似之。世復有廉直始終如一者乎？筱隝兄弟請爲公撰行狀、年譜，並酌定一切文字，當非旦夕所了，不得不爲了之。

苗變既深，袁公又逝，弟之北行可以止矣。事變無常，八弟及諸子皆應分任家事，而無一得力者，徒使兄勞於外，弟憂於家，真令人思之煩悶！屺兒殤後，吾弟須放懷達觀，勿太牢激。丈夫通塞有時，何足多恨。兄自量才具未必盡不如人，今之赫然者究竟何如？兄不急富貴，則心氣自平，願開拓胸襟，浩浩落落，何必不晚得佳兒！如兄得子不遲，今皆成長，徒累我耳。思之思之！萬不可損眠食，墮志氣，以貽老母見在之憂，以增先君遺靈之痛！且乘此時督教弟姪，勤綜家務，以養老親，無使兄内顧而自痛孝慈友恭之均缺。是皆在弟，何可不思耶？

又 癸亥八月

接書備悉。惟心懸老母，又三哥目損，茫茫何極，思之流涕。『徧歷天下，愈覺兄弟之親，豈無他人？不如我同父』，斯言豈可卒讀？閱來書，何其多所委婉也。弟前説自是兄生平氣質，弟知我之非私，我亦知弟之遠慮，即如所論可也。

惟袁公薨逝，急營喪葬，兄不以錢財累人，是以無款可寄。歲暮回里，當爲弟謀置副室，爲先父並母親心事，非但爲弟而已。昨得黄虞尊書，有勸歸耕之意，此君所見遠大，吾愧不如。若能湖山間置二十間屋，迎三哥來，親視眠食，三哥日與弟處，未必不較兒孫在前更樂也。弟須體帖此意，廓然盡去雲霧，一片至誠，將兄弟四人化成一體，方足仰承父志，近慰母心。至於有餘不足，隨時勉力，天下安有一門孝友，反憂凍餒者耶！

又 甲子十月

吾弟家居之苦，非不深知，兄熟籌之，實無善全之法。昨筱隖三函兩使，欲兄赴陳，而履平試事未終，捨之而去，是欺友也。擬乘吾弟省試之便，冀晤故人，再一議之。惟筱隖諄諄拳拳，加以端敏公年譜、行狀一切未了之事，深負袁氏殁存之望，此心終覺未安，是以踟躕不決。

吾弟時文一道，無堅實工夫，恐不利試。兄深於文律，但老松離披，與買脂畫牡丹無涉，祇須任弟力量所到，未必不售。同行須如琢如、霞岑諸人爲妥。兄揮灑一生，事非得已。弟以謹飭自守，不必慕豪舉，反如兄之作騎虎孟嘗君也。

弟、姪讀書，自是一件大事，恐處置不盡善耳，何可竟止！天下事須屈己意以成之。若難處即棄去，非理也，非義也。在外難事甚多，兄與弟，居者行者一樣受苦，人所共知。以弟舉止，入此等世途，恐亦不易。蓋今日世途，亢不可，卑不可，任己不可，從人不可。兄十歲内外，小有名於鄉黨，嗣爲諸名公稱賞，又以性情疏傲，毁譽交乘。然數年來頗善用所長，善用所短。如盡心力於文字，循方直之性，不貪不吝，事事留餘地以處人，人既相敬愛，又不恨其掩衆，是謂善用所長。疏傲，不做官巴結，或矯疏傲以待人，或借疏傲以藏拙，絶不入官場以期富貴，不失禮於人以來譏怨，既無争榮之咎，又無任性之愆，是謂善用所短。

弟乃狷介自守之士，非闊達四應之才，在家管教子姪則可，收鄉黨之望則可，以入紛賾之途，恐有進退維谷之日。即幸得一第，藏身養望，足以自全而已。其所以用長用短之道，在自知其長短，非人所能代籌。即兄弟叔姪之間，亦非一公正便可無事，何況世途！大抵人最要静，不獨身静，須是心静。静心無他法，祇於是中尋自己不是，祇須自心裏實見得不是。此是聖賢道理，原做不到盡頭，但不可不如此做。如此做，則心氣平和，萬慮皆静，何境之可移哉！此後一切隨緣，於無受用處求受用，則諸可寬泰。

匆匆即囑，速發。至白下，面談種種也。

又

乙丑正月

吾家種種布置，盡委吾弟，亦素態輕脱致然也。去冬歸時，見家中均有振新之象，中心喜悦。兼增兒歸，又屬非常之喜。吾雖久客，何所不滿。祇吾兩兒，大者孱弛，次者顢頇，恐費吾弟漸濡之功，方可變化。

來書以南遊爲悔，何不振之甚也！一擊不中，便生退志，是大不可。子弟賴弟一人，若更似兄廢處局外，此後誰能特起？鑒章早逝，自在意中。寄語廣照，將從前泄沓之習極力振作。吾雖老，猶爲識途之馬，若今年秋冬視吾家諸人尚不長進，我當大哭於先人墓前，仗祖宗之靈問諸人疲玩喪業之罪，恐亦無顏對我。來書不能出遊之説，誠合我心。望代收拾兄所批書，他年當自輯之。雜著或有存者，寄來客中，或更有作，希冀長進也。

袁公遇我厚，子久兩函纏綿悱惻，將來當爲一往。馬氏譜序，弟可代爲之。生傳，古無此法，方、姚諸公所訶，不可爲也。

嶽兒衹須講明義理，多讀書及古人詩文，遲不就考，或竟不考，兄亦無恨。若躁學時派，徒染惡習，非兄所望。願自振精神，以期騰上，恪守吾言，以教嶽兒。

又 乙丑七月

前由霞士寄到一書，具見進境，讀之心平氣和，油然可感，元方真難爲兄矣。

惟論讀書一節，却未盡然。無論何途之從，均須確有見地，循序著實做去。若徒覺其難，徘徊歧路，究竟是懶，懶故畏難。吾弟天資勝我，其死心塌地做工夫却不如我。即如出門藉筆墨餬口，就要踏實做事，若如弟之畏難，則兄之勤而無效，宜爲天下所共棄。兄惟一認真，足以自了。當時諸公不以狂直砭介爲嫌，徒恃此耳。向不欲弟輕出者，正慮畏難不任事，又且妥適中時露稜角，二者皆不可以處世。非謂稜角磨盡如世俗脂韋方可，正謂妥適是好處，稜角是任性處，並不爲骨氣，故不可也。務望奮志讀書，去此兩病。來信時將如何讀法、如何體帖法、如何考驗法、下筆運動法，一一書寄，一快旅懷。

八弟自是可憂。我兄弟四人，三人皆賴先君教訓，各自奮勉，粗得覥顔士林。八弟不曾讀書，便要目空一世，倘無成就，我何以對先君於地下！可請三哥將各虛字，如『夫』『然』『且』『若』『之』『乎』『也』『者』等字，雙用如『且夫』『今夫』『然而』『若乃』等字，一併開出，令八弟逐條註明作何用法，其一用、兩用，或可通用，或微有分别、不能挪用之處，俱令細細註明，求三哥考定之。兄閲歷愈深則愈虚心，讀書一道，愈用功則見自己不足處愈多。後生鈍質，偶有一言中我之病，則終身不忘。非能涵養至此，實是學問之事無盡藏也。若以不如我者自比，不過傲一足之夔以兩脛耳。飛龍屈信萬變，豈八弟所能知哉！

士約是我子，誤之之罪在我。若八弟，則上累先人，能無疚心？兒輩聽弟所爲。總之，義理浸灌爲教法之要。吾兄弟若非先父善言善行，數十年涵泳，豈有一事可成？八弟非必天資便薄，亦由小時不在父前，諸凡縱放，以至於此，可爲鑒戒。兄精神漸衰，惟望諸弟諸子各能自立，將家事支持妥當，得侍母親，以補生平缺陷，讀經書、清理舊時文字，以卒生平之業，即是大幸。

又 丁卯正月

到營後，隨即赴鄂，日日奔馳。鄂中山多水多，兄不能騎馬，車又不能行，步走日六七十里，或八九十里，除夕、元日行路尤多。家中歡聚，不知遠客如此之苦也。

吾弟計已赴館，幸謝外事，時時用功。八弟能否奮志？士約若無長進，我更無望。我不求富貴，不望子得科名，但願讀書明理，爲我持先代餘澤，斯足矣。三哥間來東否？吾兄弟皆不侍母側，恐多牽挂。

此間正月十五日戰敗於湖北之允隆河，唐君藎臣陣亡，兄被賊馬急追，矛刺肩下，幸兩重皮衣，矛未透入，兄已倒地，有袁營舊差官奮槍刺賊，賊勒馬回鬭，兄始得起身越溝走。溝寬幾丈，深約二丈，一躍即過。佩綸弟已脱，聞兄未出圍，號哭回尋，復與賊遇，幸兄已過溝，賊馬少遲回時，佩綸扶兄疾走而免。真天幸也！此時心甚定，惟念父葬未安，母養未遂，餘都不在意中，與前大病昏死時相似。可爲弟姪輩細述之，使知危險中情狀，不可以安逸遂忘艱苦也。

霞士有進步意，已作書止之。人生祇於道理上求心之安，不可於身世中求心之快；祇於退步中不作偷安計，不可於進步中妄作僥倖計。不謂霞士亦染俗情。兄困苦疾病，不必向母親細説。王四弟遽爾作古，聞之不覺痛哭，吾兄弟性命相依之友，天竟不留與吾兄弟晚年共處耶！文藻、文奎，何得不竭力照應？霞士事，如弟所説最妥，兄再勸之，定不齟齬。

又 丁卯三月

接書備悉。深恨遠遊蒙險，貽老親憂，並弟以下縈慮，言之可傷。本擬即歸，奈有經手未竟之事。兄諸凡安順，惟舊患下血，偏墜無礙，望細述以解母憂。

文藻兄弟若不扶植成就，何顔以對我王四弟？兄聞訃痛哭，和淚爲詩，每閲之猶爲流涕。可向八弟以下述兩人懇摯之懷，俾知相愛相成以永兩家世好，非但目前照料已也。

兄以介性，雖偏干諸侯，而錢財總有界限，今年窘迫須耐去。吾輩祇照天理作事，天亦無絶人之路，擬來歲就一講席，亦可苦撑。若吾弟館地較好，八弟及約兒有成就，雖窮亦樂。吾不欲官，又不愛錢，致累一家受苦，此迂拙之過也。然省卻無數罪孽，暗留多少餘地，又不肯以急於餬口，使吾弟墮入世網，未必非迂拙之功，願自免以表率後之人。

八弟事已大半無憂，增姪兩年後須二百金爲其布置，墳墓事及婚嫁各費須數百金，數事若了，可少悠閒。人以聲色貨利爲福，兄以無事無累爲福。讀書學道，煮茗看山，何等受用，視塵界紛紛擾擾何啻天淵！弟將此種光景，對一家敷暢之，上可以悦親心，下可以止子弟之妄念，亦設法快樂之一端也。

又 丁卯十一月

諸人讀書，須刻苦自勵。我在外，起極早而好夜坐，史三叔、丁琢如謂我不惜精神，真是藥石之言。然比之吾弟及雲卿諸人，皆似精神較勝。

凡人須打起精神做事，方有福澤。吾不敢云福澤，然嘗聞之先君，謂福澤可以刻勵轉移。如寫字，後幅草率，臨了時加意振作，亦足知福澤可以轉移。豈獨字，即文亦然。至今每思先訓，嘗以理數推論，如先君稟命似薄，晚年光景，是劫數中人，卒得全歸。不孝等罪至不能送終，擢髮豈能數者！然先君福澤之薄，屢屢自言，而究得轉移，此可見天道人事，亦可見先君學問地步，非不孝兄弟以下所能追繼者也。兄積苦早衰，實不堪有爲，吾弟尚可振作以迎晚福。八弟則如太陽初出，凡事不求實際，真負親恩，非止負兄也。

蔡霞士家若搬來，應有悉心照料之處。霞士非但至戚，其髫年共學，患難相同，有非他人所及者。雲卿出而教書，先須自立課程，先自刻責，方能教學兼長。

吾少時學力長進，全虧壽州館地。彼時心心刻勵，是以粗能有成。後來隨時閱歷，加以兵亂，立志頗堅定，頗欲持天下正論，頗有操守，頗有濟人，雖功無所成，究比空言遠勝，亦從少時好學着脚。凡讀書人不好學，無一好人也。兄生平時文而外，詩、古文、雜記、雜撰，經亂散失，應爲我收拾之。數十年辛苦，得此一知半解，披沙揀金，藏之家塾，倘可藉以不朽，吾雖薄德，尚不至以品累文。文人好名，固學問不濟處，要亦窮苦一生可憐之景象也。兩月來繙閱經籍，看出從前許多謬誤，繹出多少義理，由歷事多、見地長進，所以觸處有得。此事實有無窮之樂，吾弟何以不尋此樂耶？

又 戊辰三月

接書知弟决計出遊，情詞懇摯，兄不敢深勸。然兄所以放膽客遊者，以弟在家得老母歡心，諸可無慮。若一併出外，家止八弟一人，百凡艱窘，奈何奈何！兄所憂者，老母多罣念，老年人一有拂於心，下人不能體帖，必多生氣。念至此，肝腸寸斷矣。家事非弟檢點不可。弟言難，兄非不知，然事若不難，即不待賢者而後能之。吾弟究竟心地明白，念及兄言，當可不作遠遊之想。且兄所以責望弟者，以弟有佳境，則與兄相連。此意惟父親九原默鑒，不望他人諒也。惟吾弟共體之。

又 戊辰九月

昨霞士來書云，此次如有千金，略置田産，教讀亦可，督耕亦可，令人欽佩。兄之至交，究非世俗所及，兄亦欲買山同隱。吾兩人得同慰桑榆，亦大樂事。世間少同志者，霞士又决意讀書學古，琢如、崑珊反覺不如其着實。文風振拔，其在吾輩數人作而倡之乎！惟望吾弟强力振作。雲卿近日何如？失我藎臣，至今傷悼，若雲卿不能精進，並負藎臣矣。八弟未真讀書，本無路徑，祇宜立定功課，督其用心。吾弟奉母治家，調和上下，亦宜日立程課，如何讀教，如何看書。書必務解，務解則心入，心入則趣深，隨事隨時皆有樂境。若不肯從苦心中求樂，則觸處不樂。霞士老於事變，心地本厚，加以閱歷，愈覺有開豁處，有沈着處，吾不及也。果如所願，回里同居，切磋用功，互相講究，使後生有所矜式，亦使天下知不爲應試而切實讀書者尚有數人，其所補亦復不小，是吾心也。

家事繁冗，易令人生雜氣。然心一平静，則自不煩擾。張子所謂『以責人之心責己，以衆人望人則易從』是也。吾不能侍母，罪咎何極！此外惟三哥最挂心，次則陶然、琢如、仲臨、崑珊諸老友往來胸中。外鄉交情如馬、吴之嗣，皆能自立。餘多不通音問，即亦無從思及。稍暇，當撰故友記一册，時自展閲，以誌不忘耳。

又 戊辰十月

接兩次來函，並見閲歷愈久，籌慮愈深；惟衰颯太過，不但非致福之道，亦使母親及兄均添挂念，以後祇向寬平處想最妙。兄心中自有難以分説之處，吾兄弟自能心心相印。

入項不敷，早已料定，『勞怨』二字不免，亦何待言。士約已專諭訓之，士坤、士祐非常之責而誰任乎？凡人家極難處之事，平心耐性，究竟有處之之法，此即是真學問。昔先父正以此獨獲福報，吾不能濟美，以性太自任耳，然尚力持此心。八弟則不知輕重是非，又不知世間無易爲之事，自以爲能，亦可憐也。吾與弟共歷患難，最合最厚，祇以相望太切太急，反致辭不達意，此後惟憑一片心。兄在外，弟在家，併力維持，務使不歡者歡，不才者才，方是吾兩人真修行，方可以見先父於地下。勿任頽廢，勿畏煩瑣也。吾兩人壽當過人，年老歡聚方長，慎無急急。

穀山到任，兄一往見即回蕪。去就自有分寸，不可爲外人道，恐亦難索解人。吾家仰託母福，而不能立定根基以俟後人增益，此吾與弟之過，與他人無涉，此意想能了了。弟明年在家尤好，母壽漸高，豈可離而遠去？長守膝下，即弟之福澤勝我處；忘此之爲福，而以一切不足處爲無福，此見可謂小矣。

再，王先生祠堂聞已創建，吾深感荎相，此等事究竟要人得力也。

生平喜種樹種竹，吾弟家居正可借此點綴村莊。凡事向天倫樂趣上想，則樂境自多。兄歸時細論此理，想吾弟解人，不執一見也。

又 戊辰十一月

來書語皆切實，吾樂難名。『官習』『幕習』二句，尤是頂門一針，知此意，則與霞士兩家福澤方長，一樂也。勸兄歸來一聚，無數天倫至性含在其中，二樂也。霞士髫年交、生死交，重以婚姻，竟得同居而且同志，語語皆我心上事。吾輩年皆向衰，得此實邀天佑，且母親以下均有益處，三樂也。吾兄弟數十年辛苦，若非兄之馳驅，何以過度？若非弟之居守，何以立家？傳曰：『不有居者，誰守社稷？不有行者，誰扞牧圉？』此正相似。今吾弟屢經磨鍊，心平氣和，全不煩惱，使兄在外心寬，四樂也。雲卿帶課藝來，吾弟又有互勉云云，五樂也。其餘細碎之樂，更不可數。兄在外，愈歷鍊愈覺無趣，霞士與弟閉門讀書，尋天倫之樂以培養後人，其樂何可勝言！歲底必歸，不另函霞士矣。

又 己巳二月

八弟出而教書，不爲遠計，祇得聽之，吾盡吾心而已。士增完娶極好，此後處之要以無心爲上。文藻兄弟在我家讀書即佳，教之必令有常課。惟我知弟，然究不能不責吾弟，若不勤事，必至閒而生悶，一切感鬱無聊皆從閒生。

凡子弟祇可教以規矩，不可教以細密，所謂『民可使由之』也。民若知政刑之所以然，必生大亂。此雖似權術，然究是一層道理，不比小智小數也。岵兒似非純謹之資，必須急切收斂，求可以託業之方，不可徇讀書之名而受無用之害。『門内之治恩掩義』，吾但知父子、兄弟、夫婦無可解免之責，其他非力所能及，則惟望之吾弟。若不實心勤力，倡率一家，多生煩悶，是自苦也。先父治家不甚煩密，而事後皆妥，福澤自生，從不曾以時運不齊自生感觸，亦吾弟所深知。

昔在嘉慶之末、道光之初，吾家光景何如？先父身受之境非止如八弟云云。即有吾兄弟，皆在襁褓，何嘗望能振起？及吾兄弟小時讀書，先父親自督課，不憚煩，不求速，及析居後，百窘皆見，曾無鬱悶之色。每嘗自敘，輒以負先人、負兄爲恨，並云累兒輩，語皆出自至誠。吾家得逃大劫，今日完聚，又多讀書，成就小名，皆由至誠之念。餘慶無窮，願以此存心，以此教子姪，最無弊、最有益也。雲卿須是痛自刻苦，方能有成；不能刻苦，未有能自立者。後學滿前，吾爲弟等危之。

又 己巳三月

兄在外別無縈念，惟以弟之不能樂爲念。蓋吾兄弟相依爲命，吾弟不樂，即是弟之好運未來，即是兄之好運未交也。大丈夫幸秉智慧，能讀聖賢書，託先人之蔭，承慈母之歡，年甫四十，後來之福澤方長，子細推求，樂自多而憂自少。如不爲遠計，偶有受勞受怨之處，遂生怨懟之心，則於先人爲不孝，於兄爲不悌，於身心爲不智，於家事爲不仁，吾弟必不至是。

念吾兄弟四人，三哥既承伯父之祀，八弟又無真見地，則惟吾兩人人生應擔之責，豈僅爲子孫耶？況未必其無也？吾家世德相承，後當有興者。吾諸子皆劣，士約若可成立，不過粗能自守，餘則更無可望。凡人一生，皆祇自完己事，萬不能望子孫養我。如先父之盛德，吾兄弟何嘗盡一日之養？兄得子不遲，今皆成長，誰能繼我志者？反覆思之，惟我兩人相扶相翼，以度此生。

弟奉事老母，料理家事，以時讀書學道，何樂如之！兄言及此，吾弟究是至性人，翻然力振，則大樂矣！

又 己巳六月

接書，知查五弟與李甥泮捷，八弟及士約本不欲其赴考，不足復論。務外圖僥倖，吾弟、吾子不當如此。另書訓之。弟既決意科名，吾不復勸，但閒曠歲月，恐非自養之道。必有子乃爲樂境，白樂天終身快活，何也？必有子乃是好人，寇萊公、富鄭公及吾鄉包孝肅卓然不朽，又何也？況未決其無耶！凡有道理、有學問者，皆以陽明之氣充滿流溢。故君子必不近於陰晦，如抑鬱自困，於心境爲失養，於身世爲失理，於一切境遇必無順適之期。吾屢痛哭流涕道之，弟可以悟矣。諸子弟斷難繼吾事，任吾負先人乎？願深思兄言。

又 己巳九月

吾家無振興象，由於漫無章程，然耐煩圖久，非旦夕事。八弟不免暴厲之氣，然積誠以感之，自然漸好。兄不能以誠化人，非獨負八弟也。昔先父教景云：『凡争兢，斷非一邊不好，兄弟尤不得怪一邊。』弟常追思先訓，可以深體此意。先父終身未嘗言兄弟過失，此最當學。兄已不免無禮於三哥，吾弟待兩兄能如先人乎？弟雖稍次於兄待八弟，能盡善乎？兄待弟厚於八弟，以吾兩人年相次，又共患難耳。其實兄弟之愛不當有異，厚薄皆非，由未免以意見用事。抑之揚之，處他人尚難妥洽，況兄弟乎！兄望弟爲聖賢，爲祖宗佳子孫，爲子孫立法，非私弟也。

科名本非可必之事，兄不能取科名，何乃以此責人？然吾弟寂寂如故，既未能過人，又不肯居人下，嘗謂學者好逸而貪，弟不宜更染此習，願常温理故業，發憤爲之。古人重晚成，四十强仕殊未爲遲，斷不可援兄爲辭。兄近年方知『切實』兩字大不易，從前處處要好，所以錯誤。吾弟不求切實而祇要好，及所往而窮，又頽然自放，不肯反求諸己，此皆深負兄望。即來書援引，亦斷不宜偷安。先父嘗言：『寫字到後幅潦草，是没福澤處；每到後幅，分外振起精神，便是矯輕警惰。』弟宜推此意以治身治家，不得空有此心，即爲遵先訓也。

兄不能立身無過以爲兄弟子孫法，而竭力向好，亦弟所深知。前路茫茫，捨弟則無可望。老母最愛者弟，因弟在庭闈，兄始放心客遊。此後漸衰，且筆耕豈可長恃？願思兄言。

八弟不讀書必無長進，士約無書卷氣，其他亦安得佳？但願不失其良心，則吾望已畢。崑、岵以下，誠無足望，且吾自問本不如望增姪之切，增姪能勝吾兒，則適合吾望矣。天待我不爲不厚。胡雲卿不聞振作，甚哉其染於俗也。吾同時諸兄弟朋友，爭自奮發，以求獨立。今日後進未見其風，豈運之升降固然耶？兄諸事紛集，衹好耐心過去。八弟以下，則尚不知作人之艱難，惟弟可以言孝、言弟、言學、言修、言教、言法，是以痛切言之。兄以廉直誠信爲朋友所重，豈可於兄弟而反不直不誠乎？凡所以責弟者未免太深。然不深責，是以常人待弟也。吾弟奉事父母之日較兄弟獨多，此福最大，將來無大不滿之事，不卜可知。惟好高而逸，是以百病皆生，願以兄言置座右，並示八弟及士約。兄所得於先訓者，惟此稍能自勉，可共勉之。

南腿最佳，老人所宜食，惟小孩子多，必分甘矣。然曾子將徹請與之意，人子所當學。前兒輩言祖母食之甚少，兄大呵斥之，此乃與其父相懸處。汾陽所謂『子儀諸子皆奴才』也。求書乃素志，既欲資吾弟之博覽，又欲爲他日自娱之地。子孫未必能讀則早知之，然子不能讀，孫或能讀，吾更生遠望矣。

又 己巳十二月

弟生子可飛函告我，命名『端生』。兄當請族姻作賀筵，正弟婦名分，此兄素志，非吾弟所能辭。明年秋闈，當作背城一戰，春初即刻苦作文以爲雲卿之倡。八弟亦須按期作文，不可自欺。士約自以爲精明，彼尚不能信其父，何足自立！總之，各自振作，便是蒸蒸日上氣象。託母親福蔭，早作遠圖，一人有益，舉家有益，則福禄鼎來矣。雲卿患難相從，亦有同運之理。多思慮而不剛，非創業者所宜，一加振勵，自可如願以償。

文藻兄弟學業何如？增姪媳曾否有喜？望其早得男子，比他人爲更切。兩伯父剩此一孫，若不多男，不能自立成一門户，先父亦餘痛九京也。

兄購書籍頗富，好書之性，至老不變，非以貽子孫，亦欲藉爲娱老之計。吾兄弟若能手持粥碗，向茆檐下，互摘經史疑義，此樂何啻天仙！每一思之，輒爲神往。

又，家中紡績，乃極要之事，男勤於讀，女勤於績，即致富之奇方。歲喜方臨，兄幸方健，上稟母親，下告五嫂及弟姪兒孫輩，勿多繫念。度歲侍歡，一門安樂，兄心遥愜，無量福也。

又 庚午二月

接書，知端生之名恰符吉語，喜慶頻來，足慰母親；愈念父親竟不及見，轉增哀涕。吾兄弟一居一行，惟冀少盡萬一，無蹈前誤。弟姪以下，則賢愚不等，然以孝弟率之，縱不皆感化，於心可無愧也。

兄又購求經史若干卷，亦窮漢家當，兒輩不足道，將來吾兩人杯茗論文，上下古今，稽校得失，亦大快事。未審此福，吾輩能消得否耳。來書生機洋溢，足以開我眉鎖，以後諸福綿綿，即此可知其朕兆。作文一事，勿以爲可緩，可向雲卿、八弟、士約説，人不可泄泄成習，年復一年也。兄真意不足，諸多齟齬，家庭間安置不妥處頗多，賴吾弟爲我補過方好。因思父親一生，事事皆自引咎，不曾説自己好，遇待人不妥處，或展轉不安者累日。此真聖賢中和大道理。子孫所以蕃昌，實承餘蔭。我兄弟不善承先，兄尤悚惕，吾弟念之。

母親幸安健，至孫曾侍食，正足佐慈顔之喜。母親與何人即與之。凡短識者以爲偏愛，以爲不均，以爲獨不喜我之子，乃婦女愚魯之見。弟須懇懇開導，勿以厲言加之。處家重恩誼，恩誼洽而禮教施，方可革心，漸臻太和景象。豈惟門内！天下恩不加而教徒切，未有能行者也。恩非煦煦之仁，亦非假示慈愛即能動人，須有懇切之心。吾弟固悉此義，可爲弟子輩言之。

又 庚午十月

來書以兄與霞士、崑珊並論，此語恰合機關，非弟、姪以下所知。吾弟教子姪須令奮志，自己立一寬而不散之程。古人云：『無有師保，如臨父母。』凡學問俱以此爲定程。

凡人不肯苦志，必多智慮，必多感慨。無學之智慮必自是，究竟慮多反敗；無學之感慨，必至怨天尤人，究竟毫無益處。踏實求進，則智慮精切，感慨消釋，乃盛衰成敗之大機。孔、孟、程、朱一生拂逆，方成聖賢。即小有成就者，亦皆百不如意。自然之理，不可謂爲迂也。

吾兄弟四人，三哥老而失明，八弟近於孩穉之見，惟弟最爲知理，而念慮紛。古人云：『一回相見一回老，能得幾時爲弟兄？』念及此，不覺淚已漬紙。豈但兄弟？即崑珊、霞士，能幾相見？倘天從人願，相率偕隱，老於同居，則兄弟、朋友二倫，未嘗非人間至樂。

芷庭弟欲從軍，兄極力代謀，然總以讀書爲是。吾輩飽嘗艱苦，何境不可處？奈何一苦即思變計乎？嘗論近人好改業，無恒心。亂未有已，願以此意徧勸同人，一大功德也。

又 辛未七月

吾弟致霞士函，與兄意同，霞士若不同居，有何意味？三哥同住，意甚痛切，吾兄弟自是天性，豈忍抛離？且何以慰母親？清夜思之，知兄弟各有一段真摯處，總被後起之心百般計較，將本心遮蔽了。吾兄弟年已近衰，雖八弟尚壯，而三哥尤老，兄所以急謀安身處，不圖子孫之計，正爲老來兄弟尚可優游歡聚，以補一生缺陷。詩云：『兄弟既具，和樂且孺。』每想『孺』字之妙，蓋兄弟不甚浹洽，總由不似孺子時耳。十歲以前兄弟光景，真是太和元氣，吵鬧亦太和也。

八弟習於散漫，不能用功，且好虚名，務外而忘己。不知岵兒何如？若八弟及士約，則與用功讀書一路殊遠。我家讀書一事不能復盛，是吾兄弟之過。文藻太弱，又犯血證，兼食後反胃，大非少年所宜，爲延醫服藥，以期漸壯。衆皆謂不宜讀書，恐費神勞心。兄謂不然。讀書人惟用心看經書最能養心，且能制心，不使妄動。每見讀書稍能有得者，遇拂意事，必有忘憂之效，其輾轉思量、愁苦頽廢者，皆由讀書無真得，是以遇拂逆而無以安其心。文藻何必急於一衿？優游以讀書，沈静以養病，佐以藥物，庶漸愈耳。

又 壬申三月

秋後移至山居，再將三哥設法全移，方屬萬全。兒輩均以難於同居爲辭，此皆慮後患而先置天性於不問也。三哥是胞兄，母親在堂，獨令其一房抛隔，於心何安？若必求無患，天下無可爲之事，無可處之人矣。嘗言天下若皆重孝弟，斷無不了之事。即如吾弟心境不佳，若上欲安母親之心，下不添兄弟之牽挂，則無益之悲愁自然消化，後福將長矣。

學徒多須定課限，自監督之，即省力。經書要講，古文不必逐句講，時文更不宜多講，衹令讀者深思，有疑必問。尤須視學徒資力能到何處，隨而提頓之；若强人從我，則徒勞罔功。李甥衹宜學清楚、有思致、有筆意之文，不必貪詞調、貪間架，其作文衹批抹弊病，令其自改，然後改之。

吾弟繙閲經史，以收間妄之念慮，以養心養身最爲要緊之件。至三哥移居，兄當别有布置。必須四人同在母親左右，方愜於心。兄弟和睦無間，侍於母親之側，則老人壽健更不可量。婦孺紛紛不一，當以吾兄弟太和元氣感而化之，則自然蒸蒸日上。弟若以兒殤故，先自抑鬱，既繫母親憂念，亦縈兄弟之心，實非佳兆。吾弟關係至重，其重處在關係兄之死生。體兄此心，則百福駢臻，晚見兒孫更綿遠慶，何亟亟也！日夜縈懷，惟在吾弟！

但使兄得轉手，必能使兄弟四人合爲一心，必能使吾弟絶無不適意之事。此兄一片至誠，上可以告先父之靈，斷不至爭閒氣、較貲財，而傷兄弟之情。兒輩何足知其父？餘更不足言。吾兄弟自當著實向天倫大道理上做去，兒姪輩化不動，是兄德薄，更當爲兄彌縫以求補過，不必因兒姪輩生憂慮也。

吾家功名富顯不如里中諸家，而孝友門風實爲遠勝。願吾弟於拂意事，一概向寬闊處消磨之。弟婦分娩後，須急報我。語不盡意。

又 癸酉二月

來書及與八弟書，誦之大喜，此乃真進境也。人生何事爲真樂？素位而行，其樂無量，其福無量。訓八弟語尤精確見道。吾家氣脉厚，吾兄弟仰託先人餘蔭，無不有去苦就樂、去禍就福之日，願常養精神，耐心讀書，以迎百福。

凡事祇平心觀理，勿勞思慮。骨肉間若有藏怒蓄怨，其咎不在一人，無論賢愚，皆同咎也。八弟言語輕躁，其似有見地有心計處，正其未見道處。弟言大有裨益，已令留案上，常省觀以自警。

吾兄弟皆非少壯，當合力以圖晚計。書有要購求者，結習難忘，且老將至矣，何以自娱？ 家藏書略有端緒，即可供嗜書者之用。 惟吾目今忽昏花，豈看書之福亦不可得耶？ 山莊添置書架，添蓋書房，爲藏書讀書之地爲要。 惟吾兄弟無一侍母側者，心甚懸懸，若三哥移往，則大妙矣。

又 癸酉四月

秋闈伊邇，弟及諸人用功何如？ 大抵近來讀書人患不沈著，做舉業先有某某之見在胸中，反走難路。 我見天下科甲中人極多，何嘗必荒經蔑古而後中乎？ 其實清順中有新色皆可獲售，句法宜緊健，不宜散漫，局勢宜急搶，股法宜實撑，亦並無他謬巧。 必謂盡拋經史古文、前輩名篇，而概用新選爛套，必須短句，吾徧觀中式原卷，合某某之説者十之一，不合者十之九，豈此等舉人進士皆僥倖，某某方是真本領耶？ 令人詫歎。 近人不肯讀書，某某皆老而得手，自神其智，以爲他人不得此秘。 究其説，必貽誤後人。

且初學必讀經史，必誦古文，非但可以取科甲，亦培養德性，正其志趨。 今乃云先念如許墨卷、如許試帖，學文祇須將幾箇套子記熟，不必他求。 如其言，爲半途應考者計，苟且目前，猶非正軌； 若遂以此爲教，將來荒廢經史，以苟且爲性情，患中人心，禍延世道。 嗟乎，夷教行於中國，至有搢紳從之，真可痛哭！ 究亦不過波靡隨俗、荒經趨時者，本視經書爲可有可無，遂覺棄孔子而歸天主亦無所不可。某人本不沉溼，某人必有悔時。

聊一論之，俾吾家諸人及遊吾門者，知幼學與半途求售者之根柢本殊，知倖效者之故神其說，知心術、人品之重於科名，知某門某門之非真利試，知吾説之本非過高，則砥柱中流，功不止在一時已也！但無論何項功夫，總宜著實做爲至要。泄泄沓沓而好爲大言，則爲彼人所笑，亦其宜耳。

又 甲戌十月

前在省垣與英西林話别，相對流涕，兄因感觸，彌日不快。筱隖、子久迭次書來，及吾鄉諸公皆以出山爲望，不知我之衰也。有用之才日見其少，繼起無人，亦大可憂之事。欲尋後起之英，使歷練而開拓之，爲當世用，竟亦罕見其人。山野窮儒，欲爲天下蓄才，亦癡且妄矣。但已不能出，必須傑人以擔重任，非不切之務也。且夷事暫了，河患方興，塞外之局雖有能者，亦非十年可了。自念白頭求仕，生出死歸，亦復何取？吾意已決，恐當事者苦相糾纏耳。古今參謀記室多爲將相，今之李、左諸公亦然。蓋胸無全局，不能稱軍咨之任；精力不强，亦有積勞之慮。昔荃相欲留我，謂少待數年封圻可致，筱塢亦云。吾非無志用世者，但窮苦勤瘁太久太深，精力已去，嗟其晚矣！且天下事，非求富顯者所能任。

荃相與筱塢世受國恩，又早得科名。惟左相以奇傑自命，其少不得志與吾相似，而早有知交推引。吾則始傲而終達，傲則不肯徇人，達則不欲徇勢，吾所以甘老深山也。既不爲世用，則思有益於一家；既不求顯位，則又安肯以利自污？『窮』字所以不免耳。

弟明年仍在東，乃兄深知吾弟處，然非吾家長計也。吾欲少積微貲以娛晚歲，日聚兄弟，講明倫理以培子孫，而用度太多，不得如願。子弟皆中下材，應如何妥當，弟宜平心教之。吾與弟患難相依，非尋常兄弟，所以望弟最深，惟弟足承先德，足了後事，幸勿頽廢以負兄而並負先人，要緊要緊！吾身衰累重，腸一日而九回，眼目愈昏，精力愈憊，昔嘗自言吾母棄養，吾必不久，恐斯言竟驗。若仍迫我出行，必不久於人世。若欲頤養身體，以圖兄弟白首聚居之樂，則專賴吾弟贊成之。弟亦云精神就衰，以『開豁』二字醫之，善自愛惜，勿作無益之思慮，猶可漸旺，非我之比。香山眼病詩『早年勤倦看書苦，晚歲悲傷出淚多』，已覺我與相近。又加以治軍書十餘年，用目太過，近年遇事憂迫，尤易致傷，非藥可治。老態日增，心思日雜，聖人戒得；我之所以多慮，專爲防身，亦老宜戒得之一端也。

再，兩碑文均已撰。王先生碑謹飭，在吾文最安詳，凡作父兄師長文當如此。唐蓋臣碑不當紀功，緣已宣付史館，所述皆史所不能載，亦頗雅贍。吾文不出望溪規模，去古人尚遠，但不雜不俗耳。王二弟可屬其明春親來商量，兄未安插此一家，則負人多矣！霞士帶文奎去，爲謀親事成否？ 吾輩俱欲爲善，而霞士無自功之心，非吾兄弟所及也。 士俊兄弟近何如？ 如不盡善，亦吾輩誠心不足以感化之。 伊尹以天下自任，『一夫不獲，時予之辜』，吾輩不能以一家自任，何以爲人？ 言之慨歎！ 餘不盡。

又 乙亥二月

家中各事如何？ 八弟課讀甚好，若能循業收心，一改積習，將來正有望也。 近來精神甚憊，急擬歸息山齋，吾兄弟同居娱老。 惟念田産不足，日食爲艱，府城屋不建成，則公用無措，亦非久計。 更擬於山中建先考之祠後，則徧祀各枝，以示根本之義。 所欲與王二弟商量者，渠家遷定，俾得所歸。 吾家子弟俱成至戚，更無偏倚之虞。 吾又久於客遊，將來居家，不能自苦，亦須與王二弟謀作生計，小有出息，以自終其天年。

昔宋儒朱新仲先生言：『人有生計，有老計，有死計。』吾年逾五十，縱不遽爲死計，安可不爲老計？ 三哥老於窮鄉，心胸不大開展，以致廢官骸，念子孫，事事向苦處做，深可哀憐。 兄不喫虧，則老無援手，其苦更莫可名言。 凡兄弟相處，祇向天性之愛求其歡洽，不可處處作責備之語，事事存慮患之心。 此非口舌上事，願吾兄弟子孫共守吾言，或先澤尚有宏廓之時，關係殊不淺。 兄爲三哥慮，正所以示八弟事兄之道；即爲五嫂計，亦所以教士約事親之道。萬石君家風，千古所仰，不聞其有條約，但皆能躬行耳。

山中就近速買陰地，須得場面較闊，吾兄弟將來同葬於此。若歸葬舊塋，恐後人無此力。此事似緩實切，不可不辦。先父母墳上各事，聞已就緒，與三哥所議究竟如何？士俊能安静用功否？此兒若去計校之心，知天倫爲重，則其才實勝諸弟，吾嚴責之，乃正深望之。其餘則祇望其能自守而已。士約欲其學吾而才不能計校，心卻以計校爲是，去吾遠矣！計校與持家有節，似同而實大異。凡持家近者爲一年之計，遠者爲數年之計，最遠者爲數世之計，乃是理當如此，非私心計校利害也。若天倫上事，則祇問理當如何，情當如何，攬喫虧處盡歸諸己，擔不是處亦在自身。此惟先考能之，吾尚去此甚遠。然作人不可不向這裏走也。東莊如有售者，即可轉置西田，亦數十口養贍所資。吾老矣，不能再忘身以求多置田産，言之愴然。通計吾身應辦之事，惟建祠未了，餘俱蕆事，亦可稍休。

吾弟愛惜吾之雜著，惜今皆散失。文字乃吾輩結習，輯成卷軸，增損而正定之，藏之家塾，以示子孫，亦一件事。然此乃吾弟之責，八弟、雲卿亦可同之，士約以下，轉不以此責之望之也。吾看書偶有批駁，及各劄記最勝，散體及時文次之，詩又次之，駢文本不足傳，律賦則更無足道。世俗稱吾律賦，所謂大得意則人大怪之，小得意則人小怪之，極不得意宜乎人極不怪之也。章疏、書函代人作者當歸其本人，惟代撰碑版不妨留存。詩有獨到處，盡删少作，斷自丙辰以後可也。徐子苓功力深於我，而徑途不如我之正。至以古文自負，則更去我遠矣。古文最忌弄巧，彼無借徑不能成文，尚何古文之有！吾時文則自成一家，然此體究不如著述及詩、古文之身分。至詞曲則本不屑爲。舊擬編輯古文廉立及詩救兩書，又頗雜有論撰，稿目大抵散失。若得静居山館三五年，當追憶而補成之。惜目力日耗，不能自寫，究差一層。凡書卷文字，經手寫則美惡自見，一番鈔寫一番解悟。自家文字，一番鈔寫必有一番脩改，此等事非勤不可。故嘗謂天下無事不因懶廢壞也，更願兄弟子姪共識此意。每作家書似有遺忘，急切想不出，大抵關心者亂也。

又 乙亥四月

書來詳悉。王二弟以早遷爲是，遷居則心志定，不然則謹慎用心，展轉又欲中止。吾家所不足者田産，若歲收可敷日食，子弟能勤職業，則可長遠無患矣。擬另積二百金，歸時作三哥與吾兩人茶酒小聚。我若供三哥酒食，日與講論，胸襟日更開展，可以致壽，亦吾一段苦衷也。

人生最難得者兄弟，而鄙俗爾我之見害恩傷理，不可名言。五夜自思，吾亦不免。今老矣，父母已逝，莫贖前愆，僅可略盡吾心者，兄弟一倫而已。但得粗償此願，雖萬乘之公相不能易也。今歲用度不寬，祇好從省，然真有救困扶危之用，雖窘亦須設法。祇圖省錢，則當用而不用，其勢必不當用而反用矣。此自然之理，然見及者甚少。士俊於家事能否曲意挽回？大抵『利』之一字爲害最大，看得『利』字輕，看得天倫重，無不可感之人，無不可成之事。習市井而疏經史，則見解日就卑鄙，戒之戒之！凡爲子弟均當知此道理。至不當用者固宜節省，然總非爲利也，勤儉乃成家根本。吾教人輕利重義，非教人奢淫及無益花費而亦託之輕利也。

八弟一肚皮見解，其實不能處事，純以己見用事，毫無静力，安能有真見解？能因吾言而内自訟，則有進益。吾忽起乾疥，酷似吾父晚年，可爲寒心。且不止氣魄衰，眼光脚力一切不佳，午後精神即倦，四季皆然，殊似可慮。倘年歲再有變故，不能復如昔年矣。憂國願年豐，每念此，仰天太息！

自溯生平功過，大略頗於兄弟宗族上力追先型，亦粗能救人之患難，學詩文而不與世争名，有勞勩而不與世争功，品節不敢自污，讀書頗有真得，而教人亦以内行爲先、讀書爲要，後進聞吾言而粗顧名義者不少，此皆吾之長也。多嗜欲而不以爲非，雖似知節，實爲放蕩，好以崖岸自異，不免凌人，此其短也。後之人去吾短而存吾長，就吾所長而益深之、益拓之，可以光大前人，追蹤古昔，吾日望之矣。

可傳吾學者，吾弟最近，而不肯刻苦讀書。雲卿以下資雖近，而移於習。外間亦罕能專志學古者，大率科名富顯害事者多也。前擬撰袁公遺事，曾與筱隖兄弟言之，緣所記恐與時人有礙，不敢輕出。昌黎不敢脩史，亦畏禍耳。吾詩文性情品地頗堪自信，從無賣筆媚世之意。若表章忠孝，發揮隱德，則道理自正，非取悦於人，我心殊自無愧。

上年曾與吾弟談張屺堂令弟鞠甫之賢，而未道其詳。鞠甫請屺堂盡以家事付己，而自奉其庶母及弟妹，不惟衣食日用事事經理，並不情之侮亦若忘之。庶母暴氣時，多方巽情，並弟妹亦加意恤慰，甚至長跪庶母門外兩時許，絶不以爲苦辱。至艱窘亦絶不告屺堂，弟妹婚嫁並不令屺堂縈心。四十餘歲無子，屺堂勸娶妾，其夫人亦勸之，鞠甫曰：『諸姪誰非吾子！』好讀書，筆墨婉厚能曲暢，喜與名輩談。能任艱鉅事，如七壕口江水齧棺，叢葬之義冢凡萬餘棺，力以爲己任，醵資遷葬之，勞苦若忘。吾嘗謂鞠甫必有子，今年四月果生一男，吾致賀函，稱其導迎善氣，亦實録也。

向朝持兄函赴臺灣軍營，吾力戒以謹慎，不可狎遊，不可輕出煙瘴之地，加倍謹慎，始可無虞；不能斷嗜慾，則不能自保。未知能守吾言否也？吾家事端多，士約才力薄，不能獨任，吾弟歸家一看，就便商定各事，從容一言，勝士約多言遠矣。餘不盡。

雲卿來，具詢身體漸健，代教諸徒，諸凡慰愜。

又 丁丑九月

兄今年之病，實異往年，疲頓不堪，服藥至百劑。士約來，漸就安可。七月中旬，始强起到營。計駐屺堂家百日，病者八十餘日。屺堂亦大病，病中尚爲我籌畫各事。其夫人日遣老媪問飲食藥餌等件，又送銀蚨作零用，藥中昂品均著人覓取真料。親切懇摯，直同骨肉。既别後，連函問藥品，並勸節勞。而次老亦由淮城紆道至江陰看問，七十餘之老人不憚勤勞如此，知朋友列於五倫，非徒取勢利遊談已也。兄自謂善於取友，今益自信。本擬還山，閉門習静，而既來此間，則無忽來忽去之理，祇好隨緣且過。士約留侍，吾此時不可少士約，猶先父昔年不可少吾弟也。家中事不過如此，積糧爲先。惟歲食欠缺，非添田不可。而今年此病既累屺堂，累俊侯並及霞士，何望有餘？吾身日衰，每夜少眠，輒念人生如此，作何了局？吾弟養病之法，以養心爲先。兄雖外事、家事紛集於心，總以順理處之，事過即了，從不展輾思算。是以前病垂危之日，醫家以及居停諸僕人均謂不起，而鞠甫獨云神明不衰，此形敝而氣固也，以爲仍宜静養，雖不藥亦必復元。兄自覺水火俱虧，由平時心力並勞，積久至此，加以受濕太深，三十歲後，偏墜之病日甚，是以補劑丸散均敢服之，而此心浩浩，當病時强起，自敘一幅。

臥念生平功多於過，設下見先人，尚可勉强少愧。若兄弟四人均得渾合一氣，則此心更釋然無憾矣。人生最要者尋樂，聖賢樂天，狂愚樂禍，雖人品懸絶，彼亦各自以爲樂也。吾儕中人耳，惟求門庭和順，心無牽擾，讀書課子弟，以其暇登山玩水，栽花種竹，又得二三好友論古今、酌事理，悠然浩然，何等適意！雖有舊疾，如此自可暗除。弟祇向此一路尋之，即大樂，與聖賢不遠。若神仙之枯坐窮山，實不及也。兄雖衰，而每日早起了公事，粥後看書，飯後即無事，二更即眠，起居有節，作事有課，是以心無雜念，日似漸强。蓋養心之法，先須有正事，按時做去，自然心無紛擾，宜勉强力行之，實養病最上之妙藥。廣板十三經、通志堂經解、蘇板通鑒等書，必欲購致。若書齋脩葺，經史齊全，吾兄弟朋友約定每日看幾何，督兒孫暨諸後學日看幾何，三日一會，互相討論，臨流藉草，在花香鳥語間共論經史，令後學及子孫輩旁聽，並許其自質所見，豈非古今之至樂哉！計添置薄田，不憂歲食即可。如此，吾弟必能成我此志，相勸行樂，共餘功過以及順心逆心之事，皆不足道，可度外置之。

仲臨、崑珊兩壽文，亦聊以道吾意，然非世俗應酬，亦尚可存。餘皆具雲卿口述。

又 丁丑十二月

來書省悉。王二弟得子，可謂第一大喜。兄病體未復元，且因蔡六哥事心正煩悶，得此信，忽然頓爽。譬如老童生進學，凡未進之老童均可有望。李次老六十五歲方得長子，今已兩男就傅，雙雙旺相，老境極佳。放開心胸，則天祥自集。吾弟復元之後，安心調理，删除雜念，隨便教二三小孩，不必以手頭拮据爲慮也。

嘗論父子兄弟互相得力，乃天下常理。若謂某某幸賴某某，直是笑話。人各愛其妻，不知妻之親我乃是本分，試問義夫節婦曾有離間兄弟之事乎？人各愛其子，不知兄弟乃吾父母之子。試問己子互相讎視，己心能無痛乎？吾教女壻亦令其視兄弟必重於妻子，此是善於愛兒女處。今人聽兄弟之言，總覺隔一層，聽妻子之言，則不復疑此，是極糊塗處。凡兄弟在財上計較者，皆大愚大賤且大不孝；若謂非我，則妻子喫虧，尤極可笑。此一段話，惟吾弟知其大體，務平心静氣，令八弟及士俊、士坤兄弟共聞此理。吾有筆不能寫之言，尚望婉曲伸之。

儀生似可歸弟教督，若八弟必須親教，兄亦不敢强。大凡溺愛者總以己子皆勝人子，總謂自教勝於人教，因此失誤者不可勝數。再加内言，恐旁人學堂中欺我子，則成不治之症矣！婦人護夫愛子，皆其本分，本非壞處，被糊塗丈夫以爲非護之愛之則有無限喫虧處，於是百病皆作。吾視兄弟最重，且生平處天倫處皆學吾父，斷無私心；子弟聽吾言，追學吾父，則家慶日至矣。士約兄弟無恒業，兄自恨安頓不得法。儀生兄弟如有天分稍次者，早令學生意爲最要。兄亦諭士約，若家珂兄弟中天分好者，自然讀書；若天分不好，十歲外即交可靠之人令學生意，萬不可貪讀書虛名，失誤一生。若云不讀書即不明義理，今之讀書人中明義理、能視兄弟重於妻子者，有幾人乎？且王二弟非讀書人，何害爲明義理？爲人父兄，當令子弟知天倫輕重，以身教之，豈在操業之高卑？且亦守分正理也。今天下多游民，總由於不安分。兄最安分，幸與八弟論之。

三哥明年仍教書否？老而瞽，未免語言煩數。然爲人子者，以父母語言煩數輒不善處兄弟，是懟父母也，即是大不孝。諺云：『有子方知父母恩。』父母無不愛子者，得法不得法，在他人可生議論，在人子衹宜多方體帖方是道理。吾兄弟四人，三人在一處，吾一人常不在家，而懸懸挂念，真可痛心。吾家有書可讀，有山水花鳥可娛，有兄弟可樂，有子姪可教，豈非神仙境界？若各去紛念，一味以親愛兄弟爲念，其樂真古今無比！而處者或不盡知，知者不得安處，真可憾也。

雲卿教書甚勤，講書亦甚好，學生功課無間，誠亦實情；然以吾意論之，雲卿實功終尚少耳。吾嘗笑人多私而無實。妄念，皆私也。虚要體面，遮人耳目，其實人人共見，而乃自謂瞞人，皆無實也。何不明明白白，親親長長，裕後光前，過光天化日世界，其勝自尋苦惱豈不萬倍？試與八弟及士俊兄弟共論此理，方知吾心。

家中安常處順，照應補救，均在吾弟。勤教士坤。至士祜，宜長在書房，萬不可勤於抱子；宜帶兩小孩子認字，自己按時課功。此是自己受用，非爲他人。丁女最苦，可撥銀蚨資其零用，前已告五嫂矣。我思文藻，不得不恤其妻女也。

此信想一層寫一層，毫無次序，然空議論甚有益實事，亦有斟酌，慎勿輕忽。甚思與三哥時時共飲食，惜乎不能。我不嫌其煩數也。

示士約 戊辰十月

自亂以來，吾支撑一切，心力已瘁，惟望汝能自立。汝年近三十，尚不能跕定脚根，將來家事全無底止，吾無指望矣！吾年未五十，鬚髮衰白，上有汝祖母大事，下有汝弟妹子姪，將來不交與汝，豈我到不得動時便看汝等嘔氣乎？汝好談聲勢，乃我生平最恨之事。凡人有何聲勢？若門内不能調和，衣食不能自給，此即天地間一大廢物，仍向人誇聲勢，必取禍患。汝從崑珊先生讀書，眼前道理尚不懂得，是不虚心，此後斷須力戒。至汝在家以婉解汝祖母，爲汝母減罪，爲第一事。

家事一概聽汝七叔。至恐人懷私，此最薄劣之心。我與七叔何等弟兄？數年與他嘔氣，偪他求功名學業耳。今看光景太衰颯了，我不能常在家，豈可令他氣悶？汝母究係婦女之見，不知大體，汝又不早成立，不能勸汝母向遠處想，則我真無法。汝兩弟俱難教訓，汝極力喫虧，要從道理上護他，勿任他性。我待汝兩叔自有我之真心，汝當學汝祖父之闊大，學我之真心。至我之弊病，則不可學。汝祖父母及吾與汝母，皆能憐恤孤寡，周濟窮親，是我世德相承處。汝性情不如前人之厚，須知凡自己不混用錢者，必能濟人；自己圖舒服、好虛體面者，必致待人刻薄。此是根本，非小事也。八叔無成，是我之罪；我罵他恨他，是我好處。汝等切莫錯認，若也恨他，即是胡塗，斷斷不可。八叔猶然，何況七叔！人要在家庭間立得根基，方能承先啓後。

我已自誤一生，汝若再誤，即是我罪更添。我不願汝赴考，人皆云我矯情。此後由汝赴考，但須文理通順；若不通順，即不必考。珂孫聞長得甚好，自是可喜，但到四五歲即要令他離家。汝輩不能成就，大抵由母前長大故也。士坤顢頇，我亦無法。若士祜之恃愛，可向汝母婉勸，勿致又荒唐，添一挂牽也。言不可盡，切宜緊記。

又 庚午七月

讀書求通，不望僥倖，此我志也。然日復一日，年復一年，泄沓過去，作何了局？汝年近三十不爲小，從師讀書五年不爲少，若不替我争氣，我更何望！汝好自誇算計，最不長進。人生以倫常爲先，打算度日，正是保全倫常。汝須要自己立志。我身後還要汝和睦兄弟，扶持宗族，繼我之志，豈可先從小處算計？若能振起家政，令我得閒居，聽孫輩讀書，其樂可想。汝要知如此方爲孝悌。若趁父在，欲多置家産以利己，大錯大錯！亦斷無後福也。緊記吾言爲要。

又 壬申四月

接七叔書，知已先搬各房到莊。惟興和崛强，不知轉變，我所素知。凡待人要曲諒人，不得任自家脾氣，强人所難。即如我爲家主，祖母以下，我皆可以强勉使之，但一味强使，豈能妥帖？我之曲意圓融，寧肯自己著急，不肯混怪旁人，汝所親見。何以處人處事不學屈己從人之法？可令興和送八叔來，我自問之。增哥脾氣，我亦深知，但汝兩伯祖惟剩此一孫，不得不體汝祖兄弟之愛，推而及之，縱使費盡心力，亦説不得。

凡處家，要曲曲費心，總要將萬分不和之人調和得渾然一氣，方是道理。至於節儉日用，雖是居家正法，亦須有放寬處。大抵自己刻苦，待人放寬，則全無弊病。汝福相甚薄，人皆知我最愛汝，而我不望汝以功名，不望汝以致富，寧自己苦累，教汝和睦上下，學真喫虧。汝能守我教訓，福亦可積而致也。

汝母性格，我豈不知？但今已漸老，在汝自當盡心體帖，他要的不能盡依，亦須依他一半，他愛那箇兒媳，切不可自分界限。天下惟有父母最公道，就是偏愛，也有道理。譬如天地即有覆載生成之偏，亦無非天地之恩。說父母偏愛，此是餬塗婦女見識。男子要懂大道理，切要化導婦女，勿生枝節。士坤猷，士祜放，我皆知之。我常言，兄弟有不好的，其責在好的，所以象不到克諧以孝，則舜仍算不得孝人。皆言八叔性氣不好，我看亦甚易教。總要自己放出至誠心，不要逞小精神。汝母亦易勸。當初妯娌間，我勸戒他，也就好了。照應七、八兩嬸臨死時，極盡辛苦，是汝母好處。汝祇學上輩好處，其各有小弊病，不要藉口。

凡人要有福澤，先要有和氣。汝祖未嘗有一句閒言語說哥嫂，未嘗教子孫一點刻薄之法，未嘗以自己不遂意怪他人，雖待兒子，亦不肯以不遂意而生怒。此理極博大，我尚一生學不到，何況汝等？然我家得有此數十口親丁，皆汝祖培養得此一段和氣所致也。汝祖母最哀貧苦，常忘自家貧苦，又每念族戚中後嗣凋零者，其存心之厚可知。此皆宜學。我生平不肯薄待兄弟，好周濟親友，汝母哀死而憐病，七叔重宗族鄰友，處家庭常悶著氣以就人，亦皆可學。

至人不能無短處，若以人之短處形出自己長處，乃最刻最險之心。處他人尚宜戒，何況骨肉，況尊長乎！我常不在家，七叔在東莊，八叔有不便處，惟有將内外事交汝，上下庶可相安。汝須細細留心，將我此等家信留在案頭，時時看著，方可學好，莫謂是閒話。

新遷居，諸事草創，勿説自家辛苦，勿逞己能。步步讓人，事事體諒他人爲最要。我不能推此以及外人，而家庭骨肉總求盡心，亦汝所知。八月間，我須自歸，奉汝祖母進新莊。其細事不能盡言，衹舉大端，汝切記之。

又 癸酉二月

八叔來，詢悉一切，惟不知祖母近日何人侍側？老年人無可談笑無可做之事，若侍奉不得人，則諸多拂意。務囑增哥及士坤常侍側方好。每日萬不可斷葷菜，想變法做出好喫的。得老人歡心，即汝之孝。諸孩幼不可令不怕，要先從自己兒子嚴起，亦非故意做狠樣，不可令小兒輕視。汝祖父待我兄弟即是樣子，不可不知。

汝母自以爲是處最多，在汝則須婉順。凡媳婦不敬翁姑，皆由丈夫不以父母爲是，方啓忤逆之端。

今年汝母必思汝妹，如何安慰妥帖，在汝爲之。家內須有規矩，亦須聯絡親熱，若厚薄太分，則和氣漸少，必啓争端。內邊喫飯，除汝母隨侍祖母，餘則皆須在一處，要緊要緊！

在家不要使氣賭狠，凡賭狠皆是自己有大不是處。若道理正，心地厚，豈有賭狠事乎？總之，人家以倫常爲重，倫常中不計利害，方能有根本；根本既立，方可條理各事。勿謂經營度日重於倫常，此是第一關頭，宜知之。

汝身本不壯，才本不足，忽承家務，左支右絀，不問可知。然吾知汝福最薄，以此折汝之災，養汝之福，非以此逞汝之志也。我深識汝之才低力小，慮汝於倫常有虧欠之處，此後務先於妻子去私心，使衆信其公，再於內外上下各求安全和氣，使衆信其誠，然後經營家計，自無弊端。切勿輕視吾言！

山須種樹，似緩而切。我年已過五十，樹長時尚可親撫枝條。明年到家，無樹，便知汝不以我爲事矣。更須温理書卷，一衿亦不可少。且讀書作文亦能養心，恐太苟簡，則損真心耳。事多不及盡言，慎勿先存姑置之心，使我皆成費筆剩墨也。

又

癸酉十月

前書想俱照辦。蔡六伯何時搬家？胡三哥亦能搬否？

家口太繁，務須耐煩喫虧，不可以私心害大義。三伯父移家共住，不獨慰汝祖母之望，並釋汝祖父九原之心。如已移來，一切瑣碎，祇向喫虧處做，斷斷不錯。

人生以倫常爲重，門内三倫，先須講究，凡事先須將大題目看準，若先用小算計，無不錯也。汝侍奉重慈，一切飲食起居，惟汝是責。若使重慈拂意，則其餘不足觀矣。事親尤須體帖親心，如三伯父目盲而家隔，汝祖母何日忘之？七叔未得子，八叔不苦心讀書，亦何事非老人心病？故承順伯叔，正以安祖母；推及汝弟汝妹，亦當體汝母之心，隨事向厚處做，切勿自以爲功。天倫何時不當盡心？何足爲功？增哥得子，吾樂不可言，汝當隨事照看，此亦汝祖父九原鑒臨之事，非比他兒。至諸幼上學延師一事，吾遠不及問，亦聽汝斟酌。珂孫有三代之愛，最要防其驕縱，汝須以嚴待之。且愛子不在疼護，須是望他成人。吾閱歷半生，凡驕慣小兒，後來成立有長進者甚少，不可不知。

門内以和爲先。和氣致祥，千古通理。能和再講紀律，若至性不足，而好立章程，强人從我，萬無持久之理。士坤，騃而無用才也。養不才，不但父憐，兄亦當憐之。

吾漸覺精神不如前，上有慈親，不敢言老，然較之往年，則十減四五。惟望兩弟振作，汝能喫虧耐煩，則心事既寬，尚可自養，汝勿以吾言爲迂。諺云：『成人不自在。』汝雖似煩，已勝我一生勞碌，不可偷懶自棄，尤不可忘倫常大事。餘具致七叔信中。

又 甲戌十月

接七叔書，知擇期已定，一切由汝經理。此等大事，吾既不得親來，自然在汝一身。須細心妥帖，耐煩耐苦，此亦汝一生立脚處。

增哥百二十圓，如無合式之田，明年再添若干，爲之買田。

吾家在盛衰交關之際，若祖母去世後，即有不如意事，便塌下去，此正吾兄弟及汝緊要關頭，必須兢兢業業，事事用心，以求向上。不可任性，不可逞能，不可屬私。緊記吾言！若能行得合理，吾晚年尚有稍安之望；汝福澤不厚，能守吾言，福澤亦可自求。吾父嘗自言福澤不厚，極力自脩，竟免大難，貽蔭後人。此即吾子孫守定之家法。勿以爲迂，勿以爲難。

汝母亦老矣，宜委曲求順之，勿令生氣，則合家皆安。此自汝天性上事。諸姪諸孫祇以安常處順，一體視之，勿分愛憎，可並告之俊大哥。凡事要向公處厚處走，則後福無量。

吾處家極力求公求厚，皆得於吾父教訓，汝等當世守之。若市井算計，得不償失，不可不知。但得俊大哥深知大體，則三伯父自然日漸康樂。但得吾兩房俱守此言，則孫輩必有振起者。嘗讀左傳『先君若問與夷，其將何辭以對』二語，愴然流涕。是以於一兄兩弟費盡心思。昔吾父病篤時，獨以兄弟事諄諄命我，雖死不忘。汝輩宜體先人此意，愈久愈親，則可以承先啓後矣。

每作字，眼脹欲昏，千頭萬緒，若不得了。如此絮絮，猶多遺漏，汝其念之。

又 乙亥十月

我囑七叔延師教家珂、家磐兄弟，切勿簡慢。我家俱喫教書飯，豈可輕視先生？多説大話，牽制欺凌，以致無處延師，弄成遠鄉久住子孫愚耶？束脩等事，一聽七叔調度。我歸時，若有不從我令者，我必不依汝。凡事須照理而行，勿混發急，勿小算計，以致一事無成，合家不服。汝妹在家，勿任汝性氣，致傷父母之心。此囑。

示士俊 壬申七月

今春汝父與叔談到山居一事，云：『我們弟兄俱將老了，若不帶我一塊住，我獨在一處，將來死了，你如何過得意？』叔聞此言，涕淚如雨。

我們兄弟因中年遭亂，散開各住，整幾年常不得見，汝父又將眼壞了，叔每思念，夜不安寢，淚濕枕上，無可如何。旁人看我兄弟似乎不合，不知我四人天性纏綿真摯，非言語所能盡。汝父天真爛漫，純無心機，祇有我們知道。叔之真心替他傷感愁悶也，祇有汝父知道。我山居已定，左近尚有田房可買。汝父帶口信來説得更緊，我若搬去，哥哥抛在二百里外，心裏如何得安？汝可急同七叔或士約尋芷庭叔，將山居一看，如何打算，可早定主意。

吾家之衰由於離，今得再合，必然再盛，一也。人疑我兩房人性情不合，殊不知天性自在，且分爨多年，雖同居而不同財，有何憂畏？二也。無論汝兩弟受教與否，叔每思七、八兩叔或有錯處，必是我錯在先，汝讀書須明此理，凡兄弟間，不但貧富相連，即善惡亦相連，我兄我弟有不好處，就是我自己不好。我們若得同住，汝兩弟亦必向好，三也。習染最壞事，所以古人重擇交擇鄰，若是我家、胡二伯、蔡六叔這幾家在一處住，自然子姪輩不至熏染惡習，四也。我們兄弟四人，汝等兄弟十人，祖愉等兄弟又已不少，俱是我母親子孫，得大群繞膝，豈非世間第一樂事？祇此一件，百戾皆消，千祥自集，五也。六嬸得依吾母，汝家更放心，不致令他鬱悶，且五嬸亦最願意，六也。汝兩弟更得諸叔委曲教訓，緩緩感化，久久自然融洽，七也。至於他事，其益甚多。

此七事，我知汝父子俱願意，所慮者不捨舊居，則難有定見。我與蔡、胡兩家可謂至親密友，今得同居，固是樂事，然總不如與哥哥同居之樂。汝今後要看得父子兄弟上重，方有真性情、真學問。將來山居定後，叔得歸家，與弟姪子孫講究讀書道理，必定先將倫常向厚處，方可讀書也。

卷七 論文蒭説

韓子云：『無望其速成，無誘於勢利。』夫欲速，見小之弊必苟且；苟且則心不堅，讀書必無沉酣之工力；不沉酣書卷，作文必不能佳。

文章雖小道，動關人品心術。擇言不慎，其始不過文字疵累，繼乃日習爲安，有識者指一語之悖而決，其終身之失，非小故也。

少陵云：『不薄今人愛古人。』凡看人文字，無論古今，必當深求其佳處，切不可自恃識力，一覽輒過；尤不可私心鄙棄，並抹煞其佳處。看前人文字，尤宜細心研究，反覆推尋；若着一毫浮氣，自己便少一分得力。

文章之道，體方而用圓。吾少負意氣，聞人談機局，心輒非笑。近乃知機局不圓，則運掉不靈，筋脉不緊，語致不醒。此『圓』字非膚滑熟爛者所可冒。若道理上鶻突，機局都被渠用壞了，究竟何曾講機局壞事！

文章必從理境入。理境貴樸、貴老、貴精、貴醇固也。然天下理衹一理，而文章則題非一題。作文字必先審題，審明題脉、題義、題氣，又必繼以涵泳，使題中逐箇字都盎然有味，則自有一段精醇樸老之文，恰與題合，恰與題之脉、之義、之氣相入，此爲真樸老、真精醇。若隨手填理致語，理是矣，而皆非切要之義，則猶之膚也。然其要先在讀書，讀書之要尤在細心。

前人有言敏着鈍功夫。吾輩資性既不敏，尤須沈潛反覆，始有幾微之得。即如爲文，苦蓄意不多不厚，亦大喫着虧。在愚意，當讀書時，一有好議論、好事體，隨筆疏之。即静坐時，忽想起一段道理，亦急起寫出，不論文理淺俗，但取曉暢。積久所得日多，作文時自然輻輳，腕下不惟能多且能厚矣。此亦鈍功夫也。

讀書苦不記憶。經書總宜熟讀深思，覺難解處亦隨便劄記，久久自然貫串。讀史尤須逐事録存，以便翻閲。某少好讀史，每有難於記憶處及心所愛好，輒取筆疏之。積紙盈几，輒復焚却，以故記憶較多。外間乃以過目不忘見許，其實非也。凡讀一切書，皆可用此法。經手鈔者最易存留於心。

正、嘉以前文，本領既厚，風氣亦樸。子顧以爲必從此入，文乃有根柢。又須尋其源頭。凡根本盛大者，其出無窮。其説極是。然某疑入手之功或不當如此，何也？成、弘以前，運會初開，其文簡略，高古之概既不可以僞襲，義理之備尤不可如彼之略説即止。正、嘉漸宏大矣，然其文皆從『八家』『五子』兼綜條貫，加以醖釀沈浸，味化於古，質從其性。譬如三代制作，既明且備，非可勉强竊似；又不可一躍而過，致有躐等之譏。執筆時必欲取法於是，爲文之徑反易。故學文入手莫如隆、萬，其理仍之先輩，而機自圓、法自巧，筆墨之用寖變爲靈俊，其用則縮，其體仍主發皇。學者熟復於此，日變月化，有不期高古而自不卑靡，不期明備而自不疏略者，其道在能引伸、能變化。若守隆、萬之一提一束，凌駕剽輕，以爲文之妙悉在是者，則又向所訶名教之罪人，不足爲賢者慮也。

天、崇以來，風氣大變。其文專於縱恣發越而藴蓄渟涵之意少，故少年作文，大半喜逞才使氣，乃至題義破裂而不知顧恤。其敝也，叛散五經，滅棄風雅，而皆自附於天、崇諸家。究竟金、陳諸先生，學問淵深，其爲文皆孤詣獨往，深思力創，本非專於縱恣發越，而其文動盪於氣，感奮於時，有不知其然而然者。後人胸中本無一段道理，所遇又非有可悲可泣如諸公當時之事，東鄰捧心以爲西子，宜其可笑也！羅、徐不染風氣，静者之心，故自多妙。然其文實不利場屋，故學步者自希。入國朝後，熊寬博而精氣不充，劉挺特而含蓄特少，韓元少不免以趁媚取名。獨安溪先生兼取兩代之精華，卓然自爲正始，其文蟠際天地，莫與比倫。而清獻陸子以理學爲文，明白曉暢，無一字不從胸臆流出。嘗與子固論之，歎爲兩絶。此外，京江宏整而不免紗帽氣；脩來倔强自喜而静氣無存；方氏兄弟各名其家，而百川不免空調，靈皋不免疏忽；儲氏、王氏尤多聞人。在陸經學既富，古味亦深，然頗好脩飾，少雄直之概；六雅風發韻流，苦無實際；禮執學於孟堅，致有獨造，而粗莽之病、墨氣太濃；耘渠好言細密，而體乃墮纖；若林太事鈎勒；漢階又近甜俗；至於文輈，刻畫爲工，痕迹滿紙；曉樓工力最深，亦嫌肥膩；高虎文獨立不懼，氣象固殊。要之，節取其長，皆吾師友。明指其失，亦藉以參觀，非敢歷詆前賢以長學人之傲。某意讀文時不墮文障，必由於此。願勿存留於心，致讀文閱文皆有成見，乃善爲鄙人補過也！又，吾所以言此，深明學文非從隆、萬入，别無門徑，庶幾有得之後，泛濫時亦資共證云爾。

讀隆、萬文，先須識得大意。譬如一意未了，復接一意，易見彌縫痕迹，渠却先將後一意隱隱一撥，則上下皆渾然無迹。此法稼書先生説之最詳。凡讀隆、萬文，遇稼書先生評語，最宜熟讀細玩。

某少負桀驁之氣，懶讀時文，中間泛濫諸家，尤矜博覽，近乃反取隆、萬人文字熟復玩味，此是近今長進。凡讀文覺甚平易解處，切須留意，不可輒生厭忌。

隆、萬真本領文字，當與正、嘉一例看；大氣魄文字，當與天、崇一例看。某所選者皆小題機法巧便之作，然未嘗不有本領，未嘗不有氣魄，但能反覆熟讀，觸類自可旁通。

作文必須胸中有一段道理，大題須有整片道理，即小題亦須有零碎道理。

文章有遥接法，極爲離奇縱宕。然非熟於古文離合之法，不可隨便自文其拙。若不得相接處硬行抵塞，是非遥接，乃不接也，大忌大忌！

轉處、收處是文章大關目，必全力應付之，始有筋節。不獨通篇大轉大束不可草率，即每段收轉處亦不宜輕心掉之。前輩論文專於此等處斷人福澤。某謂此等處若加意持重，亦徵其人矯輕警惰之功，即謂福澤本不足，由此可以轉移，亦理之所有。

每作一篇後，歷數日必取出細閱，有疵累自然見得分明，力思所以改之。若朋友有譏彈者，必虚心采納，應時更定；識力不到，雖數年後必能自見，終必改之。文章不厭多改，最不可因循苟且，終不長進。

自己看不到處，有説到者，必細心思索。凡以求當於理、無憾於心爲率，不可便謂己是。

看時人有佳文字或文字偶有一二佳處，必隨手録之，不可存鄙夷之心。

作文時虚心涵泳數遍，通體布格既定，意義層次既了然於心，便想如何起、如何接、如何轉、如何結。中間一切法，一一明白，便一筆寫就，不可隨寫隨改；即有不安，成後再細改之。若逐句做逐句改，心既散亂，氣機必澀必滯。比及改成，反覺草率，且病痛百出，所改仍不愜心。此歷試有驗之法，勿以常談忽之。

作文字先須界畫分明，前後際須一字不可混。若一意敷衍，意義甚枯，而語致複疊，便不成文理。雖震川亦云從有出落做到無出落處。然則無出落，固必從有出落做起也。

雅不喜出奇翻案。鄉以爲害心亂道，皆由此起。然亦有說太苦庸、太苦陳，非別出一奇不可，但不可害理耳。然亦必胸有真見，題多宿莽，而後出於翻案。至浮游之說，不足爲有無筆墨，又不足以自伸其說。而好爲弔詭，有以知其必非端人也。

古文排偶整比，藏於錯綜敧側之中。左國以來，從無通體散行、意單勢孤亦能成文之理。但觀古人所傳，雖短章寥寥，皆具有奇偶相生、殺活互用之妙。乃至單詞閒見，亦有陰陽向背之勢。不細心則不見耳。此事衹争苟且不苟且耳。學文者切須留意。

學者雖不讀書時，須常有讀書底意思在。

少年讀書作文，須是興會淋漓，滿心以此事爲樂，方肯用心。若視爲大苦，自然生一切懶惰苟且心，勉强應付，終是一字不得力。

偶然看書，便如饑食渴飲，生歡喜心，其讀書必大長進。拈筆作文，便有一切都置孤詣獨往之意，其作文必大長進。所謂興會也。

讀書須是定不放過一處棘手，須是徹底思量，偏要一直透快到底。雖偶有閒時，必取所讀書仔細覆看，此之謂沈酣，此之謂鈍功夫，此之謂興會。

到得作文時，意義不得自然奔赴，亦有勉强之法。譬如一題到手，便思某意可以會通，某典可以運化。一題如此，他題自然肯如此想。積想既久，自然變化從心。

却又不得囫圇寫出便了。嘗愛唐人『巴蜀雪消春水來』之句，以爲狀得讀書人意境出。每舉似同人，謂讀書如積雪，用之如春水，蓋運化之妙，寸心自知，非他人所能助力。

作文須是先講布置，譬如下棋，總須先識得局面。先忌板滯，次忌促數，三忌散漫。去此三弊，有萬金之良藥：一曰靈，靈則不板不滯；二曰醒，醒則必不促數；三曰緊，緊則必不散漫。運用此三訣，又有一字曰『圓』。願留心熟思。

凌空飛動之文，無不喜者。至意雖足，而局太板，語太澀，則毀譽各從其類矣。若意並不足，入手即棄去，人人然也。請細參之。

某談文未嘗講機局，今乃縷切言之，得勿疑某引人入時趨爲僥倖具？其實非也。先正雖高如王、唐、歸、胡諸公，其運棹機局，皆有匠巧。某向來心粗，貪說門面，繼又貪取意境，所以未說到。今說此事，須於琢如有益。若仍以門面了却，仍舊說玄說妙，將意境盡情揭出，於琢如甚不濟事。且某非無徵之言。如守溪三黜篇，震川聖人有所不知等篇，機局皆顯然可見。又如荆川一匡篇，正講已了，忽着『雖曰』二比，文勢方得跳盪，此非機局上事乎？又嘗謂此二比，乃從守溪百姓寧篇後比脱化出，可知前人文字儘有機局，可供取裁，却被粗心人一瞥便過。願反覆推尋，無以爲欺人語則幸矣！

用意用筆須是前中後各不相混。若前後可以易位，彼此嫌於雷同，又或胸無成竹，一層已了，硬足一層，以致覽者見補綴之痕，輒生厭棄，尤可惡也。

下筆時，雖別有事故，不以攖心。必一篇既了，而後別務始可酬應，否則因循便了。體勢難知，機巧易見。不知機巧，則體勢皆僞。正、嘉以前之樸略，非無機巧也，但見體勢耳。隆、萬之機巧，猶有樸略之意。近人乃並機巧而亡之。某稍能以體勢藏機巧，同輩乃以爲天分固優，不知某於此事，實乃三折肱矣。

文有拆字訣，黄小無不飫聞。然此等運用，全在明眼人覷破題竅。即如單題，須先識得某字在前、某字在後。若『君子不器』題，須先講得『器』字，分際確然，然後落到『君子』。若『君子求諸己』題，則須先説『君子』，次清『己』字，再細刷『求』字。本句雖極實，乃是關動題，須有小人一面在。又如『學而不思則罔』，須是先説『學』，次説『思』，又次説『不思』，又次説『罔』字，又須以『而』字『則』字虛神貫注其中。守溪先生文即是此法。至『思而不學』句題，便可緣上，將『不學』先剔清，以題緣上入，自可得間。然此非板法，須細參之，截上題、截下題尤須識得此法。緣題本偪仄，非此直是窘步。如『而其所薄者厚』題，既截去上下，若專取『而』字，上下際語氣豈不窘極？能手即從『薄』『厚』字翻剔玲瓏，其『所』字『者』字，字字清刷，自然一氣貫注。又如『與其奢也』四字，題若促急，深明『奢』字之弊，則『與其』字易了，下文不侵亦占矣。向見一文，不記誰作，先説今時風氣寖趨於奢，次便説今人之奢原亦有不得已、不自知兩層，然後説奢如何流弊。琢如細思，至説到流弊，豈不徑接下文？却又不肯徑走，忽然追維禮之初原以防奢，又説人之始失所以便到奢底地步！曾記其結束處有云：『用禮者，反覆思之，其能安於是乎？』當時極歎賞，以爲如此通體不曾涵泳，『與其』字處皆有此兩虚字跳盪紙上矣。惜其文今不可得，亦並不記是何人作、何選本中見之。又如典制題，有『非枵腹所能塞責者』，然即從題中字逐層細剥，想出意理，胸中有一二證據經緯其間，便分外飛動。又如極苦窘題或一字題作何拆法，便須從上下、前後、左右落想。拆義亦是拆字。獨如澹臺字、滅明字、牧皮字、浩生不害等字，萬不可拆，一拆便墮鬼趣也。某略言之，願隅反爲幸。

認題先須識得先後，又須識得主從，如『子路、曾皙、冉有、公西華侍坐』題，本無深意，然畢竟要以孔子爲主，就四子中又要以曾皙爲主，却徑露不得，又須破碎疏剔、隱躍在言下方是。又如『必得其位』四句題，祇有四『必』字耳，餘皆從也。從此悟入，凡棘手題可以迎刃而解。

一氣縱宕，讀者方鼓舞悦懌，忽着一層頓折，便分外飛動。講機局，須識此意。

有一段極好議論、極好義理，若開手寫却便已一覽無餘。能者四面託出，極力頓跌，極力作緩局，到得八方俱足時，一湧而出，分外飽滿矣。看前人文字，但賞其酣嬉淋漓處，便是粗心，須看他經營安放之巧。

又有開手掀翻之法。須胸中有無限議論，有一定機局，方可爲之。否則，前路一氣趕出，後又敷衍了事，有何意味？

作文至談聲調固是下乘，然雖大家，亦必自成音節。但肯多讀古文，自然衝口而出，音節皆和。

一篇文字，看似逐處安放，其實乃一筆寫就，是謂『以法行機』。看似一筆寫就，實乃逐處安放，是謂『以機化法』。看前人論文語，須是如此理會。

逐處梳櫛是矣，然前後絕不相顧，前輩所譏『四橛』也。嘗謂近文非獨四橛，並成八橛。下筆時，須以氣機相引爲佳，然亦須層次淺深，實乃一線相承；若一滑即溜，便墮下乘。

作文要有趣。譬如同一切題，而覺此義較精者，理趣勝也。同一用法，而覺此有法外意者，意趣勝也。心手相忘，趣乃盡神。然此境大難，且去尋出意趣爲佳。

一脱卸耳，具無數法；一挑剔耳，亦具無數法。作文若胸中無此等解數，那得不爲題窘？

洮洮清辨，如翻水成，讀者那得不愛？

一切俗法無取乎爾，獨截搭之弔渡挽綫成印板矣。然亦有出脱法，一以行機爲主，自然處處合拍。

塲屋之文本難決勝。某嘗謂學者第當爲可售之文，清而腴，雅而恬，適使不知文者不惡其貌，而知文者亦可尋其微。是斟酌古今之訣，若鈎章棘句、探賾索隱，又或蒙以古貌，調啞而色陳，則是必不售之文。至於力揣時趨，塗以脂澤，舉體皆俗，見者欲嘔。又或言之不文，雜以市井，知文者惡其喪品，不知文者亦笑其捧心。以之投時，反取棄擲。夙昔論之，歎爲兩失之道，此其類也。

塲屋之文自與平時有高下。然高下雜馳，何能兼美？但極力爲文，自可取知當世。若每一拈筆，便思爲入彀之文，所謂未能造車，便求合轍者也，究竟時轍屢遷，無可臆決。孟子曰：『不知足而爲屨，我知其不爲蕢也。』此亦極力爲文之義。又況自下而上，其勢難；自上而下，其勢易。功力既到，無施不可，雖不求必售，而售可必矣。

按期作文外，或偶有所觸，覺某題可如何發揮，抑或天趣洋溢，意思坌涌，便急起赴之，稍縱即逝，鄉所謂機不可失者也。如此，可以涵養文心，使活潑潑地。

作文到得長進時，不患不能發揮，患繁且雜。於每搆思時，但取鑄局意思不甚比附，或嫌破碎文格，即割愛可也。

前人論文每有精語，從之參悟，可得無數法門。如云『張皇幽邈』，幽邈如何可云『張皇』，煞有意味，閱文時此等處往往忽過。要之，讀書且不理會，何論文字！讀文且不理會，何論評點！

文有病痛，若是自己當下見得，猶易改；若是自己不覺，或更道好，便難於此。有人指破，切須留意。

作料少，亦是一病。然祇須多讀書，自然日漸增多。若是挪借，將來必不貼切，文益支離，其病轉甚。又須隨題施設，若敷衍便了，是爲自欺。東坡論韋詩云：『蘇州詩非不佳，祇是作料少。』後人駁之曰：『東坡詩非不佳，祇是作料多。』於此得調劑斟酌之法。

詳略繁簡，每題自有法度。然亦有人詳我略、人略我詳，可繁者簡、可簡者繁之法。要須識得運用之宜，使詳略繁簡不至相形見傷。文章至恰好最難，但亦有各人分際，所謂恰好處，躊躇滿志、不遺餘力即是。凡人做事總期不負心，不負心則無遺憾。文字何獨不然？

聖賢言語，極平常處，本自大而無外，深不可測，不須人恢之使大，浚之使深。但著力學文時，涉恢涉浚，即亦何礙？若以不會做得爲恰如題分，便是自欺。

凡學文字，直是智盡能索，方得出頭地；若惜一分力，便不濟事。看人文字佳者，當想他是如何用力，便去照他樣子做功夫，不可隨便詫異他好處，以爲自己萬萬攀他不上也。

看前人文字，必有得力處。離却前輩評點，無有入處；單靠前輩評點，亦無有入處。講板法固是匠氣，離却板法又那得成文？此自機局上事。某嘗謂極容易處，須是反覆思之；極棘手處，亦須是直究到底，定須得箇分曉。若是易處便就，難處便避，是不長進。

某爲文始終得力一轉字，所以不至徑直無迴曲。文字以直爲體，却須以曲爲用。然又不可强作佶聱，故爲層折，使意不足而詞有餘。此際正須善會之。

一篇文字已成，字句自須斟酌。然字字戥稱，句句鐵鑄，談何容易！但須當理愜心，據自己功力到處，不留遺憾便了。

學文大病無過助長。何謂助長？功力未到，欲以己意一蹴而至便是。如欲本領大、根柢深，須多讀書，理境爛熟，加以涵養，乃可造極。今必欲篇篇性理，字字大家，究竟填凑剽竊，無一是處。但循序漸進，功夫不輟，自然造此境界。某鄉年爲文，必有汎濫諸家，自逞才力，何曾一字是胸臆流出？繼又力撫豫章，頗工擬似，近日自己細看亦費條析，可知一偏之見，皆是助長之害。

某累數千言，欲琢如反於淺近。吾輩人稍有資性，必不肯淺近自安。然須識得深遠處，非從淺近入，萬難竟到。又某所言，皆身造其境，心知其意，乃敢爲琢如陳之。若功力未到，識見未的確處，必不敢欺心，使琢如驚怖其言，驟爲慕效，以滋一切之弊。故前人已經闡發，耳所熟聞，間亦及之，而高深微妙之説，某心所不敢自信者，一皆弗贅。此意亦最緻密，爲琢如，亦所以自考也。

附　論詩賦

教學徒讀唐詩時，自己便留心玩味，自然詩有原委。

作賦非材料充足不可。然不曾蓄聚得，驟求博雅，又是癡也！且亦做功夫不及。愚意凡看書時，擇其可入賦、可作題目者另紙録之，再逐細分類，如天文、地理、學問、兵事、技藝之類；不然，即隨便編成句調亦可。雖温公亦有四六備覽，東坡亦有摘句待用時也。

作賦有三字訣：一曰鮮，二曰整，三曰活。此數十年賦家通同之法。祇須解得此三字運用，便爲一代作手。

賦家争起手，聳拔警鍊，最易動人。

布局以縱宕爲上。縱宕中自然宏整，尤徵功力。忌雜，忌平衍。

作賦字句尤宜檢點。不鍊則語不解，局不整，機不活。鍊句，鍊局，鍊意，尤須鍊勢。

以六朝、唐賦爲根柢，而參以近今律賦，思過半矣！賦以敷陳取義，古賦尚矣。某每謂近今律賦佳者實勝前人。能自得師，何必貴耳賤目！

成語須有的對，方可入賦；若憑臆作偶，最生厭忌。徵引事實，必時地皆合方可。不然泛濫成篇，究亦貽譏數典。

總之，無論詩賦文辭，讀之必盡心而後已，作之亦必盡心而後已，又須按期常作，不可間斷。若作時雖用心，而平時並無讀底功夫，雖常作亦無濟也。

前數年嘗疏所論作文法，題之曰『芻説』，論之實未盡也，乃隨事疏引，並追憶平昔所説雜書之。凡所論皆吾所親歷，循而行之，上可以進於古，下亦不失爲一時之傑。獨患不肯降氣、猛力以求之耳！吾非敢謂所論無復遺漏，亦未能保其無復流弊，然引伸觸類則備矣，切己體察則善矣，善且備則進乎道矣。

學者每日須有定程，雖課蒙鮮暇，亦當減省。立程不可全無定格，致因循懈惰日復一日也。太史公『好學深思』『心知其意』二語，極盡讀書之妙。雖有他務，心必在學；苟無他務，力免於學，此爲好學。讀一書必求其大旨，讀一篇以至一段一句一字，必求其所以然，引伸而會通之，此爲深思。既好學又深思，則學之所到，獨有深喻，思之所通，無所窒礙，自然心知其意矣。不至心知其意，不可謂好學深思，且須著力求之。口耳之學，豈有真悟哉！

武侯『略觀大意』，淵明『不求甚解』，是古今第一等善讀書人。然此二語極須善會。『略觀大意』，取精神也；『不求甚解』，惡穿鑿也。不讀書者，動引爲口實。夫今人直不觀、不求解而已，於古人何嘗乎？須是勤觀勤解方得。

讀易者如無書，讀詩者如無春秋：專而已矣。汎濫任意，忽此忽彼，究竟皆不得力，最讀書之大忌。昔嘗與耘清書云：『陳魚於案，食未竟而思熊掌，又趨而求食焉，熊掌不可必得，而魚之味仍未盡，其終必兩失之。』其言雖近，可爲善喻。大要每讀一書，必終其事，乃及其他。今縱不能孤行己意，卒業於古，要須定一日課，每日畢某書幾何。少讀而務解，久久自有真得，且用功反易。若雜騖無紀，既難而又無益，甚不值得。

讀書是大樂事。吾輩應酬世俗，紛紛雜事，無非苦境，獨此事活潑潑地，而又不肯用功，悠悠忽忽，終身於苦中，而無一樂，大可惘悼！弟須識得此意，自然日與書相親相化矣。經最難讀，亦最易讀。古人制度皆不可考，往往被考據家鬧擾不休，使人頭暈，所以難讀。逐處俱從尋常日用體帖，則逐處皆有悟入，不比他書，少有吃緊關切處，所以易讀。要之，於制度上略有窺尋，即劄記存之，久亦貫串，則難者亦不甚難也。

雅不喜翻新立異。然古今有極可疑者，往往令人不快，亦須逐時録出，以爲考證問辨之資。

十年前，弟好讀史記，近數年反不深求，此非善學文者。史記有無數文法，潛究之則文字必有境地。此時説不出處，且吾至今固尚未盡其妙也。

八家中，歐、曾於經義體較近，蘇則策論之大資也，韓太大，柳太峭，王太奇太拗，不可不讀，不可妄學。

嘗謂古文之源有二：其一出於左氏，變而國策，而史記，以至韓、柳、孫、李、歐、王、『三蘇』之屬，其傳最盛；其一出於國語，匡、劉以降，則南豐、新安而已。元明以來，惟歸熙甫學曾而未至，侯近蘇，魏近歐，汪僅標格，方則求兼而未成者。近則姬傳先生，出入韓、歐，其體頗備，大抵皆『八家』之支流，無溯源於左國者矣。至周秦諸子，則莊、列、商、韓及漢之賈生、淮南，皆左氏之流。老子、孫子、荀子及漢之廣川，皆國語之流。左則簡於辭，富於波，變動於法，其源出於易與書。國語則委曲繁重，暢茂條達，不欲簡，不作波，不求變動，其源獨出於禮。此其大略也。若騷降而賦，其後相如、子雲、陳思、士衡以及八代諸作，皆詩之變也。弊乃婪於藻繪，模糊無義理，君子戒之矣。觀古文，以此意求之，庶有統宗，然要須逐處辨取，不必横據此意，反無得力處也。

學文要有次第。先審題，次布格，次立柱，次脩辭。若一題到手，先想某典故可以敷佐，某古文可以套襲，此是欺世盜名心術，不惟於文無益，於心並有大損。戒之戒之！

凡讀書作文，須是月計不足，歲計有餘。若急求見好，爲害最深。祇須立定功程，認定趨向，日復一日，不肯苟且，自然精進無窮。

凡作文喜人看，是一病；不喜人看，亦是一病。喜人看，先有自己得意在，是欲人道好耳。不喜人看，先有自己護短在，恐人道不好耳。惟與用功夫、有見地者看，不與漫應酬、没出豁者看，最爲得宜。

昌黎原道諸篇，歐陽本論，眉山策略，曾、王學記，此類是『八大家』本領處。柳州則唐書所載盡之。學古文宜以此先之。

時文極是正經制作，都被摩風氣者敗壞。稍聰明、欲自命者，至謂必廢時文乃可。夫詩賦浮麗，不足取士；策學剿襲迎合，弊亦多門；經學專家，漢以後久絶矣。惟制義尚近經論。但爲之者心術自壞，何嘗爲時文所壞乎？嘗恨諸言官無慎選督學之奏，使天下爲使臣者一稟經訓，不命割裂虚縮之題，不取浮掠熟爛之文，清胥役之弊，而杜請託與懷挾僥倖之門，則文運一轉，正學寖昌，自應童子試時已然，而况鄉、會試乎？此正本清源之一端，關於治化，非但文字也。吾曹縱無督責之者，自命以此，即脚根先立得牢，亦爲豪傑之一端矣。

文以意爲主，但争落想一著。所謂落想，乃是通盤打算，然後立意，非止一起筆已也。出手便尋替代字樣，此俗下極惡之習，琢如所謂開口便錯者。吾弟不可爲俗啉所動。

前言作文字須界畫分明，此是學文之法。以此法看前人文字，雖亦可尋出線索，而大段氣體却看不出。嘗語琢如，前明一代文須是不畫段勾股，方看出大處。正、嘉以前文，尤不可逐股看。琢如依此法，遂識得許多體氣。此意甚高，粗心人却藉口不得。大率看古文須界畫，畫界纔見得門徑；看時文須不界畫，不界畫方識得他與古文一樣。吾數年來作時文亦不用界畫，頓覺他人有許多不聯貫處。

作文必實。實，還他著落，先正樸樸底説，最有本領。吾文實，還處必安放一番，多用前引後託、旁見側出，以避雷同剿襲之病。能自樹立處在此，不及先正處亦在此。學先正多成僞體，且熟而腐者往往不免；學吾文多好用解數，或反自相刺謬：二者皆有弊。總須多讀書以蓄義理，多讀古文以求體法，則隨所之而皆可有成。若是不還實處，則爲憂方大矣。

自金壇專以揣合虚字爲教，而發明道理之意亡。前人有論及此者，要是名論。然虚字非盡可抹煞，須從虚字發出道理。若衹以側筆纖語揣合之，則識體者所不爲。方文輈至以張脉僨興爲慣技，踵其流又害心術之甚者也。

前明亡國之際，有人不足齒，文尤悖亂。

欽定四書文所不載者，或側而險，或僞而膚，或雜而妄，或囂而支，皆近於世俗之墨體。世俗護之者，藉口於不以人廢。夫所謂言者，如商、韓之子，柳、王之文，世所不可少，則存之。若曹氏、沈、宋之詩，揚雄、潘、陸之辭賦，實爲工妙，藝林所資，抑其次也。若諸人之時文，其何取乎？爛惡趁媚，以欺世而竊科名，譬如市娼衒冶，下走羞以爲妻，又何不廢之有！吾嘗懸以爲戒。子弟有習文者，慎無入目爲切，雖外間不可驟化，吾以爲家戒可也。

文之長者須不可減，短者須不可增，是矣。然又須長不可增，短不可減。若長者可使更長，其爲遺義多矣；短者可使更短，其爲剩字多矣。此斟酌長短一定之法。

學如行路，須是實。實行到高處，一望可數十里，而都未實歷，乃侈然以心眼自矜，此爲欺耳。君子不自欺以欺人。

凡人好以不如己者自比，祇覺自己無限好處，此最喫虧。看人文字亦忌先瞧他不起，皆學者之切病。

作文到痛説弊病處，言無愧辭，此由平時存心制行不走作，非關文字也。存心有暗曲難告人者，制行有作僞難問心者，臨文必多顧忌隱諱，不肯直道之語。故吾嘗謂作文足以省心察事，作文要須逐處積意，能積意必先能搜剔。范蔚宗自病其文多公家言，今之時文，其理致議論皆公家言耳。處處搜剔，則意自深確。大率文章一道，斷非懶用功者所能。

學文先要立志。立志祇要欺人以求售，不獨文不能工，心術先壞矣。讀聖賢書，須以發明道理、扶植倫常自任，須是文中所説都行得方可。

眼前諸君，有識者都病我以少涵養，吾深服其論。然涵養須從存心明理、讀書養氣大段見之，不可僞襲。學文當自光明磊落、斬釘截鐵始，萬不可模糊揜匿以爲中和。凡文有不定是非、不見起止者，必非端人。此非小故。涵養純粹，當徐而俟之。少年文雖圭角太露，何害？

詩文要須成體，筆墨變换何往不可？第一篇之中一字不類，是謂駁雜，是大病痛。嘗謂『鍊』之用，莫要於此。若捶句爲篇，鑄字爲句，小哉其言鍊矣。且俗稺之病多生於鍊，亦不可不知。

文章之道以相反爲用：詳處宜略，略處宜詳；續處宜斷，斷處宜續，皆其類也。讀書亦須從相反處入：思議粗中求精，深中求淺，曲中求直，敗中求成，皆其類也。曾從相反處用功，到得悟時，自如水銀瀉地，又如萬斛流泉。

君子立言自有體要。律賦雖小技，其猥褻纖詭有傷大雅者，必力去之。昔吾作張敞畫眉賦，刻劃頗盡巧力，甚悔之，結處乃用正論爲救。此事關於性術。

謹按：是説删存、全存，時賢見解各殊。或謂制藝已萬古不復，莫若專存論古文之説，用成佳著。或謂制藝爲明清兩代取士之資，存爲後人考據。更謂凡書貴在精義，未可因時代體制而有所偏廢。且説中節與節脉絡貫通，隱有一層深一層、一層詳一層之意，故全存以留其真。家珂謹誌。

卷八　無夢軒詩

無夢軒詩自序

余少好爲詩，積至二千餘首，經亂後皆不存，大率不足存也。此册始戊午，皆亂離奔走中所爲，删其繁蕪，餘百許篇，自寫之。

余爲詩好言法，嘗爲弟子輩取唐人詩疏解之，取其脉絡通暢。最不喜論詩者以可解不可解之間貽誤後生，又嘗謂詩外無餘意、句中祇一面，決非好詩。蓋自三百篇至李、杜而下，以此意都集論次，未成書而亂作，亦不可復尋矣。亂後，頗見士大夫多爲詩者，嘗論之曰：亂離之作有二病：其一，填布時事似公牘，敘述之體正佳，亦日録耳。其一，不恤傷厚，極辭逞快，惟恐不盡，尤可惡也。三百篇以來，少陵流離戎馬最苦且久，其詩有哀痛惻怛之意溢於言外，去變風變雅不遠。吾輩不幸罹亂，爲詩當有此意。余生平論詩如此，未知今之所存，其法能不戾古人否也。

同治元年十二月廿六日，書於陳州旅齋。

五言古

白髮

四十見白髮，頺顔自驚早。歲月忽電逝，去日何草草。失養不可追，諸弟倖相保。妻孥逐萍梗，相看各枯槁。計食恒苦力，望塵夕多擾。飢翅側雕鶚，空場失粱稻。深叢聊戢翼，豈有安巢鳥？邇來六七年，生趣諒已少。非無曠蕩懷，愁緒百牽繞。心魂日波流，焉得顔色好？浩然坐長歎，亂離易衰老。

歲暮還家 二首

霜鷄號中夜，寒意警萬物。羈客起旁皇，歸蹤待明發。貧中無良圖，事至輒傷骨。優閒鮮所就，况乃在倉卒。踟躕且還家，長路乘曉月。

縱横虎狼迹，山家不遑安。亟營尚憂遲，况兹出門難。出門復入門，鬱紆摧肺肝。冒死蕭然歸，妻子顔無歡。歲晚貧士傷，浩然長恨端。

村塾和友人

託業在詩書，詎以夷險異？承平愧講席，疏蕪九經義。軍興罷生徒，寒儒失所事。我衰非暮齒，側身苦無地。語言太迂拙，株守古遺意。亦有時世儒，相逢輒驚避。故人寄山村，斗室集群稚。遠烽望可及，弦誦猶不廢。勿謂無良材，藉存純樸氣。壯大親紙筆，或以騖名利。童子天事近，雕斲猶未至。發蒙養以漸，其道在可繼。教頹習彌乖，大亂馴乃致。正始責童師，胥勸能佐治。豎儒功世教，不但基上第。故人嘅相語，少小宛可記。母訓久不忘，執業實有自。我聞哀涕零，此恨且没世。牙牙初學語，提携早觀志。口授非一籍，好果恒拜賜。壯來抗師顔，家誡諄勿替。父逝母養艱，本撥枝安寄？弟業不時就，男大鮮識字。抱經竟何益，世積吾乃墜。入室聞咿唔，鈞天亦何翅。與君勉持衰，培元兹養器。導識貴有源，立言庶無棄。時平卒素業，所補或非細。

三士詠

舒城胡崑珊

胡君貧獨介，晚罹意外災。才子忽兵死，身竄荒江隈。狷潔一生守，澆民無與哀。别我三四年，尺素無由裁。知君精小物，搜隱聰明開。百憂損一智，盛業終塵埋。三復玉汝言，天心安在哉？

壽春孫倚笙

孫君篤實儒，内行今士少。好學助安敦，能文不虛憍。德門方集福，群從盛文藻。獨持祥鳳質，澹泊在枯槁。不見鄙吝生，嗟余咎盈抱。淮山杳蒼蒼，淮水流浩浩。潛耀山水間，富貴何足道？

同里丁琢如

丁君古矜愚，不肯輕滑性。逾强集千悲，妻女色恒病。嗚呼天夢夢，顛倒失視聽。豺虎噬豪賢，拙者彌陷阱。兵氣蕩荆榛，逐汝栖絶徑。孤寒遘奇迍，豈敢擲軀命？堅貞乃似頑，慎節乃似吝。我思守道人，始卒庶可信。

征夫歎

古來從軍苦，逼迫由吏人。今我從軍苦，乃由天不仁。歲逐兵餘荒，飢寒及老親。兄弟各離散，孑然爲一身。餓死不足道，無人繼宗門。是時梟獍凶，累載逋遊魂。聊藉甲士餐，庶幾身幸存。獨飽潸涕淚，負我骨肉恩。我從大將軍，逾關涉長津。江潮晝如沸，賊艦排魚鱗。水陸百餘戰，豈曰無微勳？苟活已傷骨，論功欲何云。昨逢故鄉人，田園蒿艾新。問我家室訊，欲答還逡巡。前日戰屢捷，録級賚以銀。寄歸當爲誰，不如死孤貧。頗聞餘老弱，一二居相鄰。傳語視墳墓，從兹爲棄民。從軍無還期，哀哉多苦辛。

離婦歎

浮雲無根株，爲雨難上天。征夫棄妻子，一去不復旋。乳下小兒女，久飢寧得全。丈夫不自保，忍苦成棄捐。君爲船下波，妾若波上船。波蕩船箭疾，所泊非故淵。兒瘦已如鵠，倉皇手中牽。託命於新人，涕淚潸流漣。存我故夫祀，破鏡不望圓。污池泥積塞，其中生青蓮。顧視隨風萍，摇宕碧水前。東家一少婦，烈烈甘重泉。萬死守孤潔，心與金石堅。慚彼陶嬰節，傷哉獨不然。高天無視聽，不能徹幽元。毁性延一綫，此苦誰能傳。哀哀離婦心，死者當見憐。

孤兒歎

木枯存穉條，人死存孤兒。親盡無可託，哀啼沿路歧。粟貴麥未及，誰能給粥糜？何來一慈人，見之惻然悲。攜歸付老媪，且復充其飢。北風摧鵲巢，孤雛一何危。長成有羽翼，亦傍汝門楣。老媪口不言，心怨翁爾爲。此歲古所少，我活未可知。兒曹飯不足，拾此駢且枝。哀哉媪心異，兒死寧得辭？溝中積嬰幼，慘慘足涕洟。一兒何足道，負爾翁心慈。昨來官育嬰，編藉在所司。數多悉裁去，聊可銷金貲。嗚呼天夢夢，赤子罪安罹。覩此摧肝腸，淚下不可揮。顧我抱中兒，汝等猶嬌癡。

行旅歎

非不戀妻孥，非不懷田園。荷擔出門去，誰能理煩冤？兵烽交未已，道阻豺虎喧。早行風霜切，晚宿蒿艾繁。忽聞寇當來，負重紛然奔。官盜異頃刻，叱詰驚心魂。各有關律征，裝橐錙銖論。問直逾其初，遲速賴主門。孤蓬四飄宕，終當守舊根。還家見骨肉，憔悴形質存。鄰家獨後至，掠取事難言。衣裝併見奪，身有刀杖痕。聞之私自幸，我命猶未迍。古人重耕作，鄉井長子孫。誰遣長僕僕，日營飽與温。承平寧有此，因念吾君恩。

流民歎

日月灼九宇，不照窮民心。窮民有故廬，棄之竄江潯。擔釜併孩幼，忍飢越危岑。田荒不得耕，因循到於今。主人非故識，迫促來相尋。一椽蒙許寄，感荷涕泗淋。日久情屢遷，漸復相侵臨。我本安居者，汝來苦宜禁。天道有乘除，寒風成積陰。斷炊誰復問，昂直以勢侵。依人宜吞聲，自恨非多金。流民汝勿泣，天心不可測。昔當澤鄉没，就逐高原食。山農欺澤農，兹事恨未息。蚩蚩互低昂，循環非所識。往來皆傳舍，何人無緩急。水國未可恃，庶留好顔色。

貧儒歎

鳳皇乃上瑞，争食不如梟。麒麟有文德，亦畏狼虎驕。衰亂事則異，儒生且可聊。儒生稱聖賢，孔顔老簞瓢。西山兩介人，高吟腹常枵。嗟汝弱且迂，承平已蕭條。方今盛貂玉，剽疾乃足豪。寂寂數卷書，安能敵弓刀？老親憂反慰，吾已慣藜蒿。妻寒夜猶績，和我歌聲高。小兒習寒苦，不復相煎熬。孤坐成獨笑，何事隨塵囂。一室自太古，無嫌同繫匏。旁人争歎息，於我如鴻毛。

五哀詩

王先生祝君

諱福永，内行脩舉，晚舉省試，官潁上訓導。粤賊至，城且空，獨不肯去，並妻、孫、孺人、二子皆死之。景昭少嘗從受學者也。

良玉不離璞，吾師儒者宗。昔年侍講席，道氣何雍容。穆穆孝弟性，推暨鄉閭中。柔遜疑不勇，臨危見剛鋒。老以閒宦殉，守職道彌崇。小生寡所授，少挹名賢風。憶在上官時，行色何匆匆。臨行過蓬門，告誡複且重。大節苟不謹，乃不如凡庸。肅兹日月義，倍蓰詩書功。斯言公則踐，念之厚我躬。剛毅與木訥，時異源則同。典型悵已矣，末學將何從？

馬徵君命之

諱三俊，徵孝廉方正科，復舉優行，爲優貢生。粤賊蹂江淮間，集民兵討之，敗死。生平負氣誼，文章有源委。余與同舉太學，雅以古誼相厚善。

嶽嶽群儒中，意欲追古昔。南來天下士，超然獨風格。聯坐非一輩，下視無能役。獨握鯫生手，我仲子乃伯。迥出一代人，何但坐中客。遘亂渝夙期，人事有阻隔。手書再三至，英氣若咫尺。抗聲山澤間，大義日月白。事成國之靈，事敗族幾赤。龍舒山百重，矗此壁立石。君子哀義人，庸奴笑無策。我存顏已厚，思君彌自怍。人生會有死，要振垂天翮。

吴徵君蘭軒

諱廷香，與馬君並徵。馬君死，爲位以哭，意氣忼憤久之。舉義兵復廬江，賊大至，城再陷，戰死。

鬚髯如戟人，真有丈夫氣。故人先殉國，悒悒以爲愧。誰繕平原城，大建海州幟。倏忽寇往來，捍禦成素志。承平忘戰久，草澤昧大義。傑者慨然出，綱常賴扶植。歎息踐土恩，分遠人莫識。士夫在鄉黨，唱舉世所繫。千里無義旗，此恥亦不細。馬生經行脩，斯人實同志。死友不食言，九泉迹相繼。兩家有遺孤，後死情已慰。爲歌國士詩，再下窮途淚。

田明經士升

諱滙渠，賊陷廬州，赴井死，母妻皆殉。

書生好持論，往往精毫芒。事至言不效，負己何慚惶。田生謹愿人，闇澹無輝光。作論崇正義，見者嗤其狂。寇警不肯走，亦與城存亡。井水澄玉鏡，悠然此中藏。苟活亦何道，如何肆雌黄？謂彼輕死人，小識多矜張。軀命君不惜，非笑猶披猖。嗟哉薄俗漓，護己義則忘。論端變俄頃，全人亦謗傷。吾知不能及，起敬因播揚。世人勿多言，此事關倫常。

彭秀才耘清

本名爲模，字芸青，以字行，更字耘清，爲博士弟子。賊攻廬州，江忠烈公馮城守。嘗犯圍泅水入城，取公手書出募義兵赴援，會城陷不果，更渡江從軍。久之，邑邑不得志，發病死。

平生負死友，無若待彭生。生存不能濟，死又渝前盟。妻孥孱然存，形影何煢煢。吾力未遑恤，使汝飢寒並。遺文不可見，慚愧稱同聲。何況豪舉在，慷慨動名卿。俠氣一奮起，名卿歎其英。功名惜不就，固使千人驚。此君鬱鬱死，又無後世名。家破無與援，哀哉徒怔營。故人但未死，奄忽歲屢更。江南旅骨歸，慟哭伸吾情。遇事一彰闡，千秋待公評。

村塾再示友人

與君同旅寄，所業並已蕪。君爲童蒙求，盈耳皆詩書。我聞慨以興，荆棘開夷途。昔志在肅教，恥爲苟且圖。末俗急近利，黄口失其居。裁能識六七，心已離厥初。屢嘗忝經師，此懷誰與輸？席前稱弟子，俱已偉丈夫。所志止弋獲，陳言紛墨硃。違心娓娓談，返己常歉如。比年兵氣驕，狼虎盈通衢。講席塵尺積，況復羈蹤孤。覽世徵亂源，士人蔽其辜。執術最尊崇，可以振群愚。先世導正路，譬若登高呼。立教以僥倖，乃使風俗渝。君今訓童稚，豈惟事咿唔？小兒識聖賢，將恥不肖軀。雨露滋萌芽，終能培根株。我亦開旅塾，卷帙紛前臚。口講復指畫，疲勞反恬愉。語淺義實大，事事非空虛。六經切耳目，豈若時論誣？平世徇科目，外腴中則枯。因茲易俗尚，顛踣或匡扶。昨來逸窮寇，釜底遊魂逋。所過皆震撼，幾復罷生徒。斯文天厄之，波及飢寒儒。幸未朝夕散，枯荄要吹噓。旁觀勿輕笑，吾説未爲迂。大道終古在，吾徒當合符。

掩骼篇

行行城邊路，處處白骨積。隨風布山原，漂雨盈川澤。馬蹂血乾塵，輪轉草藉陌。一骨一冤魂，夜哭月不白。兒孫豈能收？墳墓迴以隔。逆焰焚百里，屠戮斷人迹。毒蛇蟠重闉，四郊索編籍。此曹何哀憐？委地曾不惜。當其初死時，日映腥流赤。餓鴟逐野犬，啄肉争至夕。餘脂兼潰膚，彌漫雜沙石。既久聚低壑，慘慘天運阨。此賊逋鋒厲，名城毀十百。伏尸不可算，兹鄉禍逾昔。諸將承詔書，高原列行戟。吾民至於斯，寒暑況再易。痛哉狀莫覩，不遺旌節歷。怪鳥啼刁騷，隤雲寒羃䍥。掩骼定有時，徘徊滯行客。

酬王梅生博士

嗟哉三年別，裁得兩月聚。孤舟臨當發，執手與我語。人生貴擇事，要當慎去取。世亂治吾心，險夷總安處。箴規意殷拳，如玉佩勿去。喪亂經十年，我恨與君同。窮途失慈父，何嘗飾其終？南向一長號，墳墓雲叢叢。養薄已難追，遥祭況不豐。我尤積餘哀，老母誰尸饔。苟活亦何道，飄揺逐飛蓬。人生乃如此，此恨將安窮。古賢不肯泣，爲其近婦人。欲哭乃不敢，長此銜悲辛。兄弟各分散，妻子波上萍。隻影蕩無依，長途行屢經。所事無一可，塊立慚吾形。忽已徂四十，凋殘鬢如星。淚下不可揮，仰視雲冥冥。江淮亘千里，煙塵莽無休。窮黎有孑遺，蒿艾盈田疇。九重軫災區，博采群工謀。豈無投筆人，紛爲前席籌。吾謀不足用，亦爲斯民憂。生計尚不適，大言徒悠悠。

君歌行路難，我歌乃殊科。『殊科』用韓公句。人生自有命，作砥寧辭磨？園居亦安穩，豈曰無風波？艱難志士甘，隱痛在蓼莪。吾兒願隨行，麾退意則那。事父吾未能，汝從欲如何？再誦遊子吟，哀聲一何多？

貴賤異所居，交遊各有偶。窮思達者援，正爾顏已厚。高牙建大纛，豈識牛馬走？昨來遇舊知，憐我襟見肘。綈袍聊禦寒，乃出貧交手。世事有固然，君今良悟否？

傭書亦下策，且以具饔飧。旅人思故鄉，當食涕潺湲。粗糲吾已忝，田園無鷄豚。空城絶炊煙，道殣盈山原。顧已寡所用，貧賤何足論？來詩望我遠，慚此良友言。欲酬思錯雜，恕我心中煩。

歎述 四首

古人韜利器，窺覦何自起？爵爲群賤招，威即柔草靡。挑凶剛士殞，胎侮淵衷始。遂張遼豖功，公騁黔驢技。已規斷腰腹，猶冀通臂指。淺水無迅舟，嗚呼憂未弭！

誰乘大夫軺，往集惡木枝。豈不懷往信？何方息群疑。朝斷智囊脊，晚磔悉怛尸。國體殊可惜，士氣將無衰。重暈向白日，扁舟下東湄。何風能中人，嗚呼民志離。

狐嗥室行毁，異類多同聲。斧斤一以運，里社先穨傾。假之奮飛翼，諱彼窺窬名。力爲侯景地，坐觀吕嘉争。豈見塗炭烈，那無桑梓情？幺麽積瑕舋，嗚呼日峥嶸。

材官稱蹶張，莽莽殊不惜。借彼款密人，收此斡旋力。豈知青鳥使，乃佐蒼鷹擊？百口保逆泚，入饗傾完息。仲堪癡不了，祖宣老爲賊。順逆迷不知，嗚呼義聲寂。

辛酉杪秋流覽諸史作思古詩六首

思始安

矯矯温太真，勤王急申義。劍履如不及，身孥並何計。一譎行酒辭，再灑登舟淚。敦峻悉梟禽，明成疊扶植。人綱既無頹，天性良獨至。元后兆人尊，京國群方係。首痛肢若忘，嗚呼負天地。顧彼長沙公，運甓乃何事？

思河東

代宗辟蕃警，柳伉陳危言。吐辭切宸極，指罰驚奸閹。茫然大朝廷，猶有危官存。千秋誦傳疏，直氣支乾坤。興衰係語默，枉正無卑尊。豈堪遺言路？長閉如城門。張鈞摘常侍，牢户乃填冤。赤伏告終籙，愍焉傷彼昏。

思睢陽

賀蘭竟未滅，閭丘誰能誅？張公碎嚼齒，嘖怨盈八區。高封既沮退，郭李未長驅。睢陽自有守，諉事咎則無。江淮中興藉，電赴來危都。哀哉人食人，晶陽慘天隅。豈伊一城障？實有四海圖。雙廟何許是？瞻眺懷縈紆。

思雍奴

藺卿不雠私，寇侯亦彌隙。大臣體公忠，寧能介形迹？膠東貔虎姿，同列幾手格。襟高覽區宇，器小争咫尺。纖芥疇則無，曠蕩事終白。卓哉李抱真，芳蹤繼前册。

思渤海

順逆同一民，循酷紛衆吏。嗚呼彼屠伯，胡不視龔遂？郡縣安有賊？田疇苦無地。痛哉病弱軀，攻以猛毒劑。原野已蕭條，虎狼更吞噬。兵餘歷窮鄉，惻愴堪涕淚。忽聞吏當來，寧如寇未逝？孑遺天所閔，民心國攸繫。選賢欲安之，庶不孤上意。

思太原

魚羊割偏土，元恭實親賢。姬公若可繼，博陸安能先？內平外無警，綱舉目不捐。坐令威勢振，豈獨畺輿全？當時盛才傑，上宰持鈞權。子陽有遺直，皇甫明幾前。一評敗家事，永鑒垂千年。曹爽爾何論，誅夷寧足憐？

感　歎

秦皇愚黔首，不遺觀載記。豈無先聖書，收藏在中秘？入關取圖籍，但爲户口計。下詔求遺經，遲遲歷五世。當其約三章，繁苛庶蠲弊。相國定新律，因仍暴秦制。所以輕刑令，乃出孝文帝。大體曾不識，終然刀筆吏。名世邈無人，相業推此輩。何以追古先，讀書觀大意。沛中一小胥，安知天下事？

哭黄虞尊

行軍無師友，何以決大計？唯諾益上驕，奔走便身利。戎行陰求賢，寥寂誰國器？磊磊項城公，剛嚴含懇摯。輔翼無上才，優容雜群吏。坐令希代賢，莫遂澄清志。黄君實祭酒，幕府垂遠翅。當其沈默時，黯淡了無異。有似陽亢宗，諫垣日沈醉。大盜起肘腋，危城絶援繫。獨陳許歷諫，慨下包胥淚。三軍氣忽作，白日光照地。元老肅動容，孤軍遠聯勢。大功雖不就，正論賴扶植。府罷長嘯歸，奉母謀避世。名卿聞亮節，薦書況先贄。蒼然臥孤舟，身世若無事。古人重内美，官常首風義。可以尊朝廷，豈惟參論議？顧嘗憂度支，間道獨奉使。航海萬里行，衆目駭相視。壯舉世亦難，在君毫末細。我昔同橐筆，疏狂時所棄。感於窮旅間，特許膠漆契。風骨愧稜角，悠尤蒙教誨。南北各分襟，夢魂通一氣。去年游江南，猶幸一把袂。深情問家室，正色課道詣。兼訊郎君耗，肯使東閣閉。知我歸耕難，慮我夙業廢。勸我慎所依，無以貧自累。臨行執我手，慘慘傾涕泗。自言孤介性，久爲舊交畏。園林倘可居，詩書尚尋味。復言相見難，此去各自勵。我知君浩落，心怪忽憔悴。别後再寄書，重疊無俗致。仍喜襟宇在，相期巨川濟。於戲天不弔，忍使少微墜。江雲何沈沈，隔絶不可至。素車負前期，此恨豈有際？府公乞骸時，特疏崇位置。秉筆我所任，自謂辭無愧。豈知蔣公壯，遂從武鄉逝？群公正持節，塞上方鼎沸。滇閩各盤錯，中興賴才智。貞直乃大端，廉立蘇萬類。斯人不可作，吾行竟何恃？仰天一長號，哀情入幽隧。史家有附傳，高文盛銘誌。誰勒文範碑？徒爲寢門祭。

贈別袁舍人保齡

古人重友道，將以輔吾身。蹇余寡學術，非德何足鄰？慚子求直諒，臨別垂咨詢。子行騁王路，余歸甘棄民。努力承世德，相期非要津。用智損太璞，徇時傷至真。游藝失程度，反以成因循。願言善自愛，德音施故人。山居聞令儀，迹疏情轉親。勿憚攻吾闕，書來應更頻。

七言古

孤客行 贈潛川故人

客子出門無一可，況是長途警烽火。蓬蒿滿田不辨路，虎狼深窟寧堪墮？低頭不敢問行人，忽聞呼聲尤愴神。故人別來今幾載，相看容鬢各已改。問我近狀殊淒涼，留宿旅齋還對牀。我本飄零湖海客，一事無成頭欲白。大地茫茫爾許寬，一箇寒儒容不得。君亦離憂傷客懷，坐愁行歎胡爲哉！人生到此那可問，金珠塊礫同塵埋。我歌孤客行，君盡杯中酒。浮萍同泊會有時，他年還識形容否？

蛟鬭篇 有序

庚申正月，聞諸湖民，二龍晝鬭，厥狀甚異。智者蹙然曰：『是蛟也，澇之媒，且象寇焉。寇激寇，玆乃自鬭。』於戲！蛟，水孽也；龍，德正中恬。彼群孽惡覩斯異哉！夫淵育同種，放爲駭譎，民受其波，匪道胡謐。作蛟鬭篇。

唐裔通化司馴龍，靈力函溥陽精從。海若順導澄玉鏡，豈有不若民相逢？族有敗群濫其所，上帝曰吁吾醢汝。下暨鰕黽嬉平陂，萬異一同敢馮怒。支祈脱鎖庚辰逋，六丁走訴亡靈符。老鼉失更朝叫呼，毒鱷徙海來平湖。侈鱗驕介紛作奴，北孽南孽狂相屠。蜚廉箕張雨師擾，助以風雨恣牙爪。噴雲蝕星亥至卯，若木老陽閉瑩皎。貝宫瓦飛晶闕倒，大瀛上君不能討。蟄品如沙出深窅，瀕涯萬疇盈荇藻。跕跕遥天墮征鳥，吾聞波宅蛟最卑。蟲豸之孽非龍支，竊盜幻妙馮奸威。水國所賤民慴之，一孽馮陵一孽睨。深入重居志吞噬，川瀆有神禋典崇。奈何太阿失利器，百靈鰥職帝不聞，嗚呼淵藪如沸焚！

日者歎

久兵，儒賤，市隱以卜。寇乃蒐諜，禁其生資。嗚呼，三五星散，溝瘠曷濟哉？歌代彼歎，氣亦索焉。徯蘇迫矣，時乎時乎！

束髮秉卷鬢眉蒼，百術無用罹兵荒。亂離託業大不易，納手坐敝誰憐傷？朝不食，夕不食，妻兒欲號且無力。愁中一笑生有途，篋裏猶餘半珪墨。攜墨向市吮秃毫，休咎推尋計亦得。汝知休咎宜自知，先機趨避寧不爲？禍來汝行落人後，反爲過客談安危。季主無傳蜀嚴逝，衆愚就決紛成圍。影響道卜同神蓍，口說垂沫傾市馳。先生慧舌工傅會，投錢盈案歡然歸。米在缶，薪在側，買取新棉妻可績。明辰入市吹我脣，從此老儒生有職。梟言驟逐日者驚，面目灰死雙涕傾。此事何與群盜争，麾入死地非人情。老儒入室但長歎，焚書不已生徒阬。吁嗟，吾儕所賴今已矣，别作生涯竟何恃！吾聞官軍分道清江淮，馬肥船駛東西來。雷霆一聲魑魅伏，萬品甦息陽春回。榛蕪掃盡庠序復，老儒尚能司講讀。請君私擲金錢一問之，王師恢復當何時？

鷄將雛

依依衆雛行復止，母翼覆之雛所恃。雛弱不能食，母哺勤不息，夜宿栅前雛繞側。一雛不來母四顧，啾啾尋行如導路。鄰鷄誤啄雛，逐鬭一何怒！鷄乎慈心動以天，衆雛非一均蒙憐。君看雛成四散去，母獨傍户何煢然！

著書歎

胸中磊魂澆不散，醉讀遺書一長歎。卻想古人初著時，滿懷鬱積無人知。莊生汗漫三閭泪，萬言不了胸中事。異代相逢一史公，勃窣淋漓言外意。惜哉虞卿書不傳，必有奇氣噴雲天。作事能抛萬乘相，豈令俗物來牽纏？人生患難隨處有，瞻顧寧能一援手？咄汝魏齊何許人？四海茫茫得斯友。老儒衰謝蓬蒿中，筆墨蕭條生事空。生不公卿何足數，誰以意氣酬孤窮？齊國魯連天下士，東海飄然獨投止。著書應復空儒林，恨不流傳魯連子。

漁陽摻

懷中一刺猶滅字，從誰學作擊鼓吏。漁陽一曲坐皆淚，磊魂胸襟出遊戲。丈夫作事無所師，是有真氣人莫知。眼中不著一塵隔，縱手皆通神妙時。大兒孔文舉，恢奇吾與汝；小兒楊德祖，聰明奈何許。世人有耳亦何取，誰能聽我三撾鼓？吾聞漁陽突騎天下無，白水初起開榛蕪。觀其酣戰亦足娱，如今中衰赤伏符。安得驅來一掃兔與狐，奈何使我節士輕亡軀，禰生此曲胡爲乎？得勿有意哀劉虞，感喟隱與聲音俱。可憐坐上諸庸奴，但道鼓聲人不如。

祭酒歎

天下奇才亦何定，成敗紛紛有時命。房公杜公爲世宗，埋没人間老凌敬。夏王龍奮非常流，時無文皇誰與儔？折節賢豪網才俊，祭酒實有良平謀。垂天翅折鸞鵠死，百戰山河屬誰氏？上才忽作亡國臣，歎息功名委漳水。天策上將勤蒐羅，敵國遺才收攬多。獨忘此老殊不測，夏氏君臣唐所苛。祭酒歸來弔陳迹，眼中城郭何歷歷。一代英人死草間，況復書生已頭白。老樵田叟日周旋，醉舞行歌落照前。佐命勳名誰復問，且隨野客銷殘年。當時如此非一士，隴西郝生亦其比。泰山道士竟何之？孤鴻一飛千萬里。

監門哀

咸豐六年丙辰歲，天久不雨禾盡悴。農商交病惡錢流，百物價騰隨穀貴。秋來處處屯飛蝗，玄草成灰安得黄？江淮千里土龜坼，萬家無一留贏糧。老翁攜孫母攜子，筋骨猶存且流徙。連村埽迹店無煙，忍飢貫行日數里。隆冬始寒雪滿天，腹不湯飲身不棉。北風一鳴腰脚軟，眉目猶動溝中眠。發春霪雨道彌梗，下流澤國猶可近。良家流宕不忍言，貞者甘填路旁井。是時逆賊方披猖，號集飢民逐飽鄉。心知作賊非長計，且緩旬時亦可傷。高旌大馬何官府，騶從紛紛猛如虎。追輸不肯寬一毫，更算市緡困行估。骨髓已乾錢入官，請官賬恤留凋殘。士夫執筆稽遺户，什一編成誰忍看。就中嬰兒更悽惻，失母旁皇步無力。千百爲群號縣門，賒死損官一朝食。長官閲籍殊不憐，削留百一徇吏權。爲言死者勿吾怨，我有上官須此錢。大麥青青猶未熟，撚取聊充久枵腹。雜以野草和木皮，偶得藜羹似餐玉。五月麥多民大歡，乍飽成疫醫師難。痛定相逢聊指數，往往百口餘丁單。市中有人皆素服，野冢荒荒萬家哭。又逢新歲何慘悽，老弱相看驚面目。驟傳烽火各奔逋，賊來縛取嚴新租。可憐舊日豪家子，循迹他鄉常作奴。我聞宋家昔飢饉，公家不解惜民命。監門一吏怛然悲，圖出流民來告病。我皇軫念古所無，但見此狀恩宜甹。誰排閶闔陳此圖，使我孑遺之民一日甦！

五言律

戊午雜詩

江國莽秋氣，淮流驚夕波。東南民力竭，飢渴里謡多。高宴歡娱接，珍筵水陸羅。朱門豪未滅，滿眼正干戈。

昔盧藩侯横，專符倚重臣。武夫少防患，粗舉竟危身。敗責誰分汝，嚴彈大有人。相爭馮意氣，忘卻正煙塵。

斗粟羸三萬，荒郊突不煙。輓無鄰道米，惡布長官錢。采藋知何地，蜚蝗尚滿天。生民艱粒食，莫忘丙丁年。

捷訊傳恢復，金錢億萬空。再秋何緩緩，一擲太匆匆。雲氣連營黑，河流百里紅。眼中誰好在，祇是虎狼叢。

浦子當軍後，聲援接石城。倉移回洛粟，圍解相州兵。戰艦收京口，妖星指玉衡。又延殘喘在，卻喜塹新成。

都邑屯蛇豕，誅求及萬家。困儲充獻贖，筋力困風沙。在昔王師駐，曾聞士衆譁。給軍誰帖帖，今日漫咨嗟。

我有萬古恨，茫茫泉路深。人間猶視息，窀兆失親臨。空廢蓼莪詠，難爲寸草心。縱教血淚盡，肸蠁竟何尋。

蠅

風露送秋意，凍蠅猶自飛。止樊殊歷歷，集閣故依依。草木衰如此，腥羶願已違。汝貪宜久戢，霜氣有稜威。

蚊

渺爾一塵質，噬膚何太勤。山高如可負，雷集驟驚聞。誰與惜膏血，那堪傷骨筋？飽餘罹一擊，嗟汝久紛紛。

螢

閃忽微光在，輕螢晚更飛。葉稀穿樹杪，簾卷坐人衣。敢恃枯草質，來争明月輝。朝陽燭寰海，匿影竟何歸？

蝧

杯水同瀛海，漂摇蝧自悲。渡波應識險，就燥定何時。此去倖全活，其群忘别離。從今擇高處，徙埅未宜遲。

蟬

萬族各生計，孤蟬何所營？葉栖高處託，露飲一身輕。猶有悲吟癖，難爲出世情。白頭休自悼，嬴得舉家清。

蛩

衆籟秋風裏，寥然太古心。獨於在野日，彈此不絃琴。客思驚宵杵，寒聲送遠砧。無衣空有數，入耳變清音。

小除即事

羈旅今年盡，孤懷坐自嗟。窮途欲衰老，汎梗似生涯。語笑歡鄰舍，風霜送歲華。眼前異苦樂，非獨客思家。

留别諸同人

客裏猶清集，年來此會難。論文下士笑，罷茗漏聲殘。石徑侵雲細，山風過樹寒。行行重回首，匝日幾盤桓。

送我指前路，别情俱惘然。艱難逢歲暮，寂寞罷琴弦。寒日迷征雁，蒼山接遠煙。知君歸掾户，談讌計明年。

元夜

三十八元夜，今宵殊寂然。酒惟羈客共，月在異鄉圓。風物感離緒，歡遊非少年。孤懷追昔夢，惘惘不成眠。

村塾

詩書久墻壁，弦誦忽山村。問字集童幼，勞人清夢魂。彌年少安宅，諸子習田園。睹此益離緒，故編誰討論？

客夜無被

儒澤覆天下，身寒今若何？寄居從簡寂，懶睡事吟哦。朝際宵衣日，民無五袴歌。漫嗟窮獨劇，四海未陽和。

野菜

久習貧家味，晨催婦執筐。託鑱分種劚，漉水作羹嘗。同此恒飢色，誰餘越宿糧？不堪留隱痛，藿食到高堂。

苦雨

兵氣結重霧，冥冥宵晝同。山川歸合沓，日月望昭融。泥阻行人少，渠盈隔畔通。還家吾歎滯，戰士尚途中。

野花

移植亦供賞，飄零蕭艾同。繁英宜點砌，蔓草忽依叢。不肯寄籬下，誰將照鏡中？終然顏色在，隨分老春風。

鳥聲

群鳥似鄉聲，朝來繞樹鳴。繁隨宿雨至，圓送野風輕。寒意濃陰在，羈懷向静生。家園林木盡，念汝舊巢傾。

臨淮雜詩

閉處意不適，輕裝成遠遊。漂摇還獨歎，落拓竟誰投？笳鼓風霜夜，關河草木秋。更愁歸不得，空望舊林丘。

淮水中原接，全軍備禦資。西師連壁壘，東寇駛旌旗。輸輓遲鄰道，裴裹有後期。住行勞費等，感歎計何施。

心計工劉晏，軍資仰趙開。商征空榷算，幕府最糜財。竹木争抛擲，舟船費去來。功成非旦夕，須仗計然才。

武功仍寘爵，非是賤衣冠。翠飾當風動，龍麾擁道看。告身纔易醉，上事即當官。路有寒儒泣，窮途去住難。

李郭難相統，終然潰相圍。范增計不用，韋叡節空揮。芻粟荒原盡，資裝武庫稀。論功猶上賞，諸將早宣威。

徵調東南急，誰能備不虞？風煙生海國，秋色暗皇都。勢面無回紇，當門嘯羯奴。瞻星熒惑動，震撼極方隅。

眼穿旗旆到，正爾更驚忙。餘劫蒼生痛，高墉白奪防。狐跳當晝過，鳶訊極天長。此輩竟何用，蕭條千里荒。

星騎奔馳去，猶聞間道行。九重待呼籲，萬里有征程。此道關全勢，吾民苦久兵。莫言闍者怒，旋軸賴名卿。

匹夫草間起，威令依吾皇。傳箭馳千里，聯屯踞一方。毛豐終颺去，尾大乃披猖。尺一今安在？ 如聞憚汝强。

桀黠乘時起，連城擁大資。中興仗新市，好反斥牢之。赤子嗟何罪，耕農苦不時。安能辨官賊，强力且争持。

河上驚飛訊，將軍竟不還。此間争運道，直北憾雄關。去住真何定，風塵且未閒。周遭多警問，幾日破愁顔。

楚軍一當百，壁上慴諸侯。士氣留南道，群凶緩北憂。旁觀孤勝勢，夾擊望前籌。莽莽煙塵積，遺黎有涕流。

岸積連旬雪，沙乘捲地風。破茅經宿壓，冷突萬家同。骨肉吾何有，飢寒問未通。生民尚甦息，豈恨一身窮？

卻憶承平日，魚鹽集水鄉。客遊無警夜，露積有嬴糧。歌吹繁行棹，鞭笞冷訟堂。重來風景別，昨夢最淒凉。

未死終延望，吾生睹聖明。有人興墜學，到處足深耕。魚鳥何恬息，蛟龍且鬪争。摧殘筋骨盡，吟嘯但悲聲。

何事長羈滯，從軍苦最多。儒生足文史，世路正干戈。心痛懷烏哺，身孤墜雉羅。星星雙鬢短，日莫易蹉跎。

旅　懷

故國烽煙隔，鄉書歲月深。淒涼千里夢，觸撥一生心。静夕蟲吟草，高秋鳥失林。客懷已如此，延望欲霑襟。

兵後九寒食，何嘗拜墓前？舊祠誰葺宇，家祭已無筵。靈感存頑質，興門渺後賢。如聞松柏盡，誌石久應填。

教養竟何益，終天無訣辭。周身空想像，啓夢出阽危。報德餘號慟，瞻塋尚別離。那堪膺厚祉，羅列有群兒。

父逝母無養，倚閭貽暮憂。弟兄寧可代，妻子復何尤？遂墮干戈阱，真艱菽水謀。存亡今再誤，自分此生休。

一兄離別慣，兩弟死生餘。都復成荒忽，何曾識起居？昔猶同執業，家舊積藏書。倘就湖山志，兹生定不虛。

就中惟第七，吾負更何言？累汝十餘口，曾無一頃園。念兹祖宗系，莫道夢魂煩。兒輩豈知此，幾人堪共論？

亦有三男子，癡頑不解愁。以吾久羈旅，擲汝好春秋。紙筆知虛望，薪鹽庶佐籌。老親應此慰，遠問奈沈浮。

早歲盛遊好，中年頻亂離。感懷兵死鬼，惝怳夢來時。文酒留空影，關山怨路歧。同歡復餘幾，吾鬢亦將絲。

無際輿圖廣，烽煙幾處清。邊民馮獷悍，中土效蚩獰。豈有乘潮入，翻成出塞行？祇今吾道狹，何地足躬耕？

臨觴忽不御，老我一儒冠。投筆平生志，依人歲月闌。壯心塵外盡，大地眼中寬。浩浩豁諸慮，無歌行路難。

楚撫胡公輓詩

天靳斯人老，嗚呼古重臣。下賢忘貴勢，持計閔勞民。大體全三楚，餘威及四鄰。過河聲痛絕，萬古共酸辛。
勳業平生事，艱難志力堅。不僵餘熱血，無寐已經年。囈語猶軍政，遺書數國賢。大星真落去，慟哭滿山川。
式仰精靈在，因知部署存。盜心休便喜，士氣不終昏。法已傳同志，歸應扈至尊。安平追美日，須表舊臣門。

得舍弟書卻寄

萬事一書觸，沈吟千徧看。遠魂尋會苦，多故倖生難。逆浪魚遲度，隨陽鴈覓餐。艱危吾汝共，知勉署平安。
不爲兄迂拙，寧能犯難行？十年頻往復，九地徹精誠。足繭嗟何憩，山窮別有程。未應忘出險，塵土望來清。

未死餘蒿蔚，何嘗藝稻粱？爲愁身患迫，翻益母心傷。汝已兼吾事，家仍滯此鄉。子孫惟一拙，宜以慰高堂。

憶昔辭親日，從危獨汝賢。三秋真耐度，百死竟終全。虎阱生空慧，魚書念食眠。苦心彌我缺，茹涕視高天。

紛紛兒女淚，客裏爲君收。家遠無長策，時危祇浪遊。扶顛憑孝弟，念亂惜春秋。此意吾能識，身衰損百憂。

任俠少年事，羈窮今日身。何曾務施報？祇是費精神。門俗非隆古，彌空況戰塵。猶言交誼在，感歎倍酸辛。

卜宅追前話，流離負此心。蒼茫憶湖水，迫促去山林。歸夢向何處，孤懷留至今。風塵有時息，攜手日幽尋。

誰愛文章好，相憐掇拾勞。劫灰寧有擇？吟興悔徒豪。老馬餘筋骨，飢禽惜羽毛。門庭知己在，不擬怨蓬蒿。

薄劣何堪教？惟憂舊業蕪。少年誰後起，諸子但庸奴。事在天寧絶？吾存汝不孤。所嗟俱老大，還顧浩長途。

同氣四人在，沈懷憂喜並。翻緣珍重語，祇攪亂離情。不屬心無隔，能歸幸再生。茱萸好分插，猶勝我孤行。

還　家

入門慈母笑，言勝在家時。卻見高堂上，新添白髮垂。今來歡聚處，昔去憶艱危。又覺行程促，先成再別悲。

病中寄兄弟

兄弟各遲暮，相看能幾時。門庭多樂事，羈旅獨傷離。春雨雜花潤，朝晴啼鳥知。坐來應念我，遊賞負前期。

吾父重倫教，恭承遺澤深。敢因筋力倦，孤負在天心？霧浄山無障，根培樹有陰。本來足真性，此意好推尋。

山静身無累，其時可讀書。天懷朗孤月，春意滿吾廬。曉坐軒初敞，心清味有餘。悠然養吾福，此意定何如？

衰病百無慮，難忘惟弟兄。自知多謬誤，長此負平生。相望補吾過，可憐猶獨行。白頭如孺子，因見古人情。

七言律

喜八弟歸

老母經年淚眼枯，汝歸差足慰桑榆。道來艱苦驚魂魄，歷盡風波剩髮膚。一事傷心遲歲月，高堂慈父已泉塗。從今助我謀升斗，莫向桓山聽夜烏。

憶從間道獨歸時，兩弟羈蹤總未知。仲已生還吾痛在，淚將灑盡汝來遲。虎狼滿眼天方醉，鴻雁成行綱不罹。幸得三人同聚首，相看如夢尚驚疑。

與同人言詩感賦

此事何能作生計，可憐吟苦不知休。老經兵火愁多緒，窮入文章氣亦秋。衢壤無聲開大野，塞笳流怨滿中州。莫疑雅頌遺音淡，他日猶當爲汝酬。

敝裘

久貧不覺敝裘寒，兵火留餘得此難。鍼線彌縫勞母手，皮毛脱落稱儒冠。宵衣塵慮何時釋，篋錦盈庭入劫殘。猶足禦冬吾已幸，覆身況勝客衾單。

辛酉四月作

鯨掣鷩濤虎嘯風，齊州煙暗失晴空。秋霜不肅諸君律，夜火争鳴大澤雄。戰伐祇今迷主客，去來誰與辨西東？天家要自收全勢，棋局分明布算工。

近天齊宋似星羅，淮水南來護兩河。猶有中原屏障在，未妨支郡羽書多。王琳不肯拋梁土，項籍何堪聽楚歌？　吭背有時馮扼拊，落暉終返魯陽戈。旌旗歷歷古城頭，宓厲豻牙志上游。争咎智囊挑老濞，先誅國寶謝江州。養鷹未要忘飢飽，得馬終須辨喜憂。且上戍樓看太白，盧龍豈合賣田疇？氣矜終自失斯人，成敗推尋亦有因。萇叔違天真大咎，匡凝輸貢已亡身。循環去住關時會，控引江淮實要津。覆轍無忘前事在，從今撥亂費經綸。

送黄學博寶慈歸省因赴秋試

家庭真樂定何如，卻見君歸慰倚閭。未要門前容駟馬，直須冰下躍雙魚。憶從兵氣纏鄉井，竟別慈闈奉簡書。今日送人兼涕羨，孤身惟夢返蓬廬。年來志業久頹唐，況是飢驅慣異鄉。駿骨誰求燕市馬，短衣聊學健兒裝。老萊自爲娱親隱，毛義争看捧檄忙。君去我留各身世，關河延望兩茫茫。

軍中秋夜

淮水蕭寒兩度秋，羈懷入夜更添愁。月迷野色昏沙岸，鼓帶霜聲警戍樓。夢裏驚凋歸路草，關前憶泊去年舟。家人漫解從軍苦，獨對殘檠涕未休。

悲歌十首請戴三孝廉同作

萬事傷心不可論，山河雲日互朝昏。蓬萊森迥迷征路，萍梗漂摇失舊根。長策豈忘關骨肉？沈憂未敢信乾坤。頻搔短髮霜天立，太白寒芒指壁門。

雄富承平數舊鄉，何人擲去四年强？草中豪健今紛錯，天上旌旗日窅茫。誰遣奥區成逆計？猶堪正朔奉吾皇。請君同向西南望，不獨家山怨路長。

去年海氣黯皇都，别館離宫一夕蕪。心怪黄巾奉青領，眼穿紫氣返蒼梧。御隄新集邊頭市，天府猶藏王會圖。畫室霍光吾欲問，漢宣終要服匈奴。

士衆將無辨郭多，中興功業近如何？前車藩鎮緣新附，約誓花門踵舊和。未暇行間收僕固，那從雲外取蓬婆？山精木魅無昏晝，滿地悲聲凍雀歌。

五載湖山選樂郊，失林窮鳥不安巢。客歸無復蒿成徑，舟小真同芥泛坳。風幕燕輕來去便，霜蕪鷹急死生交。一家散託何枝穩？容易成都占破茅。

卻憶扁舟東下時，江山文藻足追思。清泉琴裏垂垂度，白日尊前故故遲。飛閣霞朝馮挹爽，芳園花午坐題詩。中筵吾友忽長嘯，樂極哀來無後期。

是日城頭望大江，山川氣色動晴窗。旋流灌溉千畦稻，映日回翔萬估艘。車馬遊塵連薄暮，魚鹽弛禁下諸邦。遥看空闊閒馳道，静峙高轅戟一雙。

妖鳥飛來殿閣空，蛟龍窟穴就江東。賢愚萬骨蓬沙裏，仙佛千場竃櫪中。青瑣赤墀屯雜虜，繁絃急管逐腥風。哀哀遺老追全盛，猶説栖霞聖祖宫。

閃爍天狼近斗杓，漢江東接皖江潮。重深絶險今無阻，偃蹇狂奴爾勿驕。海宇猶留群盜在，楚魂不遣大巫招。峴山人去征南出，急向淮西降使軺。

冀州書記老陳琳，與我支離共陸沈。貧病未銷稜作骨，乖違何限事關心。安危信有大臣在，去住難忘遊子吟。展轉百憂君亦識，登丘日夕起層陰。

夜雨有懷黄大兄泰江上

誰言龍性總難馴？去就相看各任真。顧我未妨猶作客，憐君不肯更依人。高齋疏雨聞殘夜，孤棹荒江送莫春。正自前期共超忽，豈能摧挫逐風塵？

項城公輓詩

時危竟遣大星沈，氣作風雷白晝陰。臨訣不聞問家計，少留猶可繫人心。一生遭際憂勤過，千古名賢患難深。欲繼武鄉惟謹慎，成都遺蔭有桑林。

幕府寮中最苦辛，獨隨公子殯元臣。親聞病裏憂時語，偏值碑前墮淚人。卻想霽顏收蘉論，更容野服奉清塵。近來此意何曾見，一度追思一愴神。

軍度鹿門山

勞人心眼忽雙清，絶境經過動客情。前路依然聞戰伐，兹遊真欲冠平生。霜鋪危磴朝盤馬，火照懸崖夜度兵。自惜登山好腰脚，不緣採藥此中行。

五言排律

哭王四弟

病中千里別，相送一霑巾。勸子豁胸抱，與余同賤貧。遠書驚惡耗，古道失斯人。卻憶艱危共，無殊骨肉親。朝饑分糲飯，夕冷乞餘薪。問母推乾腊，攜兒藉破裀。謙懷增我愧，末學爲君陳。晚歲期休息，荒村結比鄰。山中偕斸藥，湖上對垂綸。正覓幽棲處，忽爲泉路塵。兩家皆慟哭，諸弟更傷神。論齒蒙兄事，還書每篋珍。從遊非世法，執禮亦天真。此後如歸里，誰能復問津？有兒應誘掖，追舊總酸辛。造物息以死，吾儕生不辰。極哀非曠達，早葬莫逡巡。爲告松楸下，存亡事亦均。

五言絶句

題畫

花枝照水新，稚子解嬉春。蒿艾田園滿，誰爲飲犢人？

梅

到晚葉已繁，寒雨猶滿聽。前日冰雪多，何人歷幽徑？

滕文公廟

七雄何富强，舊迹誰馮弔？ 滕君五十里，千載肅遺廟。

七言絶句

畫　梅

冰霜今已塞天地，數點寒梅猶著花。 莫道疏籬少顔色，孤山處士久無家。

詠　鍼

彌縫賴汝貫千絲，表裏勤穿逐線移。 莫道一鍼無倦日，鋒鋩磨盡是閒時。

贈舊卒

敢戰忘勞壯士難，馳驅汝未得微官。 建旄開閫尋常事，猶自區區覓一餐。

李泌歸衡山圖

巨寇滔天鼎欲淪，小施籌策靖風塵。中興將相紛無數，記得還山獨此人。

絶　句

軍興十五年來久，都尉中郎世不驚。自讀中丞辭賞疏，始知高舉出名卿。

家母生辰

久客何曾進壽巵，遥知兄弟集庭帷。坐來細數平生事，獨我無多奉母時。

無夢軒戊午前

雜　詩

風塵駛日月，朝夕相迫促。行旅輕故鄉，有何好心曲？流水去不還，芳草坐來緑。

室廬無古今，取我爲過客。仰見梁間塵，俛視庭下石。何當守年命，與汝争日夕？出門見行人，碌碌盡如我。無藉更相非，功罪迭水火。氣運何始終，互視皆細瑣。

感　遇

清淺當户渠，安知江海深？數株槐與柳，此亦有微陰。日落涼風生，翛然聞遠音。蓬萊不可見，望望愁人心。

去來紛衆車，車中皆勞人。長路終古是，不見昨日塵。吾心車下石，世事石上輪。百輪猶一石，豈不傷吾身？

憶兩兒

别兒已逾月，啼聲如在耳。因知思遠情，吾親亦如此。事畜誼所兼，慈孝兩無恃。古人萬里遊，終然敬桑梓。當期率諸弟，庭前奉甘旨。得錢買新果，亦可娱稚子。

酬耘清見懷之作

秋風有聲亦悲壯，木葉脱盡野平曠。鴻雁南來人北征，丘隴高低隔遥望。彭生嶽嶽襟抱奇，别我兼旬勞夢思。丈夫治身如治國，梗概略見懷人詩。夜來雨聲太蕭瑟，我亦夢君如昔日。執手依依語未終，霜鐘一聲悵已失。讀書近名古所羞，仗氣或恐譏輕浮。文章瑣屑不足道，何當淩厲驚其儔？新詩追逐岑與李，吟罷離心沓悲喜。臨風更惠德音來，聊當聯牀論經史。

各東西

征人向東去，少婦獨西歸。夫婦東西别，鴛鴦南北飛。風霜逼人無意緒，遥見烽煙雜然舉。少婦語征人：『乞君佩刀隨我身。一朝倉卒報君子，何惜肢肉成飛塵！』征人語少婦：『莫向東風更回首。歸信若從天上來，何妨佇立辛勤久！』

枇杷

一樹夕陽色，離離能映空。微陰静寒緑，疏影動斜風。起步繞間砌，其時聞去鴻。羈人生感處，多是晚煙中。

送耘清

別我向何處，蕭蕭征馬馳。此行春已暮，正及落花時。夫子不逢世，吾曹當可知。勉希古人業，莫擬四愁詩。

秋草

可憐盤馬地，無復得人情。塵土皆餘恨，輪蹄過此生。寒光連露氣，衰感沓風聲。歲宴應能耐，陽春及早榮。

劍

昔年曾在掌，慷慨聽鳴鷄。卻顧人間世，看同獄底泥。爲人增意氣，與爾歷東西。風雨依依樹，投衣遂解攜。

郊行

仰視群飛鴻，石橋花徑通。遠山連草白，斜日度溪紅。人語松聲裏，雲行水氣中。牧童亦西笑，平樹又垂虹。

夕陽

塵沙飛不盡，曠野忽冥濛。人意蒼茫處，天光澒洞中。無多水氣白，直上草煙紅。即見長林外，歸棲有獨鴻。

聞鴉

故園風景未荒蕪，獨對寒燈旅夢孤。作雨濃雲兼動静，經春老樹半榮枯。倚閭竟夕虚遥望，負米他鄉料宿逋。我有雙親離色笑，那堪夜夜聽慈烏？

讀胡澹菴封事

不鳴仗馬柏臺空，孫近王倫盡録功。士恥朝廷今日小，國多將相婦人同。力辭兩地無敦復，謀罷三軍有次翁。封事千金懸購取，古來議論外夷公。

村落

村落蕭條似被兵，爨煙無力稻畦平。那堪黠鼠跳梁後，又聽哀鴻怨痛聲。守吏爪牙争宓厲，郊塗刀劍正縱横。旅人野店殷勤問，此去從何間道行？

小松 九歲作

孤生不盈尺，已有歲寒姿。風雪一身苦，何求藤蔭垂！

隱者

家在青山最深處，數間茅屋閒雲護。偶緣沽酒出門行，衝散閒雲滿天霧。

聞鐘

老僧自閒人自愁，雙餘遠報警深秋。世間萬事終難了，聽罷鐘聲人白頭。

雙鳥

逐影和聲趁曉風，前番應記閉雕籠。從今慎莫輕離別，曾是相隨患難中。

布穀

春泥得雨草敷榮，辛苦桑田晝夜鳴。汝自勸耕農自惰，巧言鸚鵡得人情。

舟中聞雁

何處雲程是汝鄉？聲聲若謂訴離腸。江南煙水關山月，不及家雞飽稻糧。

卷九　劫餘小紀

癸丑避地東偏，盡室依人，違親棄弟，竟成乞活。俯仰天地，幾同燮、婼晉士燮、魯叔孫婼皆有祈死事，語見左傳之祈死。顧恐喪亂之狀，後人不知，其殉義抱貞之士女，尤慮傳聞失實，或滋疑訛，因以一身所歷並見聞之實，約略記之。其甲寅以前多追憶而筆諸簡，或多脱遺無次要，不敢以私意亂是非，貽天下詬病。附詩所以存慨也。間及時政，所以究事端也。議論，則吾豈敢詳於一身？所謂『劫餘』者也，自檢視之，往往流涕，此何足言筆墨！幸能免死遺種，使兒曹常識此景象云爾。乙卯夏五，寄活老樵識。

道光之末，民俗寖敝，捐輸屢告，官習彌頹。余謂兄弟曰：『亂將作矣，欲少置山田，挈家爲耕織計。』因循未果，至今恨之。

十年來，吾郡忽重中元節，於七月望夕，張燈演劇，爲百劇，僧道水陸之醮，動以旬月。余嘗曰：『棄人重鬼，不祥莫甚焉。』又俗漸奢靡，一筵之費往往數千，貧家至不能宴客。識者憂之。

余嘗聞有父子夫婦析居異爨者。又聞一逆子厭其母久病，輒生瘞之，大驚，謂七弟曰：『此豈能無大亂耶！』泗有父子鷄奸事，霍有十歲兒連奸三幼女事，皆至形於案牘。余館壽春，途見劫賊輪奸一女至死，復傷事主二人。後其家報官，官勒令供女奸起釁，不肯，輒刑之，至瘐死。如此比者其事頗多，土賊所以四起也。吏以捕賊爲功，豈知盜源固有可閔者乎？積成大亂，由來者漸矣。

辛亥冬，始聞粵西之亂，吾郡頗不爲意，余獨憂之。是時，鄒鳴鶴爲巡撫，朝議遣少穆林公往討之，未至，卒。始，豢寇者，周稚圭也；縱寇者，賽尚阿也。烏都統、張提督皆有聲，不竟其用而死。起廢任廣西提刑者，姚石甫瑩也，而聲望頓衰。聞林公南下，賊已議迎降，會公薨而止。嗚乎，豈非天哉！

壬子秋，余試白下，督學者爲李公鐵梅，必欲以優行舉余太學，固辭不獲。同舉者六人，爲桐城馬三俊融齋，蕪湖周鎮裕鎔生，廬江吴廷香蘭軒、章自昭熙堂，同里田匯渠士升。馬君與余最善。

在白下聞賊圍長沙。又聞楚賊凌十八者。方起時，往督諸軍者爲周公天爵、李公星沅、徐公廣縉，而江督陸建瀛亦以軍事詣豫章。江淮之民心始騷動矣。

楚之以團練赴義者，江太守岷樵。忠源。軍聲大振，風威所及，淮以南俱向往之。長沙守禦者向公榮，名最著。故自賊勢猖獗，兩公無不在戎行者。

冬杪，吾郡兵自岳州敗還，死者甚衆。於是武昌、漢陽相次陷没。徐軍門駐湘潭，不赴剿賊之役，以防賊回竄爲詞，有詔逮問。自是，向公專辦賊矣。

武昌報至，江淮震動。吾郡始爲團練計。然大率紳士以自保爲辭，無統理而紀綱之者。若當此時，即有大人君子倡以忠義，籌其進止，或能有用。惜守令非人，郡中又未有達者見及此也。

廷議行保甲團練法，以大員督理之，皆用其鄉人，且得以京員自隨。於是羅公饒典督兩湖，季公芝昌督江蘇，陳公孚恩督江西。而安徽，則吕公賢基也，京員隨至者，壽州孫家泰引恬、吾邑李鴻章少荃、六合朱麟祺臥雲。而袁公甲三以都諫協理駐宿州。

癸丑正月元日，有光如血，自西南至東北，於是彌月日無光。十七日，賊由九江越小孤，直犯安慶，陷之，殺巡撫蔣文慶。布政使李本仁先棄城走，按察使張熙宇自小孤走，雲南按察使張印塘時留安慶，管理軍需總局，亦走廬州。

十八日，賊入安慶信至。時周公天爵以欽差大臣駐宿州，飛奏入京師，詔以周公權巡撫，即以張印塘爲安徽提刑。是時，廬、鳳、潁等郡大亂，土寇蠭起。吾郡有傳言迎降者，事未著。吾友田士升作崇正論，以曉士民。語具余所撰田君傳中。

吾師王公祝君福永歲杪始自安慶旋里。某往問狀，吾師曰：『安慶難守，殆必先被禍。吾當之官，故急歸，爲赴潁計耳。』時吾師方選潁上司訓也。先生有老母，可以養爲辭，方今大勢，先生豈不知之，顧必之任耶？

吾師曰：『吾今有官守，不可以曖昧死。』某爲之肅然。後賊陷潁上，公果舉家殉之。吾師可謂素定矣。

聞楚警

夙聞洞庭勝，願食武昌魚。忽傳逆鋒警，兵火方紛如。昨來過元戎，騎從一何都。軍容足閒觀，軍實多要儲。荆襄據上游，形勢天下樞。邇來一蹉跌，震動生憂虞。四海習昇平，豈料成榛蕪？避世宜及豫，可奈身寒儒。將軍皆珥貂，寒儒空棄繻。長江險已共，廟堂急良圖。徒手憂阨塞，安能免欷歔？

皖江行

舒州斗城如偃月，江水分流此區别。中丞開府臨上游，組練森森凜霜雪。節麾更付老尚書，江右兼包入壯圖。忽卷飛旌下東國，沿江烽火隨奔逋。天下軍儲方送楚，留舒乍值勝豺虎。億萬金錢一夕空，翻爲兇鋌積資斧。可憐老將飛銅符，徵調不來諸武夫。金章赤綬皆大吏，倉卒潰散如群奴。江淮相距七百里，荆榛滿途蝟毛起。山東老臣空歎息，河上逍遥多節使。哀哉蒸人餘劫灰，盜群魚肉搜窮崖。我無一尺乾浄土，何處卜築誅蒿萊？

先是，余宗散處田間，多絶音問。余與弟静存所在尋訪，漸相往還。至是，余謂弟曰：『事迫矣，非宗族無可依者。第老親在上，必不肯徙，奈何？』弟曰：『請移婦幼田居，吾兄弟更迭居城，以侍父母，萬一遘難，猶有所依。』余然之。二月，遂移家至後崗，借張姓宅以居。

李公嘉端來撫安徽，方伯則劉公裕鈖『鈖』與『珍』同也。李公至臨淮，遣試用從九品潘治來吾郡，請余赴其幕。余未迎李公，但與田君士升同詣行轅謁見。李公所請京員，爲達縣王正誼小泉、任丘邊葆淳仲恩。余揖見之下，首以地方事見問，余答曰：『積玩之下，非嚴不可。』又問施行之序，余曰：『法行自貴。』諸公皆默然。

時軍務倥偬，兵餉皆匱，余請李公收民兵、赦土賊以充戰士，開局鑄錢以足軍費。公與諸公議鑄錢事，久不決，遂中輟。時改建行省於廬州。一日，公謂余：『事勢如此，豈非坐困？』余曰：『近日，官拘於成例，吏限於文法，事已無可爲者。必欲振興軍勢，非犯「三不敢」無以藉手。』公曰：『何謂「三不敢」？』余曰：『招人之所不敢招以充軍數，如漢之弛刑徒、越之罪人是也；殺人之所不敢殺以肅軍政，如穰苴之斬莊賈、狄青之斬陳崇儀是也；其三則某亦不敢言。』公固問之，余曰：『省中大吏及曾任貴要者，率貪墨致鉅萬，今值紛擾，故罷小過以解組爲幸，家居又横於鄉里，坐視國家之急，莫肯爲士民輸助之唱，若舉劾其罪，籍没其貲，數千萬軍儲可坐致也，此所謂抄人之所不敢抄以足軍食。實一時權宜之計，亦以警墨吏而肅官箴，正恐不能行耳。』公良久曰：『此太霸氣，吾不願爲也。』

郡有義勇數百人，皆桀驁無節制。公問曰：『子能將此乎？』余曰：『信賞必罰，同甘苦，似無不可。』適李瀛樵刺史登洲自楚來，公以爲能，遂使與余同將之。

馬融齋貽書問寇警，且請易令。余以其書呈李公，而自爲書答之，書别録。

余既入撫署，家寄東偏，頗不便，弟遂併諸子移入城。

周公天爵來擊土寇，定遠寇陸遐齡方横，公擊斬之，遂至廬州。周公性嚴厲，疾惡，而李公儒者性柔厚，不喜擊斷，以是不合。周公來吾郡，控劫掠者相繼，數日間殺數十人。李公則以西鄉群掠一案殺九人。及北鄉送嚴某等，皆劇寇也，如是而已。李公示使民自新，然劇盜以是無所憚。周公欲使民誅墨吏，亦幾致不測之變。顧周公宿望，所建白多關大計，疾惡，其天性也，民亦望之。李公頗少剛斷，屬吏進言無所擇，雖開門延士冀有讜言，卒少成事，自所短也。後李公卒以周公遺表劾罷。

賊由安慶陷蕪湖，直犯金陵，殺總督陸建瀛，將軍祥公厚血戰死之，金陵遂陷，賊遂以爲巢穴。時安慶無賊，臬司張印塘駐焉。李公使余爲文，諭安慶以改省之故。安慶士民爲啓上撫轅，言安慶不可棄狀。時建省廬州之議已定，實發自周公而部議從之，非李公專之也。

賊陷金陵之先，提督陳金綬及琦善、勝保督大軍由廬往援，不及會，賊分兵陷鎮江及揚州。諸軍進抵揚州，而向公大軍尾賊至金陵。江撫楊文定、漕督楊殿邦、河督楊以增等俱在下游，無如賊何。會以怡良代陸建瀛，而楊撫逮問，以許乃釗代之。

賊去來江面，防禦較難，向公有威名，所部張家祥等又驍將也，賊不得下蘇、常，乃由滁北犯。余啓李公曰：『滁之關山，即古清流關也，實爲淮南之衝，請以玉鎮五百人戍之。』玉鎮，名山。李公以商周公，周公以爲清流内地，不足爲險。余力争曰：『賊已在揚州，則滁其塞也。設由臨淮北走，直渡大河，恐遺國患方大耳。』時莫用余言。賊果由滁至臨淮，其過清流也，數日不敢徑越，往復游弈，兼旬乃度，遂陷鳳陽。自懷遠、蒙城破亳州，北渡淮，犯開封、懷慶，河南騷動。

賊自起廣西，入兩湖，惟長沙不下，餘則所至瓦解，凡殺兩撫一督，餘則武臣陣亡者不可勝計。惟素服林公，憚周、向諸公耳。其初入淮境，畏民兵甚。在紅山驛，嘗爲民兵夜劫殺數百人，故至鳳陽十餘日，乃敢入。又不敢留屯臨淮，而直走蒙、亳。周公雖在宿州，然爲土賊所牽，不援南路，燒浮橋以固北岸而已。後賊敗於豫，竄於晉，蔓於齊魯，耗損國帑，荼毒生民，幸乃撲滅。而江淮以南卒以此聲勢固結，不得蕩平。推原其故，蓋布置亦有所疏矣。

賊犯淮南時，中丞實無兵可調，其身駐護城亦不得已也。比勝閣學克齋尾賊北上，賊已入重地，處處脅民，不可遽剿矣。鳳陽警至六日，余始奉檄與李刺史往援，不至四十里，城已陷矣。時兵備道權方伯者爲奎綏，先走山中，知府裕恭使薛弁招民兵，反致劫掠。惟知縣黄元吉文亭曾一遇賊耳。其死於賊者，亦惟主簿張士林一人。余以啓白李公，請斬奎綏，李公不答。

途感寄馬融齋

河山尚如此，群盜竟縱横。□或是『嘯』，此字存疑。勢兼林水，風聲滿旆旌。何人收戰士？無用恥書生。雜沓煙塵裏，聊爲仗劍行。

氛祲

氛祲彌漫總未消，諸軍部署敢逍遥？杜辛併勢全危地，禹益和衷格有苗。曾是守臣馳急報，但聞老將斷浮橋。淮南一月烽煙警，應有援師愧聖朝。

賊自鳳陽北犯懷遠，亳、蒙相次告陷，蒙令宋維屏死之。五月，賊渡淮，官軍始入鳳陽。余見權方伯奎綏及諸守令，諸公大率自明戰守之勞，惟黄令無語。余謝曰：『此非論功之時也。且生一寒儒，又部民也，何敢與知諸公得失？』因密啓薦黄令於中丞。

賊棄濠北犯官軍復入鳳陽

救濠既不及，且可拾賊遺。諸軍參差至，露布紛然馳。孱生行參軍，憑軾亦來玆。荒風四山起，黯黯無陽輝。卻見第一山，石罅流馬脂。吏民撥餘燼，鴉犬争伏屍。西北多名都，邇來難復知。追恨賊未來，滁關撤防維。誰何挾微嫌，坐令馳坦夷。吾謀適不用，天道將何爲？慷慨中夜起，壯心安所施？

余將民兵沿濠、定一帶剿土賊。時兵火後，土賊出没，余招其悍勇者爲軍，使互相擒斬，立格募之，不多殺而略定。中丞欲以是爲余功，奏保令長，余力辭不肯。

余以賊沿江出没，無爲、巢縣諸處在在告警。計賊必復犯安慶，而東入巢湖，首尾齊舉以犯廬州，請中丞重賞諸團練紳士以鼓民氣，而撤近城民居，浚濠廣墉以爲守備，因與邊比部仲恩巡城而數其堞。會里中諸豪以爲賊未至而先毁民居，是激變也，大閧，以咎余，而中丞以守進言亦止。後江忠烈公來守，深以民居環城爲賊窟穴，追咎諸公，不知余嘗先言之也。要之，庸愚之習，但知護己，不爲公事計。此吾郡所以糜爛，亦天下通病矣。

禁米入江，此大計也。賊游弈江面，所少者食耳。諸商私販以飽賊，罪在不赦，而吏曽不一擒殺以警衆。繼而賊蹂淮境，仍視漏販爲小事，此賊所以久肆也。里中凡積粟之家，皆以不通商恨余。商嗜利而吏玩事，可笑如此。余以争奎綬事，寖失中丞意，而鄉黨謗議紛起，余無以自辨，自是始決計避地矣。

李瀛樵，俗吏耳，中丞信之太過。張浣江（此名不可考）之得志亦然。吾郡既少顯宦，而守令非民望，上下無通民情爲久計者。余謂中丞曰：『賊幸未即至，兵餉稍集，似不容徇庸人而失事機。公宜身督治備，以壯聲威而固士志。』馬融齋貽書，亦以賊所未至，皆同幸免爲言。余以呈李公，幕中時頗多人，皆唯唯取容者，竟亦無所施行也。

土賊豈有忠義效死者？然悍直，其天性；爲盜，乃習耳。使良有司撫之，必不爲賊；使有膽氣、善拊循者激厲而用之，實可得精兵數萬人。余習游淮南諸郡，深悉其情，而在事諸公不以余言爲然，力主剿殺，又以曾用土賊致敗爲辭，於是，所在桀驁不可盡剿，而新起之寇益自放恣，自濠以北尤多伏莽，恐此憂將來不減粵逆也。沈文煌、刁東閣皆提自獄中，使從戎行。沈力戰死於東關。刁與土賊相持，家焚眷死不悔，此曹豈盡可殺者哉？由此觀之，刑獄未必不驅民爲盜，而盜中未必不抑挫奇士也。中丞謂諸公曰：『朱生非無才，但圭角太露耳。』余聞之，歎曰：『公直謂我跛扈耳！』官習士風溺於柔媚久矣，士大夫少存廉恥，雖所如不合，固自安之也。

賊北犯後，勝閣學尾追至河。賊攻汴不克，敗竄山右。復由晉入齊，於是北方用兵糜帑日久，至乙卯之夏，僧格琳沁始告捷，而民已重困矣。是時鄧提督紹良在鎮江，楊河督以增等至清江，張中丞芾備豫章，賊上下自如，諸軍無如何也。

李中丞奏請敕江廉訪岷樵援皖，報可。江公聲望非諸公所及，余力贊李公請其來皖，李公亦雅重之，後遂請以自代云。江公將楚勇赴皖，至豫章而賊已犯九江，烽及南昌，張中丞芾留與共守。於是，江右在籍尚書陳子鶴孚恩、前廉使徐思莊協力爲守備。賊圍南昌數月不克，敗走。論功，江廉訪最，遂權江西方伯。

余嘗請立淮南忠勇營，募民爲兵，使士人推擇首領，沿江一帶悉置屯戍。又以賊復入安慶，必且由和州犯巢縣，東西齊舉以圖廬州，請先於裕溪等水口安設砲台。嘗從容謂李公曰：『兵不擾民，猶恐奸民通賊。若軍律弛縱，民怨日深，内地皆賊也。』余意以失御喪師之罪，梟一大帥以警衆，屢請不許。

時方勸民捐輸，中丞謂余：『盍往四鄉勸捐？』余以同鄉富者少，且人情護己而不急公，辭不肯。會亦病痢且下血，遂還臥家，爲徙家計矣。余將民兵，從事案牘，數月以來，頗與公事，撫署中惟余及兩部曹耳。外間多疑余有所蓄積，余自蕭然去來也。從余諸壯勇多寄食余家，凡數十人，余傾囊不吝，且虧貲近百金，而里中不諒也。余至九月病始少減，乃挈妻子寄族人家。

秋，賊由裕溪破東關，戍守者爲玉總戎山、黃大令元吉等，皆敗還，遂陷巢縣，至柘皋，掠貲糧而去。時李太史少荃亦在軍中。余以賊雖在柘皋，必憚土兵之銳，不敢深入，將仍從安慶，下舒、桐，使官軍撤備，以拒巢湖，賊乃得計矣。果如余言。

團練最爲良法。然非其人，不獲其用，藉口急公，自張威福，此大忌也。吾鄉人情涣散，非旦夕可使相聯者，而諸在事方且以官話了之。大率事不咨衆不可言斷。近日私意横施，動以公事爲託，如此果斷，非地方之福也。余以抗直取忌上下，惟有避匿而已，嗚呼！

賊在柘皋，郡中震動。中丞連遣人促余會議，余知所言不用，里中又揚言余好事，爲鄉里患，遂稱病篤，不與議。既而李公罷去，方伯劉公權中丞。余聞江公岷樵且來代李公爲巡撫，私喜，以爲庶有冀也。劉公尤迂庸，無調度，余惟有仰屋竊歎而已。

賊在安慶，吕侍郎時駐舒城，趣朱比部臥雲來援。朱最有聲望，能用民兵。十月，朱公至大關，都統恒慶、前提刑張熙宇等積葸不敢戰，失亡多。賊由集賢大至，朱公血戰死之。朱公素敢任事，且負經濟才，時倚爲重，死尤烈。省中奪氣，賊進陷舒城，吕公赴水死。

彗星埽太微垣，彌月乃殁。

十一月，賊由舒犯廬州。江中丞岷樵先馳至，爲守備，未具，而賊至。余時居東鄉二十里鋪南族某家，始移族人坦宅旁。賊游弈至門，更徙家東至後岡圩。十二日晨，與坦等十餘人詣城，欲請家母來鄉，登岡阜望之，有黑氣環城如暈，余曰：『賊至矣。』衆未信，俄而遙集。時城外將兵者有陝甘制軍舒興阿、按察使張印塘、總兵玉山等。十三日夜，江公遣人持諭出，使紳士集民兵爲援。

移家

雲氛暈危墉，日氣黯荒野。老親隔圍中，群從無偕者。相攜一弱弟，妻子詎能舍？趾弱畏長途，亂離失輿馬。擔頭荷兒女，涕淚空滿把。艱難寄人家，米薪丐村社。憂親夕無寐，官駭若聾啞。無衣賦誰同？中懷慘孤寫。未知竟何居，洪鈞任天冶。

先是，舒謀由舒犯六安〔一〕，聞江中丞在六安，遷延未進。既而奸民導以犯廬，賊以爲可旦夕下，會江公已入爲守備，賊頗悔。然城外民居櫛比，賊得踞爲固。且東偏緣濠爲土城，反爲賊守。於是，賊百道並攻，江公隨機守禦，砲聲火光綿晝夜，近城居民皆走徙矣。賊來時，訛言四起，或謂有妖術，或謂役猖鬼，或謂能作霧，或謂陣前常迷亂人，其實皆無之也。然彌日大霧，民益皇惑，官軍被劫，皆死於睡夢。於是，愈以訛言爲信，不可辨矣。嗚呼，豈亦天意歟！

四郊團練皆士紳主之，而見遠禍、識大義者頗少。江中丞屢從圍中出手書，諭以忠義，並陳禍福，卒無應者。惟蔣司訓禮卿爾琮甚以爲宜救城，其集衆赴事較勇決。適司訓爲仇家所創，幾死，由是愈寥落矣。余與舊識數人往。往赴諸練首家，涕泣言城中危苦狀，且言城破後必爲鄉民大患，諸人漠然如不聞。一富家忽瞠目謂余曰：『先生責某等以大義甚峻，先生能自執旗鼓爲先驅乎？』余曰：『諸君如用老僕，請以死。先退縮，則諸君先殺我可也。』其人良久曰：『必不得已，吾但棄數百石米耳！』余請其説，則曰：『以石米僱一丁，衹得二百人；向城邊一探視，則吾責塞矣！』余知無濟，歎息而去。於時援兵不敢進，民兵不肯集，城孤無援，余料其必不守矣。

按察使張印塘、總兵官玉山將援兵駐店埠，東北諸練謀助之。吾友彭君芸青與徐家典俱犯圍泅水入城，徐亦練首也。江公甚喜，且奬其義，欲以激厲各練。彭君得中丞手書，出以集衆，且往見玉鎮，與爲期約。既而玉鎮先期至，民兵不及援，玉遂敗死。或曰玉之先期，張廉訪之促也。由是，團練之衆益喪膽，城中知失大將，益危迫矣。玉實壯健敢鬭，東關之敗，袒裼大呼，所殺過當，已分必死。麾下擁之至廬，復將兵救集賢不及，還，救廬州，卒戰死。雖兵機得失區於俄頃，元戎不爲無罪，然失一鬬將，亦可惜也。江公奏請以權裕桂、鄭魁士兩人擇一以代玉山，有詔以權暫領云。

城守之法，非倉卒可具；召募之衆，非倉卒可用。江中丞負忠義，具才略，且積功有威望，賊素憚之。然無兵，雖時時遣人斫營奪旗以壯士氣、固民心，終不能出戰。又適遘病，聞其嘗語方伯劉公曰：『若貴司能代守十日，吾當自出集兵殺賊以援城，必無誤也。』劉公默然。中丞一日謂諸紳士：『讀書非但學八股、取科第，兵謀、地形、天下人情事勢皆切要也。』意蓋謂方伯云。顧其語，實至論也。江公名重天下，以戰守功，乃其識固如此，此亦學者所宜敬凛也。

守陴無兵，不得不用召募之勇；勇又不足，則派居民，亦必至之勢也。吾郡城周四十里，堞幾近萬，非三萬人不徧，於是募民爲夫以守之，而無恥者猶從而漁利舞奸。圍至兼旬，城中百供俱乏，以重價市，猶有秘藏不出者。吁，可痛哉！中丞慮民心不固，以獎題爲激勸，其疏請優獎至有目所未見之語。又朝夕巡視而噢咻之，始稍定矣。後有特旨，優免三年租税，而城終不守也。劫數之來，非朝夕之故。然國恩虚下，忠臣之苦心徒百折於倥偬中也，悲夫！

近日官以教化爲迂談，士以風節爲大苦，上驕下諂，惟利是趨，以致倫敘乖違，廉恥道喪，所從來遠矣。賊來尚遠，余諷諭鄉民以大義，且爲陳事後之利害，無不目笑者。既而供獻迎賊，所在如狂。其間爲鄉導、效奔走者，蓋不可一二計也。即如賊圍城時，劫掠近城一帶，百物皆備，所少者油耳，而奸民爲四遠羅市至數百石不已。賊得特久，雖能將如江公不能支者，以此言之，使人悶悶。此非獨民之罪也！江淮間素尚氣俠，一變至此，此有司之罪，亦士夫之罪也。他日平賊之後，有心世道者，尚其念之！

舒與阿等屯城北，爲賊劫，大敗走，聞亦奸民爲導也。然舒乃大帥，重兵爲士民係屬，一敗不敢更進，其罪何辭？聞有老儒倪某者，訓蒙北鄉，舒屯兵與相近，一日召與間語，甚喜，因常令入營侍談。及城陷，倪眷口皆在城内，聞已被戕，遂詣舒營大駡，舒無如何也。時共快之，此亦公道不容泯者也。

余既東徙，去城稍遠，晝夜望烽火，歎息無策，惟日詣近城一帶探聽而已。賊來不甚鋭，欲以持久敝我。聞鄉民嗚鑼放槍，輒驚擾。嘗以東偏殺劫賊，金鼓聯絡，礮聲與呼譟相間，大駭，欲拔營走，徐審非援城者乃止。此余所以重恨首事之不知忠義也。

書感

驚鳥分飛失舊林，淒風空與送哀音。青山東去幾千疊，不信桃源無處尋。

十二月十七日，城陷，巡撫江公忠源死之。先是，賊掘地，以地雷攻城，城壞。江公擊退賊，備完城垣。會公病，守禦稍疏，劉方伯庸懦不能督衆，於是賊由地道壞水西門城垣，江公拒却之。方戰酣，賊已由東北隅麾旗大呼，士衆崩潰，民赴濠翻城死者重疊以萬計。賊入城，躡公。公麾下欲護公出，公不可。戰又被創，遂赴水死。劉方伯亦爲賊殺。

城初被圍時，惟田明經士升 匯渠 力主死守。江公初駐東門，田以爲西北最要，請公移駐水西門。及城陷，田不屈死，其繼室王亦死之。於是，舉人李豹占 文蔚、歲貢生趙右丞 君弼、諸生朱麗生鄉離等，皆死之。餘爲賊殺者尤多，不可悉記。

余從子婦黄氏謂其壻曰：『我不死，君不得免。』遂自殺。於是，世母費、嫂陳及姪女適虞氏者皆死。舅氏李成九亦死於亂軍。

李豹占素循謹，鄉里稱長者。嘗問余以賊勢，余以爲賊自柘皋來，悉力迎距，尚不足憂；若留滯巢湖，官兵必東距巢縣，更由舒、桐長驅抵城下，則難支矣。豹占太息去。其死也，外間頗有異議。惟其鄰某，愚人也，逃出，謂余曰：『李舉人死可惜，然太愚矣。』余問之，答曰：『賊本不殺李，李自稱舉人，賊猶令隨去爲書記，李大駡云：「汝輩乃盜也，我豈爲盜作字者！」駡彌甚，賊乃怒殺之。使爾時隨去，固可不死也。』其意以爲李自取死耳。此語出自愚人，非譽之也，當爲李君殉難定案。余據斯語斷爲死義，與外間力辨，今論漸定矣。

賊陷城時，余在後岡圩，聞之，不知家在城内作何狀。會逃出者多言有從賊，以余家素有善名，特護之，余意始稍定。余挈少弟及妻子居圩中周姓家。頃之，以駡獻賊物者爲一土豪所忌，揚言欲見殺，余又避之劉鐵集。

城陷後避賊東徙

巨鎮中原倚，忠臣戰血乾。蒼生歸浩劫，白日驟陰寒。救已遲三日，謡聞有一韓。遺黎望旌旆，淮上莫盤桓。

骨肉悲離散，干戈失道途。弟危隨父母，身劣爲妻孥。繫帛瞻遥雁，眠沙備短狐。茫然此天地，乞活計今無。

違山應漸近，安堵傍居民。没雪牽兒女，沿門乞米薪。深宵忽驚起，遥火照週巡。西向空揮涕，嬰鋒失幾人。

太息十餘口，喧然孤室中。茅疏冬久雪，衣薄夜多風。吾已餘生贅，天教百病叢。諸軍聞漸達，早爲集哀鴻。

謹按：是紀原書未載。第洪、楊陷肥城先後事迹，頗資考證，且公英明氣概，彌足景仰，故搜出餘帙，附而存之。家珂謹誌。

校　記

〔一〕上一『舒』當爲『賊』之訛。

跋

先祖默存公所著讀詩劄記、讀春秋劄記、左傳杜註摘謬、讀莊劄記、文集、詩集、論文蒭説、家書、劫餘小紀，凡九種，總名曰無夢軒遺書。原稾經先七叔祖静存公手編。先七叔祖晚苦衰疾，慮所編未當，遺屬須得人覆勘，迺可付梓。家珂俗冗羈牽，未遑將事，惟日以先集未彰爲懼。近年客舊京，始得分類繕寫，請名流審定，鐫板印行。蓋距先七叔祖之没三十餘年矣。工既竣，爰附數語以志稽遲之罪云。

歲在癸酉仲夏，孫家珂敬識。

附録

朱景昭傳 清史文苑傳

朱景昭字默存，合肥人。與徐子苓齊聲，有『合肥三怪』之目，以其文與行不諧俗爲怪也。子苓才氣傑出，名滿江北，讀其文可喜可驚愕。景昭則沉思孤往，有以自得，不急名譽。平生服膺方苞之爲人也，其文亦擬似之。性孝友，每作家書，戒敕弟，懇懇千百言，皆瀝肝膈而出。與人交，以古意相劘切。袁甲三統軍淮上，辟典箋奏。子葆恒繼起，益倚任之。景昭感其知遇，遂與袁氏父子同進退。其後又從劉銘傳討捻。銘傳故傲睨，然景昭有言，未嘗不聽納。參軍謀二十餘年，上功輒堅辭，終其身不爵於朝，取與之節尤嚴。卒年五十六。著無夢軒遺書。

附　安徽古籍叢書已版書目

舊聞隨筆
定本莊子故
張籍集注
文學研究法
桐城文學淵源考・撰述考
包拯集編年校補
康輶紀行・東槎紀略
北山樓集
桐城耆舊傳
疑庵詩
三餘札記
方望溪遺集
爾雅翼
識小録・寸陰叢録

東萊詩詞集
明太祖集
王侍郎奏議
程氏家塾讀書分年日程
朱楓林集
敬孚類稿
施愚山集（四册）
吴敬梓吴烺詩文合集
張孝祥詞箋校
竇山公家議校注
翠微南征録・北征録合集
阮大鋮戲曲四種
老子注三種
杜詩説

朱書集
論語解注合編
郭祥正集
皖人詩話八種
唐詩評三種
左傳微
績學堂詩文鈔
鈍齋詩選
老子注譯
莊子詮詁
説文假借義證
劉銘傳文集
包世臣全集（三册）
戴震全書（七册）

田間易學
莊屈合詁
田間詩集
田間文集
古事比（二册）
安徽出土金文訂補
秋崖詩詞校注
道聽途説
蘭苕館外史
青泥蓮花記
舌華録
明語林
夜雨秋燈録・續録（二册）
包拯集校注
毛詩後箋（二册）

劉文典全集（四册，列入特輯）
壹齋集（二册）
孟子講義
楊仁山全集
戣翁藏書年譜（列入附輯）
不得已附二種
歙事閑譚（二册）
惜抱軒詩集訓纂
張孝祥詩文集
吴汝綸全集（四册）
朱子全書（二十七册）
明實録安徽經濟史料類編（列入附輯）
姚瑩年譜（列入附輯）
青溪集
藏山閣集

田間詩學
俞正燮全集（三册）
皖人戲曲選刊・鄭之珍卷
詠懷堂詩集
所知録附四種
文選箋證（二册）
歙紀
方孝標文集
七頌堂集
劉文典全集補編（列入特輯）
程瑶田全集（四册）
皖人戲曲選刊・方成培卷
皖人戲曲選刊・龍燮卷
凌廷堪全集（四册）
黄生全集（四册）

東輶紀程
蕭雲從詩文輯注
程文炳文集
程恩培集
方鑫山詩集（二册）
趙紹祖金石學三種
小爾雅義證
勉行堂詩文集
貴池唐人集
龍眠風雅全編（十册）
無爲集校箋
杜詩提要
分篇水經注（二册）
松泉集（二册）
梅鼎祚戲曲集

通鑒注商・新舊唐書互證
杜徵三友朋手札
吴應箕文集
舒鴻貽著述二種
皖雅初集（三册）
桓譚新論校注
宛雅全編（二册）
李宗棠文集・東游紀念
李宗棠文集・考察日本學校記（二册）
李宗棠文集・光緒徵要録
李宗棠文集・奏議輯覽初編
李宗棠文集・學詩堂經解
李宗棠文集・千倉詩史初編
吴芝瑛集
施愚山集（增訂版　四册）

桐城方氏七代遺書
方以智全書（十册）
金聲集
徽州杜詩學二種
白鹿山房詩集
金粟齋遺集
文字蒙求廣義
施愚山集外編二種
安徽文獻總目（六册，列入特輯）
國朝詩品（二册）
吕美蓀詩文集
姚鼐詩文集（三册）
張潮全集（五册）
朱書全集（二册）

喻林（六册）

張樹聲文集

廬江詩雋·廬州詩苑

馬其昶文集

徐子苓集

説文段注撰要

詩學女爲

古桐鄉詩選

朱景昭集